Frohe Weihnachten

FROHE WEIHNACHTEN

Das große Buch der humorvollen Weihnachtsgeschichten

benno

Bibliografische Information der Deutschen Nationalbibliothek
Die Deutsche Nationalbibliothek verzeichnet diese Publikation in der Deutschen Nationalbibliografie;
detaillierte bibliografische Informationen sind im Internet über http://dnb.d-nb.de abrufbar.

ISBN 978-3-7462-4135-7

Zusammengestellt von Volker Bauch, Leipzig
Umschlaggestaltung: birq design, Leipzig
Gesamtherstellung: Kontext, Lemsel (A)

»Wie heißt das Gegenteil von Fröhliche Weihnachten?«

INHALTSVERZEICHNIS

WINTERFREUDEN

„Du solltest froh sein, dass Opa diese

Pferdeschlittenfahrt überhaupt mit uns macht.“

David Henry Wilson

Warten auf Weihnachten

»Das Dumme an Weihnachten«, sagte Jeremy James, »ist die Zeit dazwischen.«
»Wozwischen?«, fragte Mama – sie behängte gerade den Weihnachtsbaum mit Lametta.
»Zwischen irgendwann und Weihnachten«, sagte Jeremy James. »Zum Beispiel zwischen heute und Weihnachten. Wenn nichts dazwischen wäre, hätten wir jetzt Weihnachten und ich brauchte nicht auf meine Geschenke zu warten.«
»Au!«, sagte Papa, der eine Nadel in eine Papiergirlande und in einen Daumen gesteckt hatte. »Verdammte Stecknadeln! Gehen nie dahin, wo man sie hinhaben will.«
Es war noch schrecklich lange hin bis Weihnachten – genau eine Woche. Draußen sah die Welt wie ein riesiger Geburtstagskuchen aus, mit Puderzuckerschnee, Kerzenbäumen und Kandishäusern bedeckt. Die Leute auf der Straße waren ganz vermummt, man sah nichts als ihre roten Backen, ihre glänzenden Augen und ihren Dampfatem. Drinnen war es mollig warm. Mama hatte die Zwillinge gebadet und gefüttert, das Haus geputzt, Mittag gekocht und den Weihnachtsbaum geschmückt, während Papa sich mit dem Aufhängen der Papiergirlande beschäftigt hatte. Papiergirlanden waren sehr schwer aufzuhängen. Besonders, wenn Papa sie aufhängte. Sie schienen einen richtigen Dickkopf zu haben, wenn Papa sie aufhängte: Wenn er ein Ende an der Wand

befestigt hatte, schlang sich das andere um seinen Arm und seinen Hals, sodass er es nur entwirren konnte, indem er das Ende, das er schon befestigt hatte, wieder rauszog, aber wenn er es abgemacht hatte, schlang es sich um seinen anderen Arm, und schließlich musste er die Papiergirlande in der Mitte zerreißen, um seine Arme wiederzufinden. Papa konnte Papiergirlanden nicht leiden, und wahrscheinlich mochten die Papiergirlanden Papa auch nicht besonders.

»Mama«, sagte Jeremy James, »Papa lutscht wieder am Daumen.«

»Wir müssen wohl noch ein Pflaster draufkleben«, sagte Mama.

»Die Nadel ging glatt durch«, sagte Papa. »Noch einen Millimeter und ihr hättet mich in eine Schmetterlingssammlung aufnehmen können.«

»Na«, sagte Mama, »hoffentlich erholst du dich rechtzeitig, damit du diese Papiergirlande noch vor Weihnachten aufgehängt kriegst.«

»Wie lange ist es noch bis Weihnachten?«, fragte Jeremy James.

»Genau zehn Minuten weniger als letztes Mal, als du danach fragtest«, sagte Mama. »Eine Woche, mein Junge. Sieben Tage und sieben Nächte.«

»Ich glaube nicht, dass ich so lange warten kann«, sagte Jeremy James. »Weihnachten müsste früher kommen.«

»Du kannst deine Geschenke morgen haben, wenn du willst«, sagte Papa. »Bloß, du wirst dann wohl nächste Woche enttäuscht sein, wenn alle anderen ihre Geschenke bekommen und du nichts.«

»Du kannst deine auch morgen haben«, sagte Jeremy James.

»Nein, danke«, sagte Papa. »Sonst feiern wir Neujahr mit Ostereiern.«

Jeremy James konnte es kaum erwarten, Mama und Papa ihre Geschenke zu geben. Er wollte sie ihnen fast so gern geben, wie er wollte, dass sie ihm seine gaben. Er hatte eine Ewigkeit gespart und sich sehr viele Gedanken über die Geschenke gemacht, und er hatte sie heute ganz allein im Süßwarenladen an der Ecke gekauft. Jetzt waren sie an einer sehr geheimen Stelle versteckt, wo nie jemand auf die Idee kommen würde nachzusehen: unter seinem Bett. Es waren zwei Geschenke – das eine war eine bunte Schachtel Lakritzbonbons mit einem Rotkehlchen obendrauf und das andere eine dicke Tafel Schokolade mit dem Weihnachtsmann drauf. Die einzige Schwierigkeit, die Jeremy James bei diesen beiden geradezu idealen Geschenken hatte, war zu entscheiden, wer was kriegen sollte. Er konnte sich gut vorstellen, wie Mama die bunte Schachtel aufmachte und sagte: »Hier, Jeremy James, nimm ein Lakritzbonbon.« Aber er konnte sich ebenso gut vorstellen, wie Mama die Schokolade durchbrach und sagte: »Hier, Jeremy James, nimm ein Stück Schokolade!« Andererseits hörte er geradezu, wie Papa sagte: »Jeremy James, hier hast du ein paar Lakritzbonbons.« Aber Papa würde natürlich auch sagen: »Hier, Jeremy James, iss ein bisschen Schokolade!« Es war wirklich eine sehr schwierige Entscheidung.

Mamas Weihnachtsbaum sah immer mehr aus wie ein verzauberter Wald, und Papas Papiergirlande sah immer mehr aus wie Konfetti. Vielleicht war es am besten, sich auf Mama zu konzentrieren. Zwei Dinge wollte Jeremy James zu gern wissen: Würde Mama lieber Schokolade oder Lakritzbonbons haben wollen, und was wird Jeremy James zu Weihnachten kriegen? Für Mama waren das ganz leichte Fragen, aber Jeremy James wusste aus Erfahrung, dass Erwachsene Fragen nicht so gern beantworten. Zum Beispiel hatte er mal Mama gefragt, wie die Zwillinge in ihren Bauch gekommen waren, und da hatte sie es ihm nicht gesagt, obwohl sie es genau gewusst haben musste, denn es war ja schließlich ihr Bauch. Und Papa hatte er mal gefragt, wie viel

Geld er hat, und er hatte es ihm auch nicht gesagt, obwohl er es gewusst haben muss, denn es war ja schließlich sein Geld.
Und an einem Sonntag hatte er sie mal gefragt, ob Jesus im Wohnzimmer sei, aber sie hatten ihm nicht geantwortet, obwohl sie es gewusst haben mussten, denn es war schließlich ihr Wohnzimmer. Erwachsene sind sehr schnell bei der Hand, wenn es darum geht, etwas zu fragen, zu befehlen oder zu verbieten oder einen anzutreiben, aber wenn man mal eine Antwort von ihnen will, können sie sehr umständlich sein. »Mama«, sagte Jeremy James und spielte geistesabwesend mit seinem Zeh und einer Stechpalmenbeere, »was findest du besser – Schokolade oder Lakritzbonbons?«
»Ich finde beides gut«, sagte Mama.
»Ja, aber was ist besser?«, sagte Jeremy James.
»Manchmal Schokolade und manchmal Lakritzbonbons«, sagte Mama. »Kommt drauf an, wie ich mich fühle.«
»Wie fühlst du dich meistens?«, sagte Jeremy James.
Mama dachte lange und angestrengt nach. »Nachmittags Lakritzbonbons«, sagte sie, »und abends Schokolade.« Erwachsene können einem manchmal wirklich auf die Nerven gehen.
Jeremy James machte noch einen Versuch.
»Und wie ist es morgens?«, sagte er. Aber er wusste schon, bevor sie geantwortet hatte, dass sie sich irgendwie herausreden würde.
»Morgens«, sagte Mama, »habe ich überhaupt keinen Appetit auf Süßigkeiten.«
Jeremy James trottete zu Papa.
»Papa«, sagte er, »was magst du lieber – Schokolade oder Lakritzbonbons?« Papa schien sehr erfreut zu sein, Jeremy James zu sehen, und er hörte sofort auf, an der Papiergirlande zu arbeiten, um über diese Frage nachzudenken. »Hm«, sagte er, »ich mag

Schokolade lieber als rosa Lakritzbonbons mit Schwarzem in der Mitte, aber ich mag schwarze Lakritzbonbons mit Weißem in der Mitte lieber als Schokolade. Im Großen und Ganzen, alles in allem gesehen, grundsätzlich würde ich wahrscheinlich sagen, dass es sich ungefähr die Waage hält.«

Jeremy James' Gesicht wurde so lang wie der Bart des Weihnachtsmannes. »Was magst du denn lieber?«, fragte Papa.

Jeremy James' Gesicht wurde wieder kürzer. »Ganz einfach«, sagte er, »beides.«

Mama war jetzt mit dem Weihnachtsbaum fertig, er funkelte wie Diamanten und Smaragde. »Ich helfe dir jetzt mit diesen Papiergirlanden«, sagte sie zu Papa.

»Danke«, sagte Papa. »Verflixte Dinger. Allein werde ich damit einfach nicht fertig.«

»Du nicht«, sagte Mama, mit starker Betonung auf dem Du.

Jeremy James steckte die Hände in die Taschen und trottete zur Wohnzimmertür. Seine erste Frage war in der Tat alles andere als beantwortet worden, und es schien wenig Zweck zu haben, die zweite zu stellen. »Wart nur ab«, würden sie sagen, oder »Heiligabend wirst du ja sehen«. Aber im letzten Moment entschied er sich doch noch zu fragen.

»Was kriege ich zu Weihnachten?«, sagte er.

»Wart nur ab«, sagte Papa.

»Heiligabend wirst du ja sehen«, sagte Mama.

Erwachsene sind wirklich leicht zu durchschauen.

Und Papa zeigte Mama, wie Papiergirlanden aufgehängt werden sollten, und dann zeigte Mama Papa, wie Papiergirlanden aufgehängt werden können. Jeremy James ging aus dem Zimmer, die Treppe hoch. Er warf einen Blick in das Zimmer der Zwillinge, aber Christopher und Jennifer schliefen beide fest, und selbst wenn sie nicht fest geschlafen hätten, hätten sie ihm nicht helfen können. Babys waren ziemlich nutzlos. Alles, was sie konnten, war essen, schlafen, schreien und Bäuerchen machen. Und die Windeln voll machen. Babys waren, jedenfalls was Jeremy James anging, totale Nieten. Er konnte nicht begreifen, warum die Erwachsenen so viel Aufhebens um sie machten.

Jeremy James ging in sein Zimmer, kniete sich hin und holte zwei Päckchen unter dem Bett hervor. Kein Zweifel, es waren sehr verlockende Päckchen, und schon wenn man sie nur ansah, lief einem das Wasser im Mund zusammen. Wenn man aber erst den Inhalt des Päckchens sah, lief einem noch viel mehr Wasser im Mund zusammen. Mama und Papa würden Weihnachten wirklich sehr verwöhnt werden. Mehr als mit Schokolade und Lakritzbonbons konnte man einfach nicht verwöhnt werden. Außer natürlich, wenn etwas nicht in Ordnung war mit der Schokolade oder den Lakritzbonbons. Zum Beispiel könnten die Schokoladenfritzen ja unglücklicherweise aus Versehen einen Holzklotz eingepackt haben, und die Lakritzkerle könnten ja aus Versehen die Schachtel mit Kieselsteinen oder Murmeln gefüllt haben. Solche Sachen passieren manchmal. Mama hatte mal ein Stück Bindfaden in der Suppe gefunden, und Papa fand immer kleine Insekten im Rosenkohl, und wenn die Suppenonkels und die Rosenkohlheinis solche Schnitzer machen können – wer weiß, wozu dann die Schokoladenfritzen und Lakritzkerle imstande sind. Es war auf jeden Fall sicherer, man überzeugte sich davon, was in den Päckchen war.

Innen in dem Schokoladenpapier war Schokolade. Dicke, dunkle, weiche Schokolade, mit Rillen zwischen den Vierecken, wo man abbeißen konnte. Jeremy James hätte zu gern gewusst, ob die Schokolade auch so gut schmeckte, wie sie aussah. Vom Aussehen konnte man nie auf den Geschmack schließen. Zum Beispiel, als Jeremy James vor ein paar Wochen Husten hatte, gab ihm

Mama eine Flasche mit einer wunderbar aussehenden roten Flüssigkeit darin, aber die wunderbar aussehende rote Flüssigkeit hatte brrks, grrks geschmeckt, und er hätte sie ausgespuckt, wenn man ihn nicht gezwungen hätte, sie runterzuschlucken. Nein, man konnte nie sicher sein, dass gut aussehende Sachen auch wirklich gut schmeckten. Die einzig zuverlässige Methode bestand darin, selber auszuprobieren. Man konnte ja das Silberpapier wieder glatt streichen, damit nicht auffiel, dass etwas fehlte ... Und sowieso würde keiner merken, dass in der Schachtel zwei oder drei Lakritzbonbons fehlten, weil ja die anderen Lakritzbonbons zusammenrollen und die Lücke schließen würden ... Die Schokolade und die Lakritzbonbons schmeckten wirklich ausgezeichnet, jedes Stück und jedes Bonbon. An jenem Abend, genau eine Woche vor Weihnachten, hatte Jeremy James schlimme Bauchschmerzen. Niemand sonst in der Familie hatte Bauchschmerzen, aber – wie Papa sagte – Jeremy James konnte sich ja irgendwo was geholt haben. Gott sei Dank war er nach ein paar Tagen wieder quietschfidel, aber Papa und Mama stellten jetzt öfter einen besorgten Gesichtsausdruck bei Jeremy James fest, und zwar besonders immer dann, wenn die Rede auf die Weihnachtsgeschenke kam. Aber am Heiligen Abend war das sorgenvolle Gesicht endgültig verschwunden und Jeremy James konnte gar nicht mehr aufhören, von den Weihnachtsgeschenken zu reden. Er konnte es nicht mehr erwarten, seine Geschenke zu bekommen, und er konnte es nicht mehr erwarten, seine Geschenke zu verteilen, und er wünschte, die Zeit verginge schneller, und er würde heute Nacht nicht schlafen, sondern auf den Weihnachtsmann warten, und er hätte zu gern gewusst, was der Weihnachtsmann ihm wohl bringt und ob Mama und Papa wohl wussten, was Jeremy James für sie hatte? Er könnte es ihnen jetzt sagen, wenn sie wollten. Und er hätte auch nichts dagegen, wenn sie ihm sagten, was er kriegt. Er hätte nichts dagegen, seine Geschenke jetzt sofort zu verteilen und zu bekommen. Was, erst morgen? Meinetwegen, dann eben morgen. Aber wenn morgen nun nicht kommt? Morgen kam, und es wurde das beste Weihnachten aller Zeiten. Der Weihnachtsmann hatte einen ganzen Berg Äpfel und Apfelsinen und Bilderbücher und Spielsachen und Süßigkeiten in Jeremy James' leeren Kopfkissenbezug gesteckt, und für die Zwillinge hatte er auch noch Spielsachen und schöne Anziehsachen gebracht, und als Jeremy James runter ins Wohnzimmer ging – mit dem glitzernden Baum und den fest angebrachten Papiergirlanden sah es wie ein Märchenland aus –, fand er unter dem Baum ein riesiges Paket. In dem Paket steckte ein funkelnagelneues Dreirad, mit Klingel und Satteltasche. Aber die ungewöhnlichsten Geschenke waren die Geschenke, die Jeremy James seiner Mama und seinem Papa gab. Für Mama hatte er eine schöne Schachtel mit einem hübschen kleinen Rotkehlchen obendrauf. Innen drin waren ganz viele Kieselsteine, die Jeremy James sorgfältig von den Gartenwegen aufgesammelt hatte. Und für Papa hatte er ein schönes Päckchen mit einem lächelnden Weihnachtsmann obendrauf und Silberpapier darunter, und innen drin war ein wunderhübscher Holzklotz (aus Papas Werkzeugschuppen), mit einem Bild von Papa drauf, eigens von Jeremy James gemalt. Und obwohl Mama ein kleines Geräusch machte, das so ähnlich wie »Hmpf« klang, als sie ihre Schachtel und Papas Paket sah, lächelten Papa und Mama sich doch an, gaben Jeremy James einen dicken Dankeschönkuss und erklärten übereinstimmend, dass es sich ohne jeden Zweifel gelohnt hatte, auf diese Geschenke so lange zu warten.

Rudolf Reichenau

Weihnachtsfrühfeier

Wie lange diese Nacht währt!

»Noch nicht Morgen?«

»Nein« – so trübe die Nachtlampe brennt, das sieht man doch, das Himmelbett der Eltern ist wohl leer, aber noch frisch aufgemacht, wie am Abend – sie sind noch gar nicht schlafen gegangen. Es ist kalt – husch! in die Kissen zurück! Die Eisblumen am Fenster, die sich immer dichter mit wunderbar verschlungenen Ranken und Blättern überziehen, gestatten dem Sterne, der mit so eigenem Funkeln vom Himmel sieht, kaum noch den Einblick ins Zimmer. Draußen aber knistert der Schnee unter dem Tritte des Wächters oder kreischt laut vor Entsetzen über die frevelhafte Entweihung, wenn ein verspäteter Frachtschlitten die Gleise befährt, die der Frost nicht für irdische Fuhren so spiegelblank geputzt. Horch! Schon wieder dies geheimnisvolle Regen!, und immer lebendiger wird es. Bald ist es wie behutsame Gewichtigkeit einer Männersohle, die sich Mühe gibt, leise zu treten, bald wie Rauschen von Frauenkleidern; bald knacken verräterische Treppenstufen, bald klingt es wie klappende Schranktüren oder wie Schiebladen, die auf- und zugehen, bald wie ein Flüstern und Räuspern im Flurgange; jetzt stößt es an, wie wenn große, schwere Kisten getragen werden, oder es fällt gar zu Boden und rollt die Diele entlang, ganz so wie ein Schachteldeckel. Dabei steht das Himmelbett noch immer unberührt. – »Wenn die Auguste Rademacher doch recht hätte! Wenn es doch die Eltern selbst wären, und nicht der Engel die Bescherung brächte!«

Furchtbarer junger Zweifler im Ausschiebebettstellchen, vermessener kleiner Fibelfaust, verzehre dich nicht in vergeblichem Grübeln über das Unfassbare, von dem wir einmal nichts wissen sollen und nichts wissen können. Ist dir der Friede deiner Seele lieb, lege dich ruhig wieder hin und schlummere den Schlummer gläubiger Unschuld wie dein Schwesterchen, dem das große Geheimnis der Nacht keine andere Unruhe verursacht, als dass es wie ein Fragezeichen sein Beinchen über das Deckbett streckt.

Mitternacht ist vorüber, vom Turme haben Choralklänge die alte Himmelbotschaft verkündet: Ehre sei Gott in der Höhe, Friede auf Erden und den Menschen ein Wohlgefallen!

Der Nachtlampe Docht fängt an zu verkohlen, das Öl wird knapp, und das Wasser, auf dem es schwimmt, ist ein schlechter Feuerwerker; prasselnd, zischend, spritzend fährt das Flämmchen noch einmal auf, gerade hell genug, erkennen zu lassen, dass nun auf den Stühlen an dem Himmelbett Kleider liegen; dann ist alles finster und still. »Noch immer nicht Morgen?«

»Noch lange nicht. Soll ich dir meine Hand geben? Willst du ein Schlückchen Wasser? – So, nun lege dich auf die andere Seite und schlafe weiter.«

»Auch jetzt noch nicht?«

»Nein. Schlafe nur ganz ruhig, du wirst schon geweckt werden.«

Die Sonne wusste recht gut, weshalb sie gestern Abend so frühzeitig in die entlegenste Südwestecke hinab sank, sie hat einen weiten Weg unten um die ganze Erde herum, ehe sie wieder aufsteigt im Osten. Der Zeit aber ist das ganz recht, sie will wieder einbringen, was in den übergeschäftigen letzten Tagen an rennender Hast zuviel geschah, oder will sie, im demütigen Gefühl ihrer Endlichkeit, ganz und gar vom Posten gehen und der Ewigkeit selbst die Ehrenwache bei den hochheiligen Mysterien überlassen? Dennoch schwingt der Pendel, die Zeiger rücken, der Goldhammer hebt sich, wenn die schleichende Stunde endlich vollbracht ist.

Der Hahn wird unruhig auf seiner Latte, obwohl er weder selbst Bescherung erwartet, noch für seine Familie heimlich aufgebaut hat. Er krähte schon mehrmals und lässt sich nicht länger irre dadurch führen, dass noch Mond und Sterne scheinen, er hat die Uhr im Kopfe. Die Hoftüre wird geöffnet, der Widerhall des Hauses erwacht vom Scharren des Kehrbesens, benutzt aber, verschlafen wie es alle sind nach den vielen Störungen in der Nacht, jede kleine Pause, abermals einzunicken zur köstlichen Nachtruhe. Es poltert im Ofen, Kleider werden geklopft, der wache Morgen schreitet immer dreister einher, dringt immer weiter vor in das Gebiet der Träume und ruft endlich, das blendende Licht in der Hand: »Kinder, steht auf!« Endlich, endlich ist es Morgen! Morgen, der aber doch immer noch Nacht ist, der einzige Morgen des ganzen Jahres, an dem auch die kleinsten der kleinen Leute bei Lichte aufstehen – dies allein schon ein Ereignis, eine Tat, ein Wunder –, das reine Märchen! Nicht selten müssen sehr kräftige Erweckungsmittel angewandt werden, um die fesselnde Kraft der »himmlisch« warmen Betten zu überwinden. Heute fährt das gesamte Aufgebot der Kinderbeine beim ersten Aufruf zugleich heraus – wie ein Bein, und die Schnelligkeit des Ankleidens wird nur von der fröhlichen Verwirrung, die sie erzeugt, übertroffen – und gehemmt. Endlich trotz aller Konfusion fertig gekleidet, fügen sich die Kleinen, die doch sonst nicht genötigt werden brauchen, nur der kategorisch festgehaltenen Weisung, erst noch ruhig zu frühstücken.

Welch ein Zauber für die Kinderseele, eben wieder erstanden aus dem Schlummer, rein und klar wie der sternhelle Morgen, in der ganzen, unberührten Frische eines neuen Tageslebens, das noch kein, wenn auch nur in unbewusster Trübung nachwirkender, schnell vergessener Streit, keine paradiesaustreibende Unart entstellte – der höchsten Freude des Jahres entgegenzugehen! Welch ein Zauber in der Verschmelzung der Reize aller Tageszeiten und der entgegengesetztesten Stimmungen, in dieser Nachtdunkel, strahlendes Kerzenlicht und Morgenweihe, Entzücken und Andacht in eins verwebenden, gleichsam zeitlosen Wunderwelt! Welch ein Zauber, wenn beim wohlbekannten Klange des Silberglöckchens die Türflügel aufgehen, von unsichtbarer Hand bewegt, als wären es wirklich geflügelte Türen, und die stürmisch Herbeigeeilten, geblendet von all dem Glanze, nun doch im ersten Augenblick wie erstarrt auf der Schwelle stehen bleiben, bis der Eltern ermunterter Zuruf zum Nähertreten auffordert – welch ein Zauber, wenn der ersten allgemeinen Freude die jubelnde Besitzergreifung folgt, wenn ein jeder gerade das findet, was er »sich am meisten gewünscht« – die Mädchen ihre Puppen, die sie gar nicht mehr aus dem Arme lassen, die Knaben Trommeln und Trompetchen, deren lustiger Schall den fernen Ruf der Glocken zur Frühpredigt doch nicht stört – welch ein Zauber, wenn den Zweigen des Christbaumes jener eigentümliche Duft entströmt, der, mit keinem anderen Wohlgeruch vergleichbar, noch in der Erinnerung so magisch wirkt, dass die Kinder schon wochenlang vor dem nächsten Feste jeden verlöschenden Wachsstock, von Wonneschauern mit Vorahnung durchrieselt, begrüßen: »Es riecht nach Weihnachten!« Welch ein Zauber auch dann noch, wenn endlich die Fensterladen aufgemacht, die Vorhänge zurückgeschlagen werden und die letzten tief herab gebrannten, immer matter brennenden Lichtchen im Tannengrün die Morgenröte bescheint. Wie das glüht im Osten, wie die Wolken sich türmen gleich goldigen Schneebergen über den Nachbarhäusern, wie die

Rauchsäulen so purpurdurchleuchtet empor wallen! Es ist wie Opferdampf flammender Zedernscheite, der auf seinen Schwingen die Andacht heiliger Beter emporträgt, nicht wie Rauch aus gemeinen Kaminröhren, von gewöhnlichen Feuerstätten, auf denen klafterweise gekauftes Birken- und Kiefernholz brennt, und Kaffee gekocht wird wie alle Tage. – Und von der Höhe dieses Morgens die Aussicht nicht wie bei der Abendfeier auf das immer zu frühe Zubettgestecktwerden, nein – auf einen ganz langen Tag, dessen frommes Gebot festlicher Muße die Spiel- und Naschfreuden gleichsam zu einer Gewissenspflicht macht!

Hans Christian Andersen

Der Schneemann

»Es kracht und knackt in mir, so wunderbar kalt ist es!«, sagte der Schneemann, »der Wind kann wirklich schneiden, sodass man davon lebendig wird! Und wie die Gafferin da gafft!« Es war die Sonne, die er meinte; sie war gerade im Begriff unterzugehen. »Sie wird mich nicht dazu bringen, dass ich blinzle, ich werde die Brocken schon noch festhalten.«

Es waren zwei große, dreieckige Ziegelsteinbrocken, die er als Augen hatte; der Mund war ein Stück von einer alten Harke, darum hatte er Zähne.

Er war unter Hurrarufen von den Jungen in die Welt gesetzt, vom Schellenklang und Peitschenknallen der Schlitten begrüßt worden.

Die Sonne ging unter, der Vollmond ging auf, rund und groß, hell und herrlich in der blauen Luft.

»Da hätten wir sie aus einer anderen Ecke wieder«, sagte der Schneemann. Er meinte, es wäre die Sonne, die wieder zum Vorschein käme. »Ich habe ihr das Gaffen abgewöhnt! Nun mag sie da hängen und leuchten, da kann ich mich selber sehen. Wüsste ich nur, wie man es anstellt, sich weiterzubewegen! Ich möchte mich so gern weiterbewegen! Wenn ich das könnte, würde ich jetzt aufs Eis hinunterlaufen und schliddern, wie ich es von den Jungen gesehen habe; aber ich weiß nicht, wie man läuft.«

»Weg! weg!«, kläffte der alte Kettenhund; er war ein bisschen heiser, das war er schon, als er noch Stubenhund gewesen war und unterm Ofen lag. »Die Sonne wird dir das Laufen schon beibringen! Das hab ich bei deinem Vorgänger im vorigen Jahr gesehen und bei seinem Vorgänger: Weg! weg! und weg sind sie alle.«

»Ich verstehe dich nicht, Kamerad!«, sagte der Schneemann; »die da oben soll mir das Laufen beibringen?«, er meinte den Mond; »ja, sie ist allerdings vorhin weggelaufen, als ich sie starr anguckte, jetzt schleicht sie aus einer anderen Ecke wieder herbei.«

»Du hast keine Ahnung«, sagte der Kettenhund, »aber du bist ja auch eben erst zusammengebackt worden! Was du jetzt siehst, heißt Mond, die weggegangen ist, das war die Sonne, sie kommt morgen wieder, sie wird dich schon lehren, in den Wallgraben hinunterzulaufen. Wir kriegen bald anderes Wetter, ich kann es an meinem linken Hinterlauf merken, in dem zuckt es. Wir kriegen Witterungswechsel.«

»Ich verstehe ihn nicht«, sagte der Schneemann, »aber ich habe das Gefühl, als wäre es etwas Unangenehmes, was er sagt. Die da vorhin gaffte und unterging und die er die Sonne nennt, die ist auch nicht meine Freundin, das habe ich im Gefühl.«

»Weg! weg!«, kläffte der Kettenhund, drehte sich dreimal um sich selber und legte sich dann in seine Hütte, um zu schlafen.

Es trat wirklich ein Witterungswechsel ein. Ein Nebel, ganz dick und klamm, legte sich am Morgen über die ganze Gegend; bei Morgengrauen kam ein Wind auf, der war so eisig, der Frost packte tüchtig zu, aber welch ein Anblick war es, als die Sonne aufging! Alle Bäume und Sträucher waren von Raureif überzogen; es sah wie ein ganzer Wald von weißen Korallen aus, es sah aus, als wären alle Äste mit strahlend weißen Blüten überschüttet. Die unendlich vielen und feinen Verästelungen, die man im Sommer der vielen Blätter wegen nicht sehen kann, kamen jetzt alle zum Vorschein; es war wie ein Spitzengewebe und so schimmernd weiß, als strömte ein weißer Glanz von jedem Zweig aus. Die Hängebirke bewegte sich im Wind, es war Leben in ihr wie in den Bäumen zur Sommerszeit; die Schönheit war unvergleichlich! Und als die Sonne dann schien, nein, wie das Ganze funkelte, als wäre es mit Diamantenstaub überpudert, und auf der Schneeschicht des Erdbodens glitzerten die großen Diamanten, oder man konnte auch glauben, dass unzählige winzig kleine Lichtchen brannten, noch weißer als der weiße Schnee.

»Es ist unbeschreiblich schön«, sagte ein junges Mädchen, das mit einem jungen Mann zusammen in den Garten hinaustrat und dicht vor dem Schneemann stehen blieb, wo sie die gleißenden Bäume betrachteten. »Einen schöneren Anblick hat man auch im Sommer nicht!«, sagte sie, und ihre Augen strahlten.

»Und so einen Burschen wie den da hat man schon gar nicht«, sagte der junge Mann und zeigte auf den Schneemann. »Der ist großartig.«

Das junge Mädchen lachte, nickte dem Schneemann zu und tanzte alsdann mit ihrem Freund über den Schnee, der unter ihnen knirschte, als liefen sie auf Stärke.

»Wer waren die beiden?«, fragte der Schneemann den Kettenhund, »du bist älter am Platz als ich, kennst du die?« »Das tue ich!«, sagte der Kettenhund. »Sie hat mich doch gestreichelt, und er hat mir einen Knochen geschenkt; die beiße ich nicht.«

»Aber was machen sie hier?«, fragte der Schneemann. »Verrrlobt sind sie!«, sagte der Kettenhund. »Die wollen in die Hundehütte ziehen und zusammen Knochen knabbern. Weg! weg!«

»Haben die beiden ebenso viel zu bedeuten wie du und ich?«, fragte der Schneemann.

»Die gehören ja zur Herrschaft«, sagte der Kettenhund; »es ist tatsächlich sehr wenig, was man so weiß, wenn man von gestern ist; das merke ich an dir! Ich habe Alter und Kenntnisse, ich kenne alle hier im Haus! Und ich habe eine Zeit gekannt, da lag ich nicht hier in der Kälte und an der Kette; weg! weg!«

»Die Kälte ist schön!«, sagte der Schneemann. »Erzähle, erzähle! Aber du darfst nicht mit der Kette rasseln, dann knackt es nämlich in mir.«

»Weg! weg!«, kläffte der Kettenhund. »Ein Welp bin ich gewesen; klein und niedlich, sagte man, da lag ich dort in dem Haus auf einem Plüschsessel, lag auf dem Schoß der höchsten Herrschaft, wurde auf die Schnauze geküsst, und meine Pfoten wurden mit einem gestickten Taschentuch abgewischt; ich hieß ›der Süßeste‹, ›Wackelbeinchen‹, aber dann wurde ich ihnen zu groß; da verschenkten sie mich an die Haushälterin; ich kam in den Keller hinunter! Du kannst von dem Platz, wo du stehst, da reingucken, du kannst in die Kammer gucken, wo ich Herrschaft gewesen bin; das war ich nämlich bei der Haushälterin. Es war allerdings ein schlechterer Ort als oben, aber hier war es angenehmer; ich wurde nicht von Kindern gedrückt und herumgeschleppt wie oben. Ich hatte ebenso gutes Futter wie früher und viel mehr! Ich hatte mein eigenes Kissen, und dann war da ein Ofen, der ist um diese Zeit das Schönste auf der Welt! Ich kroch darunter, sodass ich ganz weg war. Oh, von diesem Ofen träume ich noch heute; weg! weg!«

»Sieht ein Ofen so schön aus?«, fragte der Schneemann. »Sieht er mir ähnlich?«

»Der ist genau das Gegenteil von dir! Kohlschwarz ist er! Hat einen langen Hals mit Messingtrommel. Der frisst Holz, sodass ihm das Feuer aus dem Maul sprüht. Man muss dicht bei ihm bleiben, ganz dicht bei ihm und unter ihm, das ist eine große Annehmlichkeit! Du musst ihn durchs Fenster sehen können, von dem Platz, wo du stehst!«

Und der Schneemann guckte, und tatsächlich sah er einen

schwarz polierten Gegenstand mit Messingtrommel; das Feuer glänzte unten heraus. Dem Schneemann ward es ganz sonderbar zumute; er hatte eine Empfindung, über die er sich selber keine Rechenschaft ablegen konnte; es kam etwas über ihn, was er nicht kannte, was aber alle Menschen kennen, sofern sie nicht Schneemänner sind.

»Und weshalb hast du sie verlassen?«, sagte der Schneemann. Er fühlte, es musste ein weibliches Wesen sein. »Wie konntest du einen solchen Ort verlassen?«

»Dazu war ich wohl gezwungen«, sagte der Kettenhund, »sie haben mich rausgeschmissen und legten mich hier an die Kette. Ich hatte den jüngsten jungen Herrn ins Bein gebissen, er stieß nämlich den Knochen weg, an dem ich nagte; und Bein um Bein, denke ich! Das haben sie aber übelgenommen, und seit der Zeit liege ich an der Kette und habe meine klare Stimme eingebüßt, hör doch, wie heiser ich bin: weg! weg! da war's dann aus.«

Der Schneemann hörte nicht mehr zu, er schaute noch immer in das Kellergeschoss zu der Haushälterin hinein, bis in die Stube, wo der Ofen auf seinen vier eisernen Beinen stand und so groß wirkte wie der Schneemann selber.

»Es knarrt so sonderbar in mir«, sagte er. »Ob ich denn nie da hineinkommen kann? Es ist ein harmloser Wunsch, und unsere harmlosen Wünsche müssten doch eigentlich erfüllt werden. Es ist mein höchster Wunsch, mein einziger Wunsch, und es wäre fast ungerecht, wenn er nicht befriedigt werden würde. Ich muss hinein, ich muss mich an ihn anlehnen, und wenn ich auch das Fenster einschlagen sollte.«

»Da kommst du nie hinein«, sagte der Kettenhund, »und kommst du an den Ofen, dann bist du weg! weg!«

»Ich bin so gut wie weg«, sagte der Schneemann, »ich glaube, ich breche entzwei!«

Den ganzen Tag über stand der Schneemann da und schaute durchs Fenster; in der Dämmerstunde sah die Stube noch einladender aus; vom Ofen glänzte es so freundlich, wie nicht einmal der Mond glänzt und auch die Sonne nicht, nein, wie nur der Ofen glänzen kann, wenn etwas in ihm ist! Sobald die Tür aufging, züngelte die Flamme heraus, das war eine Angewohnheit bei ihm; es glühte ordentlich rot in des Schneemanns weißem Gesicht, es leuchtete rot auf seiner Brust.

»Ich kann es nicht aushalten«, sagte er. »Wie gut es ihr steht, wenn sie die Zunge heraus streckt!«

Die Nacht war sehr lang, aber nicht für den Schneemann, er stand in seine eigenen schönen Gedanken versunken, und die froren, dass sie ächzten.

Am nächsten Morgen waren die Kellerfenster zugefroren, sie trugen die schönsten Eisblumen, die ein Schneemann nur verlangen konnte, aber sie verbargen den Ofen. Die Scheiben wollten nicht auftauen, er konnte ihn nicht sehen. Es ächzte, es knirschte, es war ganz ein Frostwetter, wie es einem Schneemann Freude machen musste, aber er war nicht froh; er hätte sich so glücklich fühlen müssen und können, aber er war nicht glücklich, er hatte Ofensehnsucht. »Das ist für einen Schneemann eine böse Seuche«, sagte der Kettenhund; »ich habe diese Seuche auch ein wenig, aber ich habe sie überstanden; weg! weg! – jetzt kriegen wir Witterungsumschlag.«

Und es kam ein Witterungsumschlag, es kam Tauwetter. Das Tauwetter nahm zu, der Schneemann nahm ab. Er sagte nichts, er klagte nicht, und das ist das richtige Zeichen.

Eines Morgens stürzte er zusammen. Dort, wo er gestanden hatte, stak so etwas wie ein Besenstiel, um den herum hatten die Jungen ihn aufgebaut.

»Jetzt kann ich das mit seiner Sehnsucht verstehen«, sagte der

Kettenhund, »der Schneemann hat einen Schürhaken im Leibe gehabt; und der war es, der den Aufruhr in ihm verursacht hat, jetzt ist es überstanden; weg! weg!«

Und bald war auch der Winter überstanden.

»Weg! weg!«, kläffte der Kettenhund; aber die kleinen Mädchen auf dem Hofe sangen:

»Sprieße, Waldmeister, frisch und grün!
Häng, Weide, deine wollenen Handschuhe hin.
Kommt, Kuckuck, Lerche, singt, wir erwarten
Schon Ende Februar Frühling im Garten!
Ich singe mit, kuckuck, kwiwitt, o Wonne!
Komm und bescheine uns oft, liebe Sonne!«

Dann denkt keiner mehr an den Schneemann.

Kurt Tucholsky

Gefühle nach dem Kalender

Eigentlich ist es ja ein bisschen merkwürdig: wenn nur noch wenige dünne Kalenderblätter den Abreißer vom 24. Dezember trennen, so senkt sich jenes weihnachtliche Gefühl auf ihn hernieder, das ihr alle kennt. Er wird ein bisschen weich, er wird ein wenig träumerisch, und wenn der ganze Apparat des Einkaufs vorbeigeklappert ist, wenn all das Tosen und Wirken vorüber ist, dann saugt er doch an seiner Weihnachtszigarre und denkt sich dies und das und allerlei. Aber wie denn? Kann man denn seine Gefühle kommandieren –? Kann man denn – nach dem Kalender – seine Empfindungen regeln?

Man kann's nicht. Der Schnurriker Mynona erzählte einmal die Geschichte vom Schauspieler Nesselgrün, dem es plötzlich einfiel, sein ihm zustehendes Weihnachten im August zu feiern – und unter unendlichem Hallo geht denn diese deplacierte Festlichkeit auch vor sich. Aber wir haben doch gelacht, als wir das lasen. Könnten wir andern das auch? Es ist wohl nicht nur die Furcht, uns lächerlich zu machen – es muss noch etwas anderes sein. Der Grund, dass wir wirklich – jede Weihnachten – in jedem Jahr – immer aufs Neue imstande sind, genau um den 25. Dezember herum die gleichen Gefühle zu hegen, liegt doch wohl darin, dass sie sich angesammelt haben. Es muss doch irgendetwas da sein, das tropfenweise anschwillt, das ganze Jahr hindurch. Schließlich ist doch der Kalender etwas ganz Äußerliches, Relatives, wir sind in gewisser Hinsicht mit

ihm verwachsen – aber die Zeit ist nicht in uns, wir sind in der Zeit. Und das kleine Blättchen, das den Vierundzwanzigsten anzeigt, ist kein Grund, es ist ein Signal und ein Anlass.
Ich habe immer das Gefühl, als ob wir jede Woche im Jahr weihnachtliche Empfindungen genug aufbrächten – aber gute Kaufleute, die wir sind, legen wir sie »in kleinen Posten« zurück, bis es sich einmal lohnt. Im Dezember ist dann das Maß meist voll.
Ist es nicht schließlich mit jedem Gedenktag so –? Warum sollen wir gerade am neunzehnten an sie denken, und warum nicht einen Tag später –? »Heute vor einem Jahr – –«, ach Gott, entweder wir empfinden immer, dass sie auf der Welt ist – oder wir empfinden's am neunzehnten auch nur konventionell. Gefühle nach dem Kalender –: das geht nur, wenn der Kalender sie ins Rollen bringt. Gefühle nach dem Kalender ... Wir haben alle nur keine Zeit, um gut zu sein, wie? Wir haben alle nur keine Zeit. Und müssen tausend- und tausendmal herunterschlucken und herunterdrücken und sind vielleicht im Grunde alle froh, allweihnachtlich einen Anlass gefunden zu haben, den gestauten Sentiments freien Lauf zu lassen. Wer erst nach dem Kalenderblatt sieht, sich vor den Kopf schlägt und »Ach, richtig!« ruft – dem ist nicht zu helfen.
Vielleicht hat diese neue – ehemals große – Zeit manches am deutschen Weihnachtsfeste geändert. Ich weiß nicht, ob's innerlicher geworden ist. Es täte uns so not – nicht aus Gründen der Religion, die jedermanns Privatsache ist – sondern aus Gründen der Kultur. Diesem Volk schlägt ein Herz, aber es liegen so viel Kompressen darauf ...
Reißt sie ab. Wagt einmal (was besonders dem Norddeutschen schwer und sauer fällt), wagt einmal, geradeaus zu empfinden. Und wenn euch das Fest nach all dem, was geschehen ist, doppelt lieb, aber doppelt schwierig erscheint, dann denkt daran, wie ihr es im Feld gefeiert habt, und wo – und denkt daran, wie es ein Halt ge-

wesen ist gegen die Lasten des äußern und innern Feindes, und wie schon das Datum, wie schon der Kalender Trost war in verdammt schwarzen Tagen. Und – weil wir hier gerade alle versammelt sind – denkt schließlich und zu guter Letzt – auch an etwas anderes. Nach dem Kalender fühlen ... Aber habt ihr einmal geliebt ...? Die Damen sehen in ihren Schoß, und die Herren lächeln so unmerklich, dass ich von meiner Kanzel her Mühe habe, es zu erkennen. Also ihr habt geliebt, und ihr – ich sehe keinen an – liebt noch. Nun, ihr Herren, und wenn sie Geburstag hat? Nun, ihr Herren, und wenn der Tag auf dem Kalender steht, an dem ihr sie zum ersten Mal geküsst habt –? Nun? Ihr feiert das. Was im ganzen Jahr künstlich oder zufällig zurückgedämmt war – es bricht – wenn's eine richtige Liebe ist – elementar an solchem Tage hervor aus tiefen Quellen. Der Tag, dieser dumme Tag, der doch gleich allen anderen sein sollte, ist geheiligt und festlich und feierlich und freundlich – und ihr denkt und fühlt: sie – und nur sie. Nach dem Kalender ...? Nicht nach dem Kalender. Ihr tragt alle den Kalender in euch. Es ist ja nicht das Datum oder die bewusste Empfindung, heute müsse man nun ... Es ist, wenn ihr überhaupt wisst, was ein Festtag ist, was Weihnachten ist: euer Herz. Lasst uns einmal von dem Festtags-»Rummel« absehen, der in einer großen Stadt unvermeidlich ist. Lasst uns einmal daran denken, wie Weihnachten gefeiert werden kann, unter wenigen Menschen, die sich verstehen. Das ist kein Ansichtskarten-Weihnachten. Das ist nicht das Weihnachten des vierundzwanzigsten Dezembers allein – es ist das Weihnachten der Seele. Gibt es das –? Es soll es geben. Und gibt es auch, wenn ihr nur wollt. Grüßt, ihr Herren, die Damen, küsst ihnen leise die Hand (bitte in meinem Auftrag) und sagt ihnen, man könne sogar seine Gefühle nach dem Kalender regeln: zum Geburtstag, zum Gedenktag – und zu Weihnachten. Aber man muss welche haben.

Andrea Schwarz

Wie der heilige Andreas die Weihnachtsplätzchen erfunden hat

Der Nikolaus war unruhig. Kein Wunder, es war Mitte November und sein großer Tag rückte allmählich näher und näher. Aber das allein war es nicht, den Stress kannte er – aber was ihn wirklich beunruhigte und was ganz und gar ungewöhnlich war: Sein Geschenklieferant hatte die bestellten Waren noch nicht geliefert. Eigentlich war er die ganzen Jahre zuverlässig gewesen – und Nikolaus hatte auch gar keinen Grund zum Zweifel, dass seine Bestellung noch irgendwie rechtzeitig eintreffen würde – aber unruhig machte es ihn schon. Angenommen, der Nikolaustag käme – und er hätte keine Geschenke, keine Teddys und Puppen, keine Eisenbahnen und Bücher. Nicht auszudenken – ein Nikolaustag ohne Geschenke!

Er hatte sich im Sommer mit dem Aussuchen viel Mühe gegeben – es war ja schon schwierig genug, mitten im Sommer an den 6. Dezember zu denken. Aber dann war er doch ganz zufrieden gewesen mit seiner Wahl: schönes Holzspielzeug, spannende Bücher, nette Plüschtiere – damit machte er den Menschen bestimmt viel Freude!

Aber – dazu musste er die Geschenke erst einmal haben. Bestellt hatte er rechtzeitig – und er hatte überhaupt keine Erklärung, warum die Firma dieses Jahr so spät lieferte. Er hatte schon mehrmals geschrieben – aber es kam keine Reaktion.

Täglich schaute er voller Hoffnung bei der Paketstelle vorbei. Aber der diensthabende Engel, dem Nikolaus seine Sorgen anvertraut hatte, musste ihn jeden Morgen neu enttäuschen: »Tut mir leid, aber es ist wieder nichts für dich dabei!«
So allmählich geriet der Nikolaus doch in Panik. Was, wenn der sechste Dezember käme – und er hätte keine Geschenke?
Plötzlich klingelte das Telefon. Nikolaus zögerte einen Moment, aber dann hob er doch den Hörer ab: »Hier ist der Nikolaus.« – »Und hier ist Andreas. Du, ich wollte dich nur rasch an das Fest bei mir am 30. November erinnern. Du kommst doch, oder?« Der Nikolaus seufzte unhörbar vor sich hin. Seit einiger Zeit hatte es sich im Himmel eingebürgert, dass jeder Heilige an dem Tag, wenn die Menschen dessen Namenstag auf der Erde feierten, im Himmel einen ausgab für alle Kollegen. Nikolaus hatte dem Brauch noch nie allzu viel abgewinnen können, denn an seinem Namenstag war er selbst so im Stress, dass er da nicht auch noch groß was für die Kollegen organisieren wollte und konnte – und außerdem war diese Umtrunksache in letzter Zeit irgendwie ziemlich ausgeartet, schließlich hatte an fast jedem Tag irgendeiner der Heiligen Namenstag und nachdem mal einer angefangen hatte, alle einzuladen, fühlten sie sich natürlich wiederum verpflichtet.
Nikolaus hatte im Moment, weiß Gott, andere Sorgen. Was sollte er nur tun, wenn die Geschenke nicht rechtzeitig ankämen. Und verpackt werden mussten sie ja auch noch! Andererseits, schließlich war der heilige Andreas sein Nachbar, da konnte Nikolaus schlecht nein sagen. Er tröstete sich insgeheim, dass bis zum Fest ja noch ein paar Tage Zeit waren. Vielleicht waren ja bis dahin die Geschenke angekommen – und er konnte dann in aller Ruhe mit Andreas und den anderen feiern.
»Sag mal, bist du eigentlich noch dran?«, fragte Andreas' Stimme am anderen Ende der Leitung. Nikolaus zuckte zusammen, tat-

sächlich – er war so in Gedanken versunken gewesen, dass er ganz vergessen hatte, dass er den Telefonhörer in der Hand hielt und Andreas noch in der Leitung war. »Entschuldige, Andreas, aber ich war grad mit meinem Gedanken woanders! « – »Das hab ich gemerkt – also, du kommst doch zum Fest, oder?«, fragte Andreas beharrlich nach. »Ja, sicher doch«, sagte Nikolaus einlenkend, »und ich freu mich auch schon drauf!« Aber es klang, ehrlich gesagt, nicht so besonders begeistert.
Die Tage vergingen, aber die Geschenke wurden nicht geliefert. Nikolaus schickte Brief um Brief, versuchte in der Firma anzurufen – aber ohne Erfolg. Niemand antwortete auf seine Briefe, niemand nahm das Telefon ab – und die Geschenke wurden auch nicht geliefert. Seine Stimmungen wechselten rasch – er war zornig und wütend, ratlos und verunsichert, dann wieder hoffnungsvoll und optimistisch. Die Firma hatte ihn noch nie im Stich gelassen – und sie wussten doch auch, worum es bei diesem Auftrag ging.
Was aber, wenn doch das Schlimmste eintreffen würde? Ein Nikolaustag ohne Teddys und Puppen, ohne Eisenbahnen und Bücher? Er wagte gar nicht, es sich vorzustellen. Der Paketengel schaute immer schon ganz mitfühlend, wenn Nikolaus wieder vorbeikam, und schüttelte inzwischen nur noch schweigend den Kopf.
Schließlich war Nikolaus so verzweifelt, dass er Petrus um Hilfe bat. Er schilderte ihm die Situation und fragte Petrus, ob er nicht mal einen Engel bei der Firma vorbeischicken könnte, um nachzuschauen, was denn da möglicherweise los war.
Petrus kam der Bitte gerne nach, doch auch der Versuch hatte keinen Erfolg. Der Engel kehrte mit der Auskunft zurück, dass am Tor der Firma ein großes Schild hing, »Vorübergehend geschlossen« – und auf dem ganzen Firmengelände war kein Mensch zu sehen.

Der Nikolaus war schlichtweg ratlos. Inzwischen war es Ende November – und die Geschenke waren nicht da. Und viel Hoffnung hatte er nicht mehr. Was sollte er nur tun? Er konnte doch nicht einfach den Nikolaustag absagen, auf den sich die Menschen und vor allem die Kinder so sehr freuten!? Aber ein Nikolaustag ohne Geschenke – das war auch nichts ...
Und dazu war heute Abend noch das Fest bei Andreas. Er hatte überhaupt keine Lust darauf – aber schließlich hatte er zugesagt. Und vielleicht würde ihn das auf andere Gedanken bringen, auch wenn ihm gar nicht nach Feiern zumute war. Er trödelte am Abend noch lange herum, dann hing er sich schließlich seufzend seinen Mantel um. Er wollte auf seinem Weg zu Andreas noch einmal kurz bei der Paketstelle vorbeischauen, vielleicht ... obwohl, der Paketengel hatte versprochen, ihn umgehend zu informieren, wenn die Lieferung käme. Und so war es dann auch – der Paketengel schaute ihn nur kurz an, zuckte mit den Achseln – und sortierte ganz rasch wieder seine Päckchen. Und der Nikolaus schlich mehr als er ging, mit hängenden Schultern, zur Wolke, auf der der heilige Andreas wohnte.
Andreas begrüßte ihn fröhlich – aber als er den Nikolaus anschaute, nahm er ihn und führte ihn ein bisschen abseits. »Was ist denn mit dir los?«, fragte er behutsam. Nikolaus zögerte einen Moment – er wollte Andreas schließlich sein Fest nicht verderben! – aber dann brach es doch aus ihm hervor. »Die Geschenke für den Nikolaustag sind nicht geliefert worden! Und alle freuen sich darauf – und ich habe nichts, absolut nichts, was ich den Menschen als Geschenk bringen kann! Das geht doch nicht – und was soll ich nur machen ... und ...« Nikolaus schluchzte. Andreas horchte auf, er hatte den Nikolaus noch nie weinen gesehen – und wenn keine Geschenke für den Nikolaustag da waren, dann war das wirklich eine schlimme Sache. »Hast du dich denn mal

mit der Firma in Verbindung gesetzt?« – »Ich hab alles probiert, da meldet sich niemand! Ach, Andreas, ich weiß nicht mehr, was ich tun soll!«
Andreas dachte einen Augenblick lang nach, dann sagte er: »Setz dich mal hier in die Ecke. Da sieht dich niemand, und du bist ungestört. Ich bring dir was zum Trinken vorbei – und nachher, wenn es hier ein bisschen ruhiger geworden ist, denken wir mal zusammen nach, was wir tun können.«
Andreas' ruhige, vermittelnde Art tat dem Nikolaus gut, und er ließ sich aufseufzend in die dunkle Wolkenecke fallen. Aber seine Gedanken kreisten immer wieder nur um das eine – und er fand und fand keinen Ausweg ...
Später setzte sich Andreas zu ihm. »Also, du hast keine Geschenke für die Menschen am Nikolaustag?!«, fasste er nochmal kurz die Situation zusammen. »Ja«, antwortete der Nikolaus – »und dabei hab ich so früh bestellt und so sorgfältig ausgesucht. Und die Firma hat mich noch nie im Stich gelassen!« – »Glaubst du dran, dass die noch liefern werden?« – So deutlich auf den Punkt gebracht, musste der Nikolaus sich selbst und Andreas zugestehen, dass er eigentlich nicht mehr daran glaubte.
»Hm«, Andreas dachte nach, »gar nicht so einfach. Aber dann müssen wir eben irgendwas selbst machen, was wir den Menschen schenken können.« – Der Nikolaus schaute ihn vollkommen entgeistert an: »Wie meinst du das denn? Denkst du etwa an Laubsägearbeiten oder handgestrickte Socken oder so was?« – »Das sind zwar auch ganz nette Dinge, aber dafür haben wir wohl keine Zeit mehr«, erwiderte Andreas ungerührt. »Nein, ich denke an backen!« – »An backen??« Nikolaus war sich nicht so ganz sicher, ob er mit seinen Problemen von Andreas wirklich ernst genommen wurde. »Klar«, sagte Andreas, »denk doch mal nach, Nikolaus! Wenn wir nichts haben, was wir schenken kön-

nen, müssen wir selbst was machen. Und was können wir hier im Himmel in so kurzer Zeit herstellen? Da bleibt nur backen – wir backen einfach die Geschenke!« – »Und wie stellst du dir das, bitte schön, vor? «Nikolaus war noch immer ziemlich überrascht. »Ganz einfach – Mehl haben wir hier oben ausreichend, der Backofen in der Himmelsküche ist groß genug – und ausreichend Engel können wir notfalls auch organisieren. Zugegeben, bisher haben wir immer nur Manna gebacken – aber wenn man da noch ein paar Eier und Zucker zugibt, und vielleicht noch Schokolade ...« Andreas' Stimme klang plötzlich sehr genüsslich, und irgendwie bekam man das Gefühl, dass er schon lange davon geträumt hatte, aus dem himmlischen Manna noch ein bisschen mehr zu machen.

Als Nikolaus ihn ansah, keimte eine erste Hoffnung in ihm auf. »Und du meinst, wir sollen dann aus dem Teig Eisenbahnen und Bücher, Teddys und Puppen machen und so?«, fragte er vorsichtshalber nochmal nach. »Naja – Eisenbahnen sind vielleicht ein bisschen schwierig zu formen – und es könnte sein, dass wir dazu nicht mehr die Zeit haben. Aber was hältst du denn von Herzen und Tannenbäumen und Engeln und Sternen? Das müssten wir doch eigentlich hinbekommen!« Der Nikolaus begann zu hoffen. »Und du denkst, dass wir die Tannenbäume und Sterne dann einfach backen und den Menschen schenken?« Andreas nickte, »Ja, so könnte ich mir das denken!«

Nikolaus dachte nach und kam zu der Überzeugung, dass dies möglicherweise besser als gar nichts war. Also gut! Nur zwei Fragen quälten ihn noch: »Aber – woher willst du denn Zucker und Eier und Schokolade bekommen – und wer um alles in der Welt soll denn das alles machen?« Andreas lächelte, »gar kein Problem, ich kenn da einen kleinen Jungen, der hat ein Pfund Zucker und sechs Eier und eine Tafel Schokolade – mit dem könnt ich mal reden – und dann starten wir einen Arbeitsgroßeinsatz!« Nikolaus schwieg, leicht verwirrt. Er erinnerte sich dunkel, Andreas hatte schon einmal ein paar Fische und Brote vermittelt, die ein kleiner Junge mitbrachte. Er traute ihm in dem Bereich durchaus einiges zu. Aber ein Backgroßeinsatz im Himmel? Das hatte es noch nie gegeben ...

Andreas nahm kurzerhand die Sache in die Hand. Er organisierte Engel und Heilige – wer nicht irgendwas absolut Dringendes zu tun hatte, wurde zur Backstube befohlen. Wie durch ein Wunder standen ausreichend Eier, Zucker und Schokolade bereit. Und dann entfachte sich ein Feuerwerk an Betriebsamkeit. Andreas hatte das Rezept groß auf eine Wand geschrieben und in einer Ecke wurde fleißig der Teig angerührt. Die Schüsseln wanderten zur nächsten Wolke, wo die kräftigsten Engel und Heiligen dazu abgeordnet waren, den Teig dünn auszurollen. Dann wanderten die Teigplatten zur nächsten Station, wo einige künstlerisch begabte Engel daraus Tannenbäume und Herzen und Sterne schnitten – und einige machten sogar Kühe und Trauben und Lämmer. Die fertigen Figuren wanderten auf Backbleche, die dann wiederum von den Backengeln übernommen wurden. – Sie schoben sie in die Backöfen – und holten sie rechtzeitig wieder heraus und nach einer Zeit der Abkühlung strich schließlich die Gruppe der Malerengel Schokoladenguss darauf – auch wenn sie heftig gegen den Missbrauch ihrer Fähigkeiten protestierten. Aber Andreas blieb hart – jetzt mussten alle zusammen helfen, damit der Nikolaustag gerettet wurde – da war keiner was Besseres. Er selbst war überall, half dort aus, wo es zu Engpässen kam – und sah nebenbei ab und an nach dem Nikolaus, den diese Betriebsamkeit vollkommen überrollt hatte. Er saß in seiner Ecke, staunte nur noch und bedankte sich bei jedem einzelnen Engel und Heiligen, der an ihm vorbeikam – und hielt den ganzen Betrieb

damit eher auf. Aber das bemerkte der Nikolaus gar nicht, er war so glücklich, dass der Nikolaustag gerettet war, dass er das auch jedem sagen wollte!
Andreas erkannte seine Situation – und gab ihm kurzerhand den Auftrag, eine Liste zusammenzustellen, wer wie viel Plätzchen bekommen sollte, damit die Engel, die mit dem Einpacken beauftragt waren, endlich anfangen konnten. Die konkrete Aufgabe tat dem Nikolaus gut – und so setzte er sich hin und schrieb Listen mit Namen und Zahlen und vergaß dabei vollkommen seine Verwirrung ...
Im Himmel breitete sich ein wunderbarer Geruch aus. Beutel um Beutel mit aus Teig gebackenen Sternen und Tannenbäumen, Herzen und Engeln und ab und an einer Kuh und einer Lokomotive stapelten sich am Himmelstor. Nikolaus holte glückselig seinen Schlitten und die Rentiere hervor – und begann zu packen. Das hätte er nicht gedacht, dass er an diesem Nikolaustag den Menschen doch etwas würde schenken können!
Er fuhr mit seinem Schlitten und tausenden gepackter Päckchen voller Weihnachtsplätzchen zur Erde – und als die Menschen am 6. Dezember morgens aufwachten, stand vor jeder Tür eine Tüte mit gebackenen Engeln und Sternen, und ... – aber das wissen wir ja schon. Die meisten waren neugierig und probierten die Plätzchen und sie schmeckten ihnen ausgesprochen gut. Es gab nur wenige, die diese Botschaft nicht verstanden und den konkreten Büchern und Modelleisenbahnen hinterhertrauerten.
Tatsache ist, dass viele Menschen diese himmlische Idee übernahmen – und seitdem backen sie Weihnachtsplätzchen. Sie sind oft noch auf der Suche nach dem besten Rezept – aber an Weihnachtsplätzchen geht kein Weg mehr vorbei.
Im Himmel bestanden die Engel darauf, auch in den kommenden Jahren Weihnachtsplätzchen zu backen, auch wenn sie nur für

den Eigenbedarf gedacht waren. Aber die Aktion hatte ihnen ziemlich viel Spaß gemacht – und das war ja mal was anderes, als immer nur Manna zu backen. Und auch sie wetteiferten um die originellsten Rezepte und Ideen.
Seit dem Jahr gibt es die Weihnachtsplätzchen – und man muss ehrlicherweise dazusagen, dass sie vom heiligen Andreas erfunden wurden. Ich persönlich bin ganz froh über diese Erfindung ...

Wilhelm Matthiessen

Der Winter und die Schneemänner

Da haben mal die Kinder vom alten Haus vor der Haustür unter der dicken Linde einen schönen Schneemann gebaut. Der ist so groß gewesen wie ein richtiger Mann. Und eine rote Rübe ist seine Nase gewesen und schwarze Kohlen seine Augen und eine dicke Kartoffel sein Mund. Und einen alten Besenstiel hat er in der Hand gehabt und einen uralten Zylinderhut auf dem Kopf. Und viele Tage und viele Nächte hat er vorm alten Hause gestanden und hat mit seinem Besenstiel aufgepasst, dass keine bösen Zauberer und Wölfe ins alte Haus kämen. Und der Mond hat auf den Schneemann geschienen und die Sterne. Auf einmal aber, da ist es in der Nacht, in der tiefen Nacht trapp, trapp durch den Schnee gekommen. Und der Schneemann hat das gehört und hat gerufen. Schneemänner können ja manchmal des Nachts sprechen. »Wer trippelt«, hat er gesagt:

»Wer trippelt da zum alten Haus?
Ist es die Katze, ist es die Maus?«

»Nein«, hat es da gesagt, »ich bin nur die Hexe Tannenmütterchen.« – »Dann ist es gut«, hat der Schneemann gesagt, »komm nur, Hexe Tannenmütterchen!« Und die Hexe Tannenmütterchen ist zum Schneemann gegangen und hat zu ihm gesagt: »Lieber, guter Schneemann, schöner Schneemann, höre, was ich dir sage!«

– »Ja, ich höre schon, Hexe Tannenmütterchen!«, hat der Schneemann gesagt. Und da hat die Hexe zum Schneemann gesagt: »Schneemann, heute Nacht ist das kleine Schneeglöckchen zu mir gekommen, hat vor der Tür von meinem Häuschen geläutet und hat zu mir gesagt: ›Der warme Föhnwind kommt von den Bergen und der Frühling.‹ Denn die Schneeglöckchen können so sehr gut hören. O schöner Schneemann, dicker Schneemann, wenn morgen der Föhnwind kommt, dann musst du schmelzen, dann bist du fort!« Und wie das die Hexe gesagt hat, da hat es schon in den Bergen gebraust, da ist der warme Föhn gekommen. Und der Schneemann hat bloß gesagt: »Danke schön, Hexe Tannenmütterchen!« Dann hat er seinen Besenstiel genommen und ist auf und davon gegangen, dass ihn der Föhnwind nicht schmelzen könnte. Und er ist immer weiter gegangen. Und der Föhnwind hat ihn nicht gekriegt.
Und Ostern ist gekommen und Pfingsten und der Sommer mit der warmen Sonne. Aber der Schneemann hat nichts gesehen von der warmen Sonne. Der Schneemann ist an das Eismeer gegangen. Und da hat er noch hundert andere Schneemänner getroffen, die waren auch vor der Sonne und vor dem Föhnwind davongelaufen. Und der Schneemann hat sie gefragt: »Wo geht denn ihr hin, liebe Brüderchen?« – »Ei«, haben die andern Schneemänner gesagt, »wir gehen in das Schneeland, wo der Winter wohnt; da wollen wir uns ausruhen und dann den Winter wecken!« – »Ja, dann geh' ich mit euch«, hat der Schneemann vom alten Hause gesagt. Und dann haben sich die Schneemänner ein Schiff gesucht, haben den Schiffmann geweckt und haben zu ihm gesagt: »Schiffmann, willst du uns über das Eismeer fahren und in das dunkle Land, wo der Winter wohnt?« – »Ja«, hat der Schiffmann gesagt, »aber was gebt ihr mir dafür?« Da haben die Schneemänner gesagt: »Wir geben dir unsre schönen, schwarzen Knöpfe da-

für, die sind von feinen Kohlen gemacht.« Da hat sich der Schiffmann gefreut, und die Schneemänner haben ihm die Kohlenknöpfe gegeben. Und der Schiffmann hat die Schneemänner über das Meer gefahren an das dunkle Land, wo der Winter wohnt. Und da sind die Schneemänner ausgestiegen, und er ist mit seinem Schiff wieder nach Hause gefahren.
Aber die Schneemänner sind weitergegangen, immer weiter, sind durch den tiefen Schnee gegangen, sind über das blanke Eis gegangen. Und da haben sie auf einmal einen großen Eisberg gesehen. Und der Eisberg ist die Burg vom Winter gewesen. Und vor der Winterburg haben tausend Eisbären gelegen, die haben zu den Schneemännern gesagt: »Wo wollt ihr hin, Schneemänner?« – »Wir wollen zum Winter!«, haben die Schneemänner gesagt. »Ach was!« haben die Eisbären gebrummt, »der Winter schläft, und ihr dürft ihn nicht stören!« Da haben die Schneemänner gesagt: »Was denkt ihr wohl, ihr dummen Eisbären! Beim alten Hause sind jetzt schon die Nüsse reif, und die Äpfel sind schon längst von den Bäumen, und bald werden auch die Kartoffeln ausgegraben im Feld!« Wie das die tausend Eisbären gehört haben, da haben sie gebrummt, da haben sie gesagt: »O weh, dann ist es aber Zeit, dass wir den Winter wecken! Er muss jetzt schnell zum alten Haus und muss Eis machen und Schnee.« Wie das die Schneemänner gehört haben, da sind sie in die Eisburg gegangen zum Winter. Der hat in seinem Bett gelegen. Mit Schnee ist er zugedeckt gewesen und hat geschlafen. Und sein Atem hat geraucht wie Dampf. Und von seinem Atem ist das ganze Zimmer voll Eiszapfen gewesen. Da haben sich die Schneemänner an das Bett vom Winter gestellt und haben gesungen:

»Winter, hör und wache auf!
Denn im Garten und im Wald

Wird es Herbst und wird es kalt ...
Winter, hör und wache auf!
Von den schönen Bäumen allen
Schon die grünen Blätter fallen ...
Winter, hör und wache auf! ...«

So haben sie gesungen, die Schneemänner, und noch viel mehr. Und da ist der Winter aufgewacht in seinem Bett, da hat er die vielen Schneemänner gesehen, da ist er aufgestanden und hat gesagt: »Wo kommt ihr denn her, ihr Schneemänner?« – »O«, haben die Schneemänner gesagt, »wir sind vor dem warmen Föhnsturm und der Sonne davongelaufen, und nun sind wir da und wollen dich wecken, dass du wieder weißen Schnee bringst und blankes Eis.« – »Ja«, hat der Winter gesagt, »ich habe schon geträumt, dass es kalt würde im Garten und im Walde und dass die grünen Blätter von den Bäumen fallen.« – »Das ist auch wahr«, sagten die Schneemänner, »und du hättest dich bald verschlafen.« Wie das der Winter hörte, da hat er sich gleich an seinen Tisch gesetzt und hat dem heiligen Nikolaus einen Brief geschrieben. Und so hat er geschrieben: »Nun ist es Zeit, o heiliger Nikolaus, der Winter geht aus seinem Haus, bald schneit's im Walde und im Garten, und die braven Kinder warten.« Und dann hat er noch dem Christkind geschrieben: »Christkind, hör, nun schneit es bald, tief liegt im Schnee der grüne Wald. Und die guten Kinder träumen schon von bunten Weihnachtsbäumen.« So hat der Winter geschrieben. Und dann hat er auf die zwei Briefe Freimarken geklebt mit weißbeschneiten Tännchen drauf und hat sie in den Postkasten gesteckt. Und gleich ist er mit den Schneemännern auf und davon gegangen, ist mit ihnen über das Eismeer gefahren in die Wälder, in die Felder. Und bald ist er auch an das alte Haus gekommen. Mitten in der Nacht ist er gekommen. Und den ganzen Garten hat er zugeschneit. Und dann ist er zu den Zwergen gegangen ins Zwergenhaus. Und nun ist das Märchen aus.

So hat der Winter erzählt. Und die Kinder haben gesagt: »Das war eine schöne Geschichte, Herr Winter! Aber wo ist denn nun unser Schneemann geblieben?« – »Ei«, sagte der Winter, »habt ihr den noch nicht gesehen? Der steht doch schon längst wieder unter der dicken Linde und passt auf mit seinem Besenstiel, dass keine bösen Zauberer und keine Wölfe ins alte Haus kommen. Aber nun, Kinder, muss ich weitergehn, nach den grauen Wolken sehn. Die Wolken haben Schnee zu wenig! Da muss ich helfen, ich bin Wolkenkönig!« – »O du dummer Winter Wolkenkönig«, haben die Kinder gesagt, »dann wollen wir doch schnell zu der Hexe Tannenmütterchen gehn, die hat einen ganzen Holzstall voll Schnee, die kann dir sicher ein bisschen Schnee leihen!« – »Ei, was seid ihr kluge Kinder«, hat der Winter gesagt, »und weil ihr es gesagt habt, wollen wir schnell zu der Hexe Tannenmütterchen gehen!« Und der Winter ist aufgestanden vom Tisch, und die Zwerge sind aufgestanden und die Kinder und die Tiere. Und sie sind alle durch den Garten gegangen, sind durch den Wald gegangen zu der Hexe Tannenmütterchen. Und wie sie an dem Hexenhäuschen gewesen sind, da hat der Winter an die Tür geklopft und hat gesagt:

»Hexe, Hex, mach auf das Tor,
Der weiße Winter steht davor!«

Da hat die Hexe Tannenmütterchen gleich ihre Tür aufgemacht. Da ist der Winter, da sind die Zwerge, da sind die Kinder, da sind die Tiere vom alten Haus in das Hexenhäuschen gegangen. Und die Kinder haben gesagt: »Hexe Tannenmütterchen, du hast gesagt, wenn die Blätter von den Bäumen fallen und wenn die Kar-

toffeln aus der Erde gegraben sind, dann sollten wir zu dir kommen. Nun sind die Blätter von den Bäumen, die Kartoffeln sind aus der Erde, und der Schnee liegt im Wald. Und nun sind wir da!« – »Ja«, hat die Hexe Tannenmütterchen gesagt, »und ich freue mich sehr darüber, dass ihr da seid.« – »Ich freue mich auch, Hexe Tannenmütterchen«, hat der Winter gesagt, »dass ich dich gefunden habe! Meine Wolken haben keinen Schnee mehr, und du, Hexe Tannenmütterchen, hast noch einen ganzen Holzstall voll Schnee.« – »Ja«, sagte die Hexe, »das hab ich, aber wir müssen jetzt erst den Wind rufen, der weht dann meinen Schnee in die Wolken, der weht ihn über den Wald.«
Wie das der Winter gehört hat, da hat er sich hinter dem Ohr gekratzt und hat gesagt: »Wer soll uns den Wind denn nur holen?« – »O«, hat der alte Hund Bautz gesagt, »ich kann so schnell laufen wie der Wind, ich will euch den Wind schon holen!« Und eins, zwei, drei ist der alte Hund davongelaufen durch den Wald, über die Berge in die Windburg. Da hat er den Wind geholt. Und der Wind hat sich auf den alten Hund gesetzt und ist mit ihm aus der Windburg über die Berge durch den Wald in das Hexenhäuschen geritten. »Das war brav von dir, alter Hund, daß du den Wind mitgebracht hast!«, hat der Winter gesagt. Und er hat dem alten Hund einen schönen langen, blanken Eiszapfen zu essen gegeben. Aber den mochte der Bautz nicht. Da hat ihm die Hexe Tannenmütterchen einen dicken Schinkenknochen geschenkt. Und den hat der alte Hund gern gemocht. Und wie der alte Hund hinter dem Ofen gehockt hat und den Knochen gefressen, da hat der Winter zum Winde gesagt:

»Aus dem Ställchen, lieber Wind,
Hol den weißen Schnee geschwind,
In den Wald sollst du ihn wehen,
Dann kannst du nach Hause gehen!«

Aber der Wind hat nur gepustet und hat gesagt: »Erst muss ich mich mal ein bisschen ausruhen, Herr Winter. Die Hexe Tannenmütterchen kann uns ja ein Märchen erzählen, wenn ich mich ausruhe!« »Ja, Hexe Tannenmütterchen«, haben die Kinder gesagt, »erzähl uns ein schönes Marchen.« – »Das will ich tun«, sagte die Hexe, »passt mir nur gut auf! Denn ich will euch erzählen das Märchen vom heiligen Nikolaus:

Es war einmal ein Jahr, und in dem Jahr hatte sich der Winter verschlafen. Die Blätter waren schon von den Bäumen gefallen, die Kartoffeln waren aus der Erde gegraben, und noch immer ist der Winter nicht gekommen. Es hat nicht geschneit im Wald und nicht im Felde, es hat nicht gefroren, kein Eiszapfen hat an den Dächern gehangen. Und es ist so warm gewesen beinahe wie im Sommer.

Wie das die Hexe Tannenmütterchen gesehen hat, da ist sie an einem schönen Morgen aufgestanden, hat ein schönes rotes Kleid mit weißen Tupfen angezogen und ist in den Himmel gegangen. Zum heiligen Nikolaus ist sie gegangen und hat gesagt: ›Heiliger Nikolaus, jetzt musst du bald zu den Kindern kommen in die Welt und musst ihnen Äpfel bringen und Nüsse und Lebkuchen und Marzipan.‹ – ›Was?‹ hat der heilige Nikolaus gesagt, ›was, Hexe Tannenmütterchen, ich soll schon zu den Kindern kommen, und dabei hat es noch nicht einmal geschneit auf der Welt? Nein, Hexe Tannenmütterchen, es ist gewiss noch Sommer im Wald, und die Bäume sind noch grün!‹ – ›O nein, heiliger Nikolaus‹, hat die Hexe Tannenmütterchen gesagt, ›die Blätter sind schon längst von den Bäumen gefallen, und der Sommer und der Herbst sind längst schon fort. Ich glaube, heiliger Nikolaus, der Winter hat sich verschlafen!‹

Da hat der heilige Nikolaus in den Kalender geschaut, da hat er im Kalender gesehen, dass der Sommer und der Herbst schon vorbei gewesen sind, da hat er gesehen, dass die Blätter schon von den Bäumen waren und dass er schnell zu den braven Kindern gehen musste. Und er hat den Kalender wieder in die Schublade gelegt und hat zu der Hexe Tannenmütterchen gesagt: ›Hexe Tannenmütterchen, wie fangen wir es jetzt nur an, dass es schneit überall in der Welt und dass die Eiszapfen von den Dächern herunterhängen?‹ – ›O weh‹, hat die Hexe Tannenmütterchen gesagt, ›das weiß ich auch nicht, heiliger Nikolaus, aber wir wollen schnell in die Welt gehen und in den wilden Wald und den Rübezahl fragen: der weiß es gewiss!‹ – ›Ja‹, hat der heilige Nikolaus gesagt, ›das wollen wir tun!‹ Und er hat sich seinen dicken Mantel angezogen, hat sich seine weiße Pelzmütze aufgesetzt, und dann hat er den Knecht Ruprecht gerufen. Der hat seinen Sack auf den Rücken genommen, und dann sind sie auf die Welt in den wilden Wald gegangen. Und wie sie im wilden Walde gewesen sind, da hat die Hexe Tannenmütterchen sich unter einen riesen-, riesenhohen Baum gestellt, hat die Hände an den Mund gehalten, und dann hat sie gerufen:

›Rübezahl, Rübezahl!
Bist du im Berg, bist du im Tal?
Komm heraus aus deinem Haus!
Hier steht der heilige Nikolaus!‹

Wie das die Hexe Tannenmütterchen gerufen hat, da hat es auf einmal tief im wilden Walde gerauscht, hat gerauscht wie ein Sturm, und auf einmal ist der Rübezahl aus dem Wald gekommen, einen dicken Baum hat er in der Hand gehabt, und das ist sein Spazierstock gewesen. Und er hat gesagt: ›Grüß dich Gott, heiliger Nikolaus, grüß Gott! Hexe Tannenmütterchen, was wollt Ihr vom Rübezahl?‹ – ›Guter Berggeist Rübezahl«, sagte der heilige Nikolaus, ›der Winter hat sich verschlafen in diesem Jahr, und wie sollen wir jetzt nur Schnee kriegen und Eis?‹ – ›Ja‹, hat der Rübezahl gesagt, ›dann müssen wir den Winter wecken!‹ – ›Was denkst du, Rübezahl‹, sagte die Hexe Tannenmütterchen, ›das dauert uns viel zu lange! Bis der Winter hier ist im wilden Wald, ist es längst schon Weihnachten. Nein, Rübezahl, wir müssen uns selber Schnee machen.‹

Da hat sich der Rübezahl bedacht und hat sich hinter dem Ohr gekratzt und dann hat er auf einmal gesagt: ›Jetzt weiß ich es, jetzt bin ich froh!‹ Und er hat zwei Finger in den Mund gesteckt und hat gepfiffen durch den Wald, dass die paar Blätter, die noch an den Bäumen gehangen haben, heruntergefallen sind. Und wie er so gepfiffen hat, da sind aus allen Ecken, aus allen Höhlen im Wald die Zwerge gekommen, viele Zwerge, hundert Zwerge. Die haben zum Rübezahl gesagt: ›Du hast uns gerufen, da sind wir nun! Rübezahl, sage, was sollen wir tun?‹ Und der Rübezahl hat gesagt:

›Steckt eure Wolkenpfeifen an,
Geht auf die hohen Berge dann!
Denn seht, wie ist der Himmel blau!
Drum rauchet uns den Himmel grau!‹

Wie das die Zwerge gehört haben, da sind sie auf die hohen Berge gelaufen. Und bald hat hoch auf jedem Berge ein Zwerg gesessen. Und sie haben sich alle ihre Pfeifen angesteckt und haben geraucht und geraucht, und dicke graue Wolken sind aus den Pfeifen gedampft, sind über die Berge gedampft, über den Wald. Und die Leute in der Stadt haben gemeint, die Berge wären am rauchen. Und bald hat man die Sonne nicht mehr sehen können, und die ganze Welt ist grau von Wolken gewesen. Da haben die Zwerge ihre Pfeifen in die Tasche gesteckt und sind zum Rübezahl gegangen. Und sie haben zu ihm gesagt:

›Jetzt sind wir fertig mit dem Rauchen!
Kann Rübezahl uns jetzt noch brauchen?‹

›Nein‹, hat der Rübezahl gesagt, ›Zwerge, geht jetzt nur nach Haus und schlaft euch tüchtig aus!‹ Da sind die Zwerge nach Hause gegangen.
›So‹, hat der Rübezahl gesagt, ›jetzt haben wir Schneewolken genug. Aber wie kriegen wir sie jetzt nur herunter in den Wald, in die Welt?‹ – ›Wir wollen mal den Wind rufen, Rübezahl!‹, hat die Hexe Tannenmütterchen gesagt, ›der kann uns die Wolken mal schön durcheinanderschütteln.‹ – ›Da hast du recht, Tannenmütterchen‹, sagte der Rübezahl, ›aber wo mag der Wind nur sein? Ich habe ihn schon vierzig Tage nicht mehr im Walde gesehen.‹
›Ei‹, hat die Hexe gesagt, ›dann ist er gewiss eingeschlafen. Ich will doch mal in meinem Zauberbuch nachschauen, wo er steckt!‹ Und sie hat ihr dickes Zauberbuch aufgemacht. Und in dem Zauberbuch konnte sie alles sehen auf der Welt. Das war ein feines Zauberbuch! Und die Hexe hat in dem Zauberbuch herumgesucht. Auf einmal hat sie es gefunden. ›Jetzt weiß ich es‹, hat sie gesagt, ›hier kann ich es sehen: der Wind sitzt in einem leeren Vogelhäuschen und schläft. Und das Vogelhäuschen hängt beim alten Haus hoch in dem großen Apfelbaum.‹ – ›So‹, hat der heilige Nikolaus gesagt, ›Knecht Ruprecht, dann lauf sofort mal zum alten Hause mit deinem Sack und hol uns den Wind aus dem Vogelhäuschen.‹ Und der Knecht Ruprecht ist zum alten Hause gegangen, ist zu dem großen Apfelbaum gegangen und hat gerufen:

›Komm und werde wach geschwind,
Komm herunter, Wind, Wind, Wind!‹

Aber der Wind hat nichts gehört und hat weitergeschlafen. Da hat der Knecht Ruprecht den alten Hund gerufen und hat ihm gesagt: ›Bautz, alter Hund, belle doch mal tüchtig unter dem Apfelbaum, dass der Wind wach wird. Der schläft droben im leeren Vogelhäuschen.‹ Und der alte Hund hat gebellt, so laut wie er konnte. Aber der Wind hat nichts gehört und hat weitergeschlafen. Da hat der Knecht Ruprecht den uralten Hahn gerufen und hat zu ihm gesagt: ›Krahks, uralter Hahn, fliege doch mal oben in den Apfelbaum an das Vogelhäuschen. In dem Vogelhäuschen liegt der Wind und schläft. Den sollst du wachkrähen.‹ Und der uralte Hahn ist auf den Apfelbaum geflogen und hat gerade in das Vogelhäuschen hineingekräht, so laut wie er konnte.

›Kikeriki, Wind, kikeriki,
Der Knecht Ruprecht, der ist hie!‹

Aber auch das hat der Wind nicht gehört, und er hat weiter geschlafen. Da hat der Knecht Ruprecht die ururalte Katze Murks gerufen und hat gesagt: ›Ururalte Katze Murks, klettere doch mal auf den Apfelbaum hier. Droben in dem Vogelhäuschen liegt der Wind und schläft. Vielleicht kannst du ihn wecken!‹ Wie das die Katze Murks gehört hat, da ist sie kritze kratze den Baum heraufgeklettert bis an das Vogelhäuschen. Und dann hat sie mit der Pfote in das Vogelhäuschen hineingelangt und hat den Wind an den Haaren gezogen. Und der Wind hat gerufen: ›Ei, wer kratzt mich da am Kopf?‹ Und eins, zwei, drei ist die Katze Murks da von dem Baume gesprungen. Und wie sie unten auf der Wiese war, da hat auch schon der Wind den Kopf zum Vogelhäuschen herausgestreckt, da hat er seine Arme herausgestreckt und seine Flügel. Und er hat geblasen und gepustet, hat sich immer größer aufgeblasen, immer dicker, und bald war er wie ein Riese so groß. Da ist er vom Baum heruntergehupft. Da hat er den Knecht Ruprecht gesehen und hat gesagt zu ihm: ›Knecht Ruprecht, was willst denn du schon hier? Es ist ja noch Sommer!‹ – ›Nein‹, hat der Knecht Ruprecht gesagt, ›längst ist der Sommer vorbei! Und jetzt sollst du mit uns kommen, Wind, und die Schneewolken mal tüchtig durcheinanderschütteln, dass es schneit im Walde.‹ Aber der Wind wollte lieber noch ein bisschen schlafen im Vogelhäuschen. Da hat ihn der Knecht Ruprecht einfach in seinen großen Sack gesteckt, hat den Sack zugebunden und ist schnell wie der in den Wald gegangen. Da haben der heilige Nikolaus und der Rübezahl und die Hexe Tannenmütterchen gewartet. Und wie der Knecht Ruprecht gekommen ist, da hat er den Sack mit dem Wind auf die Erde geworfen. Und der Rübezahl hat ihn aufgemacht. Und gleich ist der Wind herausgebraust, dem Rübezahl mitten ins Gesicht, ist in den Wald, in die Wolken gebraust, hat die Wolken gerüttelt und geschüttelt, und dann ist er auf und davon geflogen über die Berge.

Nun ist der Wald still, ganz still gewesen. Und wie es immer stiller geworden ist über den Bergen, da hat es auf einmal zu schneien angefangen, hat geschneit einen Tag und eine Nacht in dicken Flocken. Da haben sie sich alle gefreut, der heilige Nikolaus, der Rübezahl und die Hexe Tannenmütterchen. Und der heilige Nikolaus ist nun zu den vielen Kindern gegangen in der Welt und hat ihnen leckere Sachen gebracht. Und auch zu den Kindern und Tieren ist er gekommen ins alte Haus, und nun ist das Märchen aus.«

So hat die Hexe Tannenmütterchen erzählt. Und die Kinder und die Zwerge und die Tiere haben gesagt: »Das war ein schönes

Märchen, Hexe Tannenmütterchen.« – »Ja, das glaube ich auch«, sagte die Hexe. »Aber«, haben die Kinder gesagt, »du kannst doch selber Schnee zaubern, Hexe Tannenmütterchen! Warum hast du denn erst den Rübezahl gesucht und den Wind?« – »O«, sagte die Hexe Tannenmütterchen, »das Schneezaubern habe ich erst später gelernt. Das hat ganz unten in einer dunklen Ecke von meinem Zauberbuch gestanden.« – »Ach so«, haben die Kinder gesagt. Und dann haben sie den Wind angeschaut. Und die Katze Murks hat sich vor den Wind gestellt, hat einen großen Buckel gemacht und gesagt: »Was bist du für eine Schlafmütze, Wind! Miau! Dich hat der Knecht Ruprecht in seinen Sack gesteckt!«
Wie das der Wind gehört hat, da hat er gefaucht, da hat er geblasen, da ist er im Hui zum Holzstall von der Hexe Tannenmütterchen geflogen, hat die Schneesäcke aufgemacht und hat den ganzen Schnee über die Wolken geschüttet. Hat in die Wolken geblasen, hat die Wolken gerüttelt, geschüttelt, und dann hat es auf einmal über den Wald geschneit in dicken Flocken. Da sind die Tannen zugeschneit, da sind die kleinen Bäumchen zugeschneit. Und alle sind sie warm gewesen und haben geschlafen im tiefen Schnee.
Wie das die Hexe Tannenmütterchen gesehen hat, da hat sie zu den Kindern gesagt:

»Liebe Kinder, rasch nach Haus,
Weil der heil'ge Nikolaus
Jetzt aus seinem Himmel geht!
Wie der Wind die Wolken weht!
Kinder, Kinder, es ist spät!«

Wie das die Kinder gehört haben, da haben sie schnell ihren Schlitten geholt, haben den alten Hund davorgespannt und sind

mit den Tieren schnell ins alte Haus gefahren zur Großmutter. Und die Großmutter hat sich so sehr gefreut, dass die Kinder und die Tiere wieder dagewesen sind. Und sie hat ihnen viele schöne Märchen erzählt.
Bis auf einmal, da ist der heilige Nikolaus ins alte Haus gekommen. Da hat er den Kindern jedem einen Teller voll Nüsse und Lebkuchen und Spekulatius und Marzipan gebracht. Und dem alten Hund hat er einen großen Knochen gebracht mit viel Fleisch daran und dem uralten Hahn eine Tüte voll Körner und der ururalten Katze eine feine Mausefalle. Da haben sie sich alle gefreut. Und die Tiere haben zu den Kindern gesagt:

»Kinder, Weihnacht ist nun bald,
Woll'n wir wieder in den Wald,
Dem Christkind seinen Schlitten sehn,
Mit dem lieben Christkind gehn?«

Wie das die Großmutter gehört hat, da hat sie ihr dickes Gebetbuch aus der Schublade geholt, hat sich an den Herd gesetzt, und wie es draußen geschneit hat und gestürmt, da hat sie mit den Kindern gesungen:

»Alle Jahre wieder
Kommt das Christuskind
Auf die Erde nieder,
Wo wir Menschen sind.«

Das haben die Kinder mit der Großmutter gesungen, und sie haben sich gefreut auf Weihnachten im alten Haus, und nun ist das ganze Märchen aus.

Andreas Iten

Mein Bruder im Schmutzli-Sack

Die längste Zeit, die es als Kleinkind auszuhalten galt, erstreckte sich jeweils von Sankt Nikolaus bis Weihnachten. Es ist deshalb kein Wunder, dass der Adventskalender erfunden worden ist. Türchen auf, es guckt dich ein Päckchen an. Bei einem Schulkameraden daheim öffnete ich einmal unerlaubt und zu früh dasjenige vom 24. Dezember und entdeckte einen Christbaum mit brennenden Kerzen. Einen Adventskalender gab es in meiner frühen Kindheit nicht, jedenfalls erinnere ich mich nicht, dass wir einen gehabt hätten. Für solch neumodisches Zeug war kein Geld vorhanden.
Die Weihnachtszeit meiner Kindheit bestand aus drei Phasen. Zuerst glaubte ich, dass das Christkind vom Himmel komme, später zweifelte ich, ob es so sei, und zu guter Letzt war ich sicher, dass es nicht so ist. Die erste Phase also war die Phase der Sicherheit, des staunenden Glaubens, die zweite, diejenige der beginnenden Skepsis und die dritte, die der neuen Sicherheit, jene des Wissens also, wie es ist.
In der ersten Phase dauerte das Warten unendlich lang, die zweite war kurzweiliger und in der dritten konnte man groß angeben und den jüngeren Geschwistern erzählen, dass das Christkind vom Himmel komme. Für mich war die zweite Phase die spannendste. Hellhörig geworden, weil es sich mit dem Christkind etwas anders verhielt, als ich geglaubt hatte, studierte ich Mutters Mimik, ver-

suchte mitzuhören, wenn sie Vater etwas zuflüsterte oder Großmutter sie fragte, was denn die Kinder nötig hätten. Meist waren es Socken. Sollten sich also schön verpackte Socken unter dem Christbaum finden, dann würde ich der Lösung des Rätsels und somit der Wahrheit etwas näher gekommen sein, dachte ich.

Die Schlafzimmer in unserem Bauernhaus lagen über der schönen Stube mit dem grünen Kachelofen. Durch das Jahr hörte ich nie jemanden nachts in der schönen Stube herumgehen. Weder Vater noch Mutter hielten sich dort auf. Zur Weihnachtszeit aber lief Mutter immer wieder vom Schlafzimmer in die schöne Stube. War am Ende Mutter das Christkind?

Als ich mit dem Vater durch den tiefen Schnee watete, um einen Christbaum zu holen, hörte ich ihn vor sich hin fluchen. »Verdammt, der war doch hier!« Er meinte einen Baum, den er im Sommer beim Magerheumähen gesehen und den er wegen seiner schön gewachsenen Äste als nächsten Christbaum vorgesehen hatte. Der Weg, den er im Sommer stets ging, war tief verschneit, deshalb musste er die Tanne suchen. Damals war ich bereits in der Phase der Aufklärung angekommen. Der Christbaum kam weder vom Sankt Nikolaus noch vom Christkind, sondern vom Waldrand, an den Vaters Heuplatz grenzte.

Mit Sankt Nikolaus verhielt es sich ähnlich wie mit dem Christkind. Klopfte er am 5. oder 6. Dezember mit seinem Schmutzli an die Tür, fiel mir das Herz fast in die Hosen, und ich zitterte vor Angst, selbst noch als Mutter tröstete: »Er macht dir nichts, er ist ja ein Lieber!«, und Sankt Nikolaus ihr recht gab und zustimmend brummte. Er befahl dem Schmutzli, den Sack zu öffnen. Bald kollerten Nüsse und Mandarinen auf den Tisch.

Während der zweiten Phase sah ich, wie in Großvaters Bäckerei Vögel und Klausfiguren auf dem Blech aus dem Ofen gezogen wurden. Sie dufteten und sahen exakt so aus wie diejenigen, die

der heilige Bischof bald bringen würde. Der Bäcker hatte ihnen Rosinen in den Kopf und in den Bauch gedrückt. Gespannt schaute ich dabei zu.
Die Anklagen, die der Nikolaus aus dem dicken Buch vorlas, waren Ereignisse, die nur Vater und Mutter mit ihrem Schlingel gemacht haben konnten. Was ich zu beichten hatte, wusste Sankt Nikolaus nicht. Auch Mutter ahnte nicht, dass ich erst kürzlich wieder Kandiszucker aus dem Chuchichäschtli genascht hatte, was verboten, doch eine lässliche Sünde war.
In der dritten Phase – endlich – war für mich und meine Brüder alles klar. Der Sankt Nikolaus war ein Mann aus dem Dorf. Und als sich jene Geschichte ereignete, die ich nun erzählen möchte, wussten wir längst, dass er nicht aus dem Wald kam.
Wir Knaben waren wie alle andern im Dorf am Vorabend von Sankt Nikolaus von Haus zu Haus »Chlauseseln« gegangen. Der Vater hatte uns einen Chlausesel in die Hand gedrückt: ein Holzkopf, an einer langen Stange befestigt. Sein Unterkiefer war beweglich. Er konnte mit einer Schnur über ein Scharnier aufgeklappt werden, und ließ man sie los, schnappte er zu. Wollte eine Frau nicht an die Tür kommen, hielten wir den langen Esel ans Fenster, und sie legte einen Fünfer oder Zwanziger in dessen Maul. Immer wieder riefen wir laut: »Holi holi hüü, de Chi aus isch doo!« Wir schrien so lange, bis sich die Tür oder das Fenster öffnete. Die Frau schaute uns Kinder jeweils an, und je nachdem zählte sie Fünfer, Zehner oder Zwanziger ab. Schon damals gab es Unterschiede, nicht alle waren vor dem Esel gleich. Stolz kamen wir jeweils nach Hause. Mutter zählte die Batzen und verteilte sie gerecht. Wir waren eine stramme Schar mit vier Buben.
Beim Nachtessen sagte sie: »Morn Abig chunn'te dä Chlaus. Är wird üh de scho säge, öber gfolget händ oder nööd.« Es sollte das letzte Mal sein. Wir vier steckten ja schon in der dritten Phase.

Wir ahnten, wer den Chlaus spielen würde, waren aber keineswegs sicher.

Am Abend des 6. Dezember standen wir Kinder neugierig an den Fenstern der schönen Stube und warteten, mehr ungeduldig als geduldig, auf das Kommen des schön gekleideten »heiligen« Mannes. Auf der Straße, ein paar Schritte von unserem Haus entfernt, entdeckten wir plötzlich eine weiße, hohe Gestalt und zwei dunkle Schmutzli im Schein einer Laterne. Sie bogen tatsächlich ab und kamen auf dem letzten steilen Stück zu unserem Haus hinauf. Wahrscheinlich hatten sie uns gesehen. Sie schwenkten die Ruten heftiger und machten grimmig Lärm. Wir erschraken nicht, wir waren zu viert, eine Bande; die jüngeren Geschwister versteckten sich hinter Mutters Rock. Trapp, trapp, stieg der Nikolaus mit Gefolge die Stiege hinauf und trat durch die Tür, die Vater ihm geöffnet hielt.

»So, so, sooo! Das sind also di Buebe! Ha viel vo üü ghört«, begann er mit dunkler Stimme und versuchte uns die Leviten zu lesen. Da ging ein leises Raunen durch die Stube. »De Franz, de Baschi Franz, de Fränzel isches«, lief es von Mund zu Ohr und weiter. »Das isch üüse Cousin«, flüsterte Thomas. Wir lachten, schauten uns an und grinsten. Keck und frech. Sankt Nikolaus reagierte etwas aufgeregt und sagte: »Fräch sinder au!« Je länger er aber sprach, desto weniger konnten wir das Lachen verklemmen. »Schmutzli, was seisch zu dene Buebe?« Er brummte etwas in seinen Bart hinein und öffnete den Sack, als ob er uns hineinstecken wollte. Die beiden Knechte fuchtelten mit dem Fitzen, schlugen damit auf den Tisch oder den Boden und kamen unserer Gruppe gefährlich nahe. Majestätisch sagte endlich Sankt Nikolaus, dem es inzwischen nicht gelungen war, das Sündenregister vorzutragen: »Nänd de dett und steckide i Sack!« Er zeigte auf Paul, den Jüngsten und Kleinsten.

Die Schmutzli packten zu. Es entstand ein Gerangel. Paul ließ sich nicht einfach so leicht in den Sack stecken. Schließlich zogen sie ihm die Jute über den Kopf, drehten ihn rasch, sodass nur noch die Beine aus dem Sack ragten. Doch auch jetzt verlor Paul seinen angeborenen Humor nicht. Er hatte ein kleines Loch im Sack entdeckt und winkte mit zwei Fingern, als ob er mitteilen wollte: »De Franz lad mich de schon wieder use!« Der kräftigere Schmutzli lud ihn endlich auf die Schultern. Sankt Nikolaus drehte sich ab. Er begann selber zu lachen. Als er sich etwas beruhigt hatte, überreichte er Mutter einen Sack. Bald sollte sich herausstellen, dass Nüsse, Mandarinen, Kastanien, ein Eierzopf, einige Schokoladen und eine Fitze drin waren. Mutter würde die Reisigrute später auf das Chuchigänterli legen, jederzeit griffbereit, sollten wir im Übermut Dummheiten begangen haben.
Der Sankt Nikolaus stieg nun die Treppe wieder hinab, Paul im Sack auf dem Rücken des Schmutzli. Wir Brüder folgten ihnen so, dass wir jederzeit davonrennen konnten. Unten bei der Straßenlaterne befahl der Nikolaus seinen Begleitern, den Kleinen laufen zu lassen. Als er aus dem Sack kroch, schlug ihm der schwarze Mann mit der Fitze auf den Kopf, und da wir brüllten, verfolgte er uns zusammen mit seinem Kumpan. Wir stoben mit lautem Gejohle auseinander. Sankt Nikolaus aber hatte endgültig seine magische Wirkung verloren. Sobald man über eine Sache gemütlich lachen und eine Geschichte erzählen kann, hat sie jeglichen tierischen Ernst eingebüßt. Doch auch die andächtige Stimmung, die wir jeweils in der ersten Phase noch verspürt hatten, war endgültig verflogen, und das Christkind, das zweieinhalb Wochen später kommen würde, hatte sich ebenfalls entblößt, der Reiz des Geheimnisvollen war weg.
Der Baschifranz und seine Geschwister kamen zum Neujahrsgruß auf Besuch. Wir lachten nicht etwa schadenfreudig, als wir

den demaskierten Sankt Nikolaus begrüßten. Paul aber antwortete stolz auf seine Frage, ob er denn nicht Angst gehabt habe, nein, es sei lustig gewesen, und durch das Loch habe er die Brüder grinsen sehen und lachen gehört. Und schließlich habe die Mutter auch laut gelacht.

Ödön von Horváth

Wintersportlegendchen

Wenn Schneeflocken fallen, binden sich selbst die heiligen Herren Skier unter die bloßen Sohlen. Also tat auch der heilige Franz. Und dem war kein Hang zu steil, kein Hügel zu hoch, kein Holz zu dicht, kein Hindernis zu hinterlistig – er lief und sprang und bremste derart meisterhaft, dass er nie seinen Heiligenschein verbog.

So glitt er durch winterliche Wälder. Es war still ringsum und – eigentlich ist er noch keinem Menschen begegnet und auch keinem Reh. Nur eine verirrte Skispur erzählte einmal, sie habe ihn auf einer Lichtung stehen sehen, wo selbst er einer Gruppe Skihaserln predigte. Die saßen um ihn herum im tiefen Schnee, rot, grün, gelb, blau – und spitzten andächtig die Ohren, wie er so sprach von unbefleckten Trockenkursen im Kloster »zur guten Bindung«, von den alleinseligmachenden Stemmbögen, Umsprung-Ablässen und lauwarmen Telemarkeln. Und wie erschauerten die Skihaserln, da er losdonnerte wider gewisse undogmatische Unterrichtsmethoden!

Frank Bonkowski

Das Geschenk

Sonntag, der 24. November

Als wir heute aus der Kirche nach Hause gekommen sind, haben wir Kinder ganz aufgeregt durcheinander geredet wegen dem, was wir gerade gehört hatten. Das kommt nach der Kirche eher selten vor. Nicht dass unser Vater, der bei uns Pastor ist, keine guten Geschichten erzählen kann ... aber die erste halbe Stunde, in der die Gemeinde einfach nicht aufhört zu singen und irgendwelche Bekanntmachungen zu erzählen, zieht sich manchmal wirklich wie ein zu lange gekautes Kaugummi. Ich bin immer froh, wenn sie uns endlich mit so einem Bewegungslied in den Kindergottesdienst verabschieden.

Was heute anders war, war dieser Film, den sie gezeigt haben, mit Bildern von Kindern, die normalerweise keine Weihnachtsgeschenke bekommen, weil ihre Eltern arm sind und sich das nicht leisten können. Da gab es Bilder von Kindern, die sich total gefreut haben, weil Kinder von reichen Eltern ihnen Weihnachtsgeschenke gekauft, diese in so einen Karton getan und dann zu ihnen geschickt haben. Ich fand die Idee super, und meine Mama hat gesagt, wir können auch so ein Geschenk fertigmachen. Sie hat einen Zettel mitgenommen, wo genau draufsteht, was in so einen Karton rein soll, und ich habe angekreuzt, dass ich einem Jungen was schenken will, der acht Jahre alt ist, genau wie ich, weil ich nämlich voll Ahnung habe, was sich acht Jahre alte Jungs wünschen. Meine kleine Schwester macht auch mit, und die sucht bestimmt so blödes Mädchen-Zeug aus. Aber mein Junge, der wird sich total freuen, weil ich ihm ein richtig cooles Geschenk machen werde.

Dienstag, der 26. November

Heute hatte ich schon nach der vierten Stunde Schulschluss und konnte deshalb mit Mama noch vor dem Mittagessen mein Geschenk kaufen gehen. Auf der Liste stand, dass man so langweilige Dinge einpacken sollte wie Duschzeug und Schulsachen. Naja, wenigstens habe ich ziemlich coole Spidermanstifte gefunden. Hoffentlich kennen die Leute in Südamerika, wo das Paket hingehen soll, überhaupt Spiderman. Ich weiß gar nicht, ob die da überhaupt Kinos haben.

Nachdem wir all die langweiligen Sachen gekauft hatten, waren nur noch 3,90 Euro für das coole Geschenk übrig, das ich noch kaufen wollte. Zum Glück habe ich diese richtig abgefahrenen Sportautos gefunden, über die sich mein Junge voll freuen wird. Aber die waren leider 7,50 Euro teuer, und meine Mama hat gesagt, dass wir uns an unser Budget halten müssten. Obwohl ich voll gut gequengelt habe, wollte sie einfach nicht mehr ausgeben. In meiner Hosentasche hatte ich noch mein ganzes Taschengeld, einen neuen 5-Euro-Schein. Das war echt schwer, aber ich habe dann davon das Auto gekauft. Ich hatte danach nur noch 1,60 Euro übrig, aber ich konnte dieses Bild aus dem Film nicht vergessen, wo Kinder sich total über ihr Geschenk gefreut haben. Da kann ich meinem Jungen doch nicht so ein billiges Schrottauto aus Plastik kaufen.

Komisch, ich hab jetzt viel weniger Geld, aber freue mich trotzdem total. Morgen ist schon der Stichtag, an dem wir das Geschenk zu so einer Kirche bringen müssen. Da checken die, ob alles drin ist, was auf der Liste stand, und dann schicken sie es nach Südamerika. In ein Land, das mit »Equa« oder »Äqua« oder so ähnlich anfängt.

Mittwoch, der 27. November

Obwohl ich ja eigentlich schon groß bin, musste ich vorhin total heulen. Was ganz Fürchterliches ist passiert. Heute Nachmittag sind wir zu diesem Paketannahmegebäude gefahren. Da saßen ganz viele Tanten, die die Pakete gecheckt haben. Zuerst war das von meiner kleinen Schwester dran. Das haben die genau inspiziert, und alles von der Liste war drin. Also kam ein Aufkleber drauf und dann ging das Päckchen in so eine große blaue Kiste. Meine Schwester hat sich total gefreut, dass es die Überprüfung bestanden hat, aber das war ja klar, weil Mama das für sie gepackt hatte. Und die macht keine Fehler, und das Paket sah auch richtig gut aus, obwohl es rosa war und nur Mädchensachen drin waren. Dann haben die mein Päckchen untersucht, aber ich wusste ja, dass da alles von der Liste drin war, weil ich das selber gepackt hatte. Als ich meiner Schwester gerade erklärte, dass mein blaues Geschenk voll besser war als ihr rosafarbenes, da habe ich aus dem Augenwinkel gesehen, dass die mein Auto und noch andere Sachen aus meinem Karton nehmen und auf andere Kartons verteilen. Meine Mama hat schnell versucht, mich abzulenken und nach draußen geführt. Die Erwachsenen dachten wohl, ich hätte das nicht mitbekommen, aber ich hab es genau gesehen. Und dann musste ich heulen.

Warum wollten die mein Geschenk denn nicht? Das war doch so cool, und ich hab doch extra fast mein ganzes Taschengeld dafür ausgegeben! Außerdem waren doch all die anderen Sachen drin, die da drin sein sollten. Okay, ich kann vielleicht nicht so schön packen wie meine Mama, aber trotzdem war meins das beste Geschenk von allen.

Ich glaube, Mama hat nichts gemerkt, aber ich musste den ganzen Tag immer wieder heulen, weil es so wehtat, dass die mein Geschenk nicht haben wollen. Ich verstehe das überhaupt nicht.

Sonntag, der 1. Dezember

Heute war der 1. Advent. Es gab Weihnachtskekse, die erste Kerze wurde angezündet und wir haben in der Kirche Weihnachtslieder gesungen. Die sind nicht ganz so schlimm wie die, die wir sonst immer singen, weil die sich nicht so oft wiederholen.

Mein Papa, der ja der Pastor ist, hat heute eine Geschichte erzählt, dass Gott sich für diese Welt das beste Geschenk der Welt ausgedacht hat. Nicht so schön verpackt, wie man es vielleicht von Gott erwarten könnte. Eingepackt in Windeln kam es, das Baby Jesus. Echt, Papa hat Windeln gesagt. In einer Krippe in einem stinkigen Stall. Aber das Geschenk war so wertvoll, weil es Gottes einziger Sohn war. »Aber leider«, sagte mein Papa, und der weiß so was, weil er Thologie oder so studiert hat, »leider wollte niemand dieses Geschenk haben.«

Ich hab danach nicht mehr alles verstanden, aber das muss Gott ganz schön wehgetan haben. Ich meine, der hat sich bestimmt ganz schön lange überlegt, worüber wir uns freuen könnten, schenkt uns seinen Sohn – und kaum einer will das Geschenk haben. Ich weiß nicht, ob Gott auch geweint hat, so wie ich damals, weil ich ja doch noch kleiner bin als Gott. Aber wehgetan hat ihm das bestimmt.

Ich freu mich jedenfalls über Weihnachten und dass Jesus gekommen ist. Das hab ich Gott vorhin auch noch gesagt, ich hoffe, dass ihn das ein bisschen froh gemacht hat.

Dienstag, der 10. Dezember

Mama hat mich heute gefragt, ob ich denn schon Weihnachtsgeschenke gekauft hätte. Hab ich nicht, weil ich ein bisschen Angst habe, dass die anderen meine Geschenke nicht mögen. Ich will Weihnachten nicht wieder vor den anderen heulen müssen. Am Nachmittag habe ich aber in der Stadt so eine Kaffeetasse gefunden, auf der Mr. Bean als Pastor verkleidet drauf ist. Über die freut sich mein Papa bestimmt, weil der ja Pastor ist und Mr. Bean immer total witzig findet. Außerdem war die Tasse ein Sonderangebot, also habe ich immer noch 6,20 Euro für zwei Geschenke für Mama und meine Schwester. Ich glaube, ich kann doch voll gut Geschenke kaufen.

Dienstag, der 24. Dezember
Es hat geklappt! Alle haben sich total über meine Geschenke gefreut, und ich habe auch ganz tolle Sachen bekommen. Aber das Beste war, dass wir vor dem Verteilen unserer Geschenke die dicke weiße Kerze in der Mitte von unserem Adventskranz angezündet haben. Mama hat gesagt, dass man die Kerze manchmal Jesuskerze nennt. Und wir haben alle gebetet und Gott gedankt, dass er uns Jesus geschenkt hat, und ich habe auch was gesagt, nämlich, dass er nun nicht mehr traurig sein muss, obwohl ich das ja sehr gut verstehen würde, aber jetzt wäre alles gut, weil ich mich total über sein Geschenk gefreut habe, obwohl er es in Windeln verpackt hat. Und außerdem würde ich ganz viele Leute kennen, die sich freuen, dass Jesus in die Welt gekommen ist.
Meine Schwester hat nach dem Beten komisch geguckt, weil sie noch klein ist und so was noch nicht schnallt. Aber mein Vater hat mir später, als er irgendwas Komisches aus seiner Pastor-Bean-Tasse getrunken hat, zugezwinkert und gesagt, dass es schön für ihn ist, dass wenigstens einer bei seinen Adventspredigten aufpassen würde. Dann hat er seine Tasse hochgehalten und gegrinst und fast genauso ausgesehen wie Mr. Bean.

Erich Kästner

Drei Männer im Schnee

Früh gegen sieben Uhr polterten die ersten Gäste aus ihren Zimmern. Es klang, als marschierten Kolonnen von Tiefseetauchern durch die Korridore. Der Frühstückssaal hallte wider von den Gesprächen und vom Gelächter hungriger, gesunder Menschen. Die Kellner balancierten üppig beladene Tabletts. Später schleppten sie Lunchpakete herbei für die Gäste, die erst am Nachmittag von größeren Skitouren zurückkehren wollten.
Heute zog auch Hoteldirektor Kühne wieder in die Berge. Als er, gestiefelt und gespornt, beim Portier vorüberkam, sagte er: »Herr Polter, sehen Sie zu, dass dieser Schulze keinen Quatsch macht! Der Kerl ist heimtückisch. Seine Ohrläppchen sind angewachsen. Und kümmern Sie sich um den kleinen Millionär!«
»Wie ein Vater«, erklärte Onkel Polter ernst. »Und dem Schulze werde ich irgendeine Nebenbeschäftigung verpassen. Damit er nicht übermütig wird.« Karl der Kühne musterte das Barometer. »Ich bin vor dem Diner wieder da.« Fort war er.
»Na, wenn schon«, sagte der Portier und sortierte anschließend die Frühpost.

Herr Kesselhuth saß noch in der Wanne, als es klopfte. Er meldete sich nicht. Denn er hatte Seife in den Augen. Und Kopfschmerzen hatte er außerdem. »Das kommt vom Saufen«, sprach er zu sich selber. Und dann ließ er sich kaltes Wasser übers Genick

laufen. Da wurde die Badezimmertür geöffnet, und ein wilder, lockiger Gebirgsbewohner trat ein.
»Guten Morgen wünsch ich«, erklärte er. »Entschuldigen Sie, bittschön. Aber ich bin der Graswander Toni.«
»Da kann man nichts machen«, sagte der nackte Mann in der Wanne. »Wie geht's?«
»Danke der Nachfrage. Es geht.«
»Das freut mich«, versicherte Kesselhuth in gewinnender Manier. »Und worum handelt sich's? Wollen Sie mir den Rücken abseifen?«
Anton Graswander zuckte die Achseln. »Schon, schon. Aber eigentlich komm ich von wegen dem Skiunterricht.«
»Ach so!«, rief Kesselhuth. Dann streckte er einen Fuß aus dem Wasser, bearbeitete ihn mit Bürste und Seife und fragte: »Wollen wir mit dem Skifahren nicht lieber warten, bis ich abgetrocknet bin?« Der Toni sagte: »Please, Sir!« Er war ein internationaler Skilehrer. »Ich warte drunten in der Halle. Ich hab dem Herrn ein Paar Bretteln mitgebracht. Prima Eschenholz.« Dann ging er wieder.

Auch Hagedorns morgendlicher Schlummer erlitt eine Störung. Er träumte, dass ihn jemand rüttele und schüttele, und rollte sich gekränkt auf die andre Seite des breiten Betts. Aber der Jemand ließ sich nicht entmutigen. Er wanderte um das Bett herum, schlug die Steppdecke zurück, zog ihm den Pyjama vom Leibe, goss aus einer Flasche kühles Öl auf den Rücken des Schläfers und begann ihn mit riesigen Händen zu kneten und zu beklopfen.
»Lassen Sie den Blödsinn!«, murmelte Hagedorn und haschte vergeblich nach der Decke. Dann lachte er plötzlich und rief: »Nicht kitzeln!« Endlich wachte er ein wenig auf, drehte den Kopf zur Seite, bemerkte einen großen Mann mit aufgerollten Hemdsärmeln und fragte erbost: »Sind Sie des Teufels, Herr?«

»Nein, der Masseur«, sagte der Fremde. »Ich bin bestellt. Mein Name ist Masseur Stünzner.«
»Ist Masseur Ihr Vorname?«, fragte der junge Mann. »Eher der Beruf«, antwortete der andre und verstärkte seine handgreiflichen Bemühungen. Es schien nicht ratsam, Herrn Stünzner zu reizen.
»Ich bin in seiner Gewalt«, dachte der junge Mann. »Er ist ein jähzorniger Masseur. Wenn ich ihn kränke, massiert er mich in Grund und Boden.«
Alle Knochen taten ihm weh. Und das sollte gesund sein?

Geheimrat Tobler wurde nicht geweckt. Er schlief, in seinen uralten warmen Mantel gehüllt, turmhoch über allem irdischen Lärm. Fern von Masseuren und Skilehrern. Doch als er erwachte, war es noch dunkel.
Er blieb lange Zeit, im friedlichen Halbschlummer, liegen. Und er wunderte sich, in regelmäßigen Abständen, dass es nicht heller wurde.
Endlich kletterte er aus dem Bett und blickte auf die Taschenuhr. Die Leuchtziffern teilten mit, dass es zehn Uhr war. »Offensichtlich eine Art Sonnenfinsternis«, dachte er und ging kurz entschlossen wieder ins Bett. Es war hundekalt im Zimmer.
Aber er konnte nicht wieder einschlafen. Und, vor sich hin dösend, kam ihm eine Idee. Er stieg wieder aus dem Bett heraus, zündete ein Streichholz an und betrachtete das nahezu waagrechte Dachfenster. Das Fenster lag voller Schnee. »Das ist also die Sonnenfinsternis!«, dachte er. Er stemmte das Fenster hoch. Der größere Teil des auf dem Fenster liegenden, über Nacht gefallenen Schnees prasselte das Dach hinab. Der Rest, es waren immerhin einige Kilo, fiel in und auf Toblers Pantoffeln.
Er schimpfte. Aber es klang nicht sehr überzeugend.
Draußen schien die Sonne. Sie drang wärmend in die erstarrte

Kammer. Herr Geheimrat Tobler zog den alten Mantel aus, stellte sich auf den Stuhl, steckte den Kopf durchs Fenster und nahm ein Sonnenbad. Die Nähe und der Horizont waren mit eisig glänzenden Berggipfeln und rosa schimmernden Felsschroffen angefüllt. Schließlich stieg er wieder vom Stuhl herunter, wusch und rasierte sich, zog den violetten Anzug an, umgürtete die langen Hosenbeine mit einem Paar Wickelgamaschen, das aus dem Weltkrieg stammte, und ging in den Frühstückssaal hinunter. Hier traf er Hagedorn. Sie begrüßten einander aufs herzlichste. Und der junge Mann sagte: »Herr Kesselhuth ist schon auf der Skiwiese.« Dann frühstückten sie gründlich.

Durch die großen Fenster blickte man in den Park. Die Bäume und Büsche sahen aus, als ob auf ihren Zweigen Schnee blühe, genau wie Blumen blühen. Darüber erhoben sich die Kämme und Gipfel der winterlichen Alpen. Und über allem, hoch oben, strahlte wolkenloser, tiefblauer Himmel.

»Es ist so schön, dass man aus der Haut fahren könnte!«, sagte Hagedorn. »Was unternehmen wir heute?«

»Wir gehen spazieren«, meinte Schulze. »Es ist vollkommen gleichgültig, wohin.« Er breitete sehnsüchtig die Arme aus. Die zu kurzen Ärmel rutschten vor Schreck bis an die Ellbogen. Dann sagte er: »Ich warne Sie nur vor einem: Wagen Sie es nicht, mir unterwegs mitzuteilen, wie die einzelnen Berge heißen!«

Hagedorn lachte. »Keine Bange, Schulze! Mir geht's wie Ihnen. Man soll die Schönheit nicht duzen!«

»Die Frauen ausgenommen«, erklärte Schulze aufs entschiedenste.

»Wie Sie wünschen!«, sagte der junge Mann. Dann bat er einen der Kellner, er möge ihm doch aus der Küche einen großen leeren Marmeladeneimer besorgen. Der Kellner führte den merkwürdigen Auftrag aus, und die beiden Preisträger brachen auf.

Onkel Polter überlief eine Gänsehaut, als er Schulzes Wickelgamaschen erblickte. Auch über Hagedorns Marmeladeneimer konnte er sich nicht freuen. Es sah aus, als ob zwei erwachsene Männer fortgingen, um im Sand zu spielen.
Sie traten aus dem Hotel. »Kasimir ist über Nacht noch schöner geworden!«, rief Hagedorn begeistert aus, lief zu dem Schneemann hinüber, stellte sich auf die Zehenspitzen und stülpte ihm den goldgelben Eimer aufs Haupt. Dann übte er, schmerzverzogenen Gesichts, Schulterrollen und sagte: »Dieser Stünzner hat mich völlig zugrunde gerichtet!«
»Welcher Stünzner?«, fragte Schulze.
»Der Masseur Stünzner«, erklärte Hagedorn. »Ich komme mir vor, als hätte man mich durch eine Wringmaschine gedreht. So ähnlich muss sich Prokrustes gefühlt haben. Und das soll gesund sein? Das ist vorsätzliche Körperverletzung!«
»Es ist trotzdem gesund«, behauptete Schulze.
»Wenn er übermorgen wiederkommt«, sagte Hagedorn, »schicke ich ihn in Ihre Rumpelkammer. Soll er sich bei Ihnen austoben!«
Da öffnete sich die Hoteltür, und Onkel Potter stapfte durch den Schnee. »Hier ist ein Brief, Herr Doktor. Und in dem anderen Kuvert sind ein paar ausländische Briefmarken.«
»Danke schön«, sagte der junge Mann. »Oh, ein Brief von meiner Mutter! Wie gefällt Ihnen übrigens Kasimir?«
»Darüber möchte ich mich lieber nicht äußern«, erwiderte der Portier.
»Erlauben Sie mal!«, rief der junge Mann. »Itasimir gilt unter Fachleuten für den schönsten Schneemann zu Wasser und zu Lande!«
»Ach so«, sagte Onkel Polter. »Ich dachte, Kasimir sei der Vorname von Herrn Schulze.« Er verbeugte sich leicht und ging zur Hoteltür zurück.

Dort drehte er sich noch einmal um. »Von Schneemännern verstehe ich nichts.«

Sie folgten einem Weg, der über verschneites, freies Gelände führte. Später kamen sie in einen Tannenwald und mussten steigen. Die Bäume waren uralt und riesengroß. manchmal löste sich die schwere Schneelast von einem der Zweige und stäubte in dichten weißen Wolken auf die zwei Männer herab, die schweigend durch die märchenhafte Stille spazierten. Der Sonnenschein, der streifig über dem Bergpfad schwebte, sah aus, als habe ihn eine gütige Fee gekämmt.
Als sie einer Bank begegneten, machten sie halt. Der Schnee lag auf ihr wie ein hohes Daunenkissen. Hagedorn schob den Schnee beiseite, und sie setzten sich. Ein schwarzes Eichhörnchen lief eilig über den Weg.
Nach einer Weile erhoben sie sich wortlos und gingen weiter. Der Wald war zu Ende. Sie gerieten auf freies Feld. Ihr Pfad schien im Himmel zu münden. In Wirklichkeit bog er rechts ab und führte zu einem baumlosen Hügel, auf dem sich zwei schwarze Punkte bewegten.
Hagedorn sagte: »Ich bin glücklich! Bis weit über die Grenzen des Erlaubten!« Er schüttelte befremdet den Kopf. »Wenn man's so bedenkt: Vorgestern noch in Berlin. Seit Jahren ohne Arbeit. Und in vierzehn Tagen wieder in Berlin ...«
»Glücklichsein ist keine Schande«, sagte Schulze, »sondern eine Seltenheit.«
Plötzlich entfernte sich der eine der schwarzen Punkte von dem anderen. Der Abstand wuchs. Der Punkt wuchs auch. Es war ein Skifahrer. Er kam mit unheimlicher Geschwindigkeit näher und hielt sich mit Mühe aufrecht.
»Da gehen jemandem die Schneeschuhe durch«, meinte Hagedorn.

Ungefähr zwanzig Meter von ihnen tat der Skifahrer einen marionettenhaften Sprung, stürzte kopfüber in eine Schneewehe und war verschwunden.

»Spielen wir ein bisschen Feuerwehr!«, rief Schulze. Dann liefen sie querfeldein, versanken wiederholt bis an die Hüften im Schnee und halfen einander, so gut es ging, vorwärts. Endlich erblickten sie ein Paar zappelnde Beine und ein Paar Skibretter und zogen und zerrten an dem fremden Herrn, bis er, dem Schneemann Kasimir nicht unähnlich, zum Vorschein kam. Er hustete und prustete, spuckte pfundweise Schnee aus und sagte dann tieftraurig: »Guten Morgen, meine Herren.« Es war Johann Kesselhuth.

Herr Schulze lachte Tränen. Doktor Hagedorn klopfte den Schnee vom Anzug des Verunglückten. Und Kesselhuth befühlte misstrauisch seine Gliedmaßen. »Ich bin anscheinend noch ganz«, meinte er dann.

»Weshalb sind Sie denn in diesem Tempo den Hang heruntergefahren?«, fragte Schulze.

Kesselhuth sagte ärgerlich: »Die Bretter sind gefahren. Ich doch nicht!«

Nun kam auch der Graswander Toni angesaust. Er fuhr einen eleganten Bogen und blieb mit einem Ruck stehen. »Aber, mein Herr!« rief er. »Schussfahren kommt doch erst in der fünften Stunde dran!«

Nach dem Mittagessen gingen die drei Männer auf die Hotelterrasse hinaus, legten sich in bequeme Liegestühle, schlossen die Augen und rauchten Zigarren. Die Sonne brannte heißer als im Sommer.

»In ein paar Tagen werden wir wie die Neger aussehen«, meinte Schulze. »Braune Gesichtsfarbe tut Wunder. Man blickt in den Spiegel und ist gesund.«

Die anderen nickten zustimmend.

Nach einiger Zeit sagte Hagedorn: »Wissen Sie, wann meine Mutter den Brief geschrieben hat, der heute ankam? Während ich in Berlin beim Fleischer war, um Wurst für die Reise zu holen.«
»Wozu diese Überstürzung?«, fragte Kesselhuth verständnislos.
»Damit ich bereits am ersten Tage Post von ihr hätte!«
»Aha!«, sagte Schulze. »Ein sehr schöner Einfall.«
Die Sonne brannte. Die Zigarren brannten nicht mehr. Die drei Männer schliefen. Herr Kesselhuth träumte vom Skifahren. Der Graswander Toni stand auf dem einen Turm der Münchner Frauenkirche. Und er, Kesselhuth, stand auf dem andern Turm.
»Und jetzt eine kleine Schussfahrt«, sagte der Toni. »Über das Kirchendach, bitte schön. Und dann, mit einem stilreinen Sprung, in die Brienner Straße. Vorm Hofgarten, beim Annast, machen S'einen Stemmbogen und warten auf mich.«
»Ich fahre nicht«, erklärte Kesselhuth. »Das würde mir nicht einmal im Traum einfallen!« Hierbei fiel ihm ein, dass er träumte! Da wurde er mutig und sagte zum Toni: »Rutschen Sie mir in stilreinen Stemmbögen den Buckel runter!« Anschließend lächelte er im Schlaf.

Hanns Dieter Hüsch

Skifahren

Was ich zwischendurch rasch fragen wollte, aber wahrscheinlich, nehme ich an, haben Sie sicherlich schon disponiert, was machen Sie an Weihnachten? Ach, wir verreisen. Ja, na ja, wir verreisen. Sehen Sie mal, es ist ja doch alles nur noch Konsum und Rummel. Nur noch Geschenke und Essen und Trinken. Das ist uns zu wenig. Den meisten ist doch der Sinn verloren gegangen, und deshalb verreisen wir. Ja schon. Und was machen Sie da? Wir fahren Ski. Und Sie, was machen Sie? Wir verreisen auch.
Wie Sie ja schon selbst sagten, ist ja doch nur noch alles Konsum. Und es ist ja alles nicht mehr so wie früher. Silvester ist doch auch nur noch Hummel und Kommerz, und deshalb verreisen wir. Wir fahren einfach weg, wissen Sie. Und was machen Sie da? Wir fahren Ski. Ach ja. Und an Karneval, was machen Sie da?
An Karneval verreisen wir auch. Das ist ja nur wirklich nichts mehr Echtes. Also früher hatte der Karneval ja noch seinen Sinn. Aber heute ist doch alles nur noch kommerzieller Rummel. Nein, da verreisen wir. Und was machen Sie da? Wir fahren Ski.
Und was machen Sie an Ostern? An Ostern? An Ostern verreisen wir auch. Sehen Sie, Ostern ist ja auch nicht mehr so wie früher. Die Leute meinen, wenn Sie also Karfreitag Fisch essen, das würde schon reichen. Nein, nein, nein. Das ist doch auch nur Konsum, und die ganze Eierfärberei und Sucherei an Ostern, ist doch alles nur noch kommerzieller Rummel. Nein, nein, wir verreisen

schon an Gründonnerstag. Und was machen Sie an Karfreitag? Wir fahren Ski. Wir fahren immer Ski, immer. Trockenski. Auch an Pfingsten fahren wir Ski. Ja, wir auch. Pfingsten. Kein Mensch weiß doch, was Pfingsten eigentlich bedeutet. Wissen Sie's? Nein, aber wir fahren Ski. Aber am längsten verreisen wir an Weihnachten und Silvester. Ja, wir auch. Wie ich schon sagte, Weihnachten, das ist doch nur noch Geschenke, Essen und Trinken. Nur noch Kommerz. Die meisten haben doch gar keine Ahnung mehr, was Weihnachten eigentlich heißt. Nein, da fahren wir lieber Ski. Wir auch. Jedes Jahr. Jedes Jahr. Jetzt schon elf Jahre. Wir auch. Und immer an denselben Ort. Wir auch. Und immer Ski, immer Ski. Weil ja sonst alles nur noch organisierter Rummel ist, wissen Sie. Und Konsum. Und Kommerz. Ja, wissen Sie. Ja, ich weiß, aber was ich gar nicht gewusst habe. Ja, was denn? Sie sind ja genauso penetrant wie die anderen,

Also in diesem Sinne: Ski heil und frohes Fest.

Karl Valentin

Winterstreiche

»'s Weiberzammbinden« in der Christmette ist ein uralter Auer Brauch und soll schon aus dem sechzehnten Jahrhundert stammen – erzählen heute noch die alten Auer –, eine Gaudi wie das Geldbeutelwaschen am Aschermittwoch im Fischbrunnen am Marienplatz.

Natürlich war das für uns Auer Buben ein Gfrett. Der Mutter wurde zu Hause ein Stück – ungefähr zehn Meter – vom Waschstrick abgeschnitten, im Hosenbein versteckt, und um elf Uhr nachts trafen wir uns in der Christnacht bei irgendeinem Kameraden. Um zwölf Uhr gingen wir, wie alle anderen Leute, in die Mette, aber wir Buben drückten uns immer hinten herum bis zum Schluss. Dann nahm ich den Strick und drängte mich in einen Haufen alter Weiber.

Das andere Ende des Strickes hielt ein anderer von uns fest in der Hand und blieb standhaft auf seinem Platz stehen, bis ich wieder zu ihm kam; dann hatte ich mindestens schon zwanzig Weiberleut in meiner Schlinge. Am Schluss der Mette knüpften wir die zwei Enden zusammen und warteten nun, bis der Gottesdienst aus war und die Leute aus der Kirche gingen. Da hub auf einmal ein leises Schimpfen an – die Frauen konnten nicht mehr auseinander, und der ganze Pack wurde von der hinausströmenden Menge mitgezerrt bis auf die Treppe, worauf dann edeldenkende Herren und Damen den Strick aufknüpften und die Gefesselten befreiten. Nun ging erst das richtige Schimpfen los: »De Saubazi ham uns zsammghängt, dene ghöreten fünfundzwanzig auf den Nackaten!«, und die gschertesten Auer Kraftausdrücke verhallten in der kalten Weihnachtszeit. – »Kyrie eleison!«

Das Schönste im Winter war immer das Schlittenfahren am Isarberg. Von vier Uhr nachmittags an – also nach Schulschluss – bis zum Eintritt der Dunkelheit wurde gerodelt, die besseren Buben hatten Schlitten, die ärmeren nahmen gleich den Schulranzen. Der Berg war ziemlich lang und steil, und es gab natürlich fortwährend Karambolagen und nicht selten Verunglückte. Mit Kleinem fängt man an, und mit Großem hört man auf: Ich holte mit noch einem ganzen Haufen Buben aus unserem Lagerplatz einen riesigen Pferdeschlitten. Mit großer Mühe und letzter Kraftanstrengung wurde der schwere Koloss auf den Berg gezogen. Im Nu war er von zwanzig oder dreißig Buben besetzt, aber die Abfahrt ging nicht so leicht. Wer sollte uns über die Bergkante schieben? Wir konnten es doch nicht selbst, denn wir saßen ja alle auf dem Schlitten. Die Situation wurde sofort von den vorübergehenden Erwachsenen erfasst, und einige starke Männer schoben den vollbesetzten Schlitten über die Bergkrempe hinaus – aber schief. Der Schlitten überschlug sich ein paarmal! Und dann war wieder einmal ein Wunder geschehen, dass es keinen von uns dapatzt hatte. Dieses Experiment wurde sofort wiederholt.

Diesmal ging es richtig den Berg hinunter, aber leider zu weit: der Schlitten machte, unten angekommen, an einem kleinen Hügel einen Sprung, als ob er von einer Skischanze spränge, und wir saßen bis über die Knie im Eiswasser. Wenn auch einer von uns am anderen Tag krank wurde, so bedeutete das kein Unglück, denn dann brauchte er nicht in die gräusliche Schule zu gehen, das war ja noch schöner als das Schlittenfahren, wenigstens für mich. Ich hätte jedes Schulhaus niederbrennen können!

Übrigens möchte ich hier einmal erwähnen, dass einmal, es wird ungefähr 1892 gewesen sein, die Wagner-Weinberger-Buben von ihren Verwandten aus Norwegen drei paar Ski geschenkt bekommen hatten und sie am Isarberg ausprobierten. Wir alle haben diese »Latten« angezogen und sind damit hinuntergerutscht. Aber nur einige Tage lang, denn wir waren nicht im geringsten begeistert von dieser Neuheit. Wir lehnten alle dieses fremde Zeug ab und kehrten zu unseren Rodelschlitten zurück. Ich kann mich also rühmen, außer den Weinberger-Buben einer der ersten Skifahrer in München gewesen zu sein. Bitte nachmachen!

Zum Wintersport gehörte auch das Fahren auf schwimmenden Eisschollen. Mit einer Stange ausgerüstet stießen wir uns selbst vom Ufer los in die Isar und schwammen hinunter zur Isarlust. Hier ging es wegen der Schleusen nicht mehr weiter, und wir mussten dann wieder zur Fraunhoferbrücke hinauf, uns neue Platten loslösen, und wieder ging die Fahrt stromabwärts. Zerbrach einmal eine Scholle während der Fahrt, so standen wir bis über die Knie im Wasser, und es gab ein Mordshallo, wenn wir dann auf das Eis eines anderen Buben hinaufstiegen, das selbstverständlich hernach wegen der doppelten Last nicht mehr schwamm, sondern mit allen beiden Fahrgästen absackte. Mit gefrorenen Hosen kamen wir abends nach Hause: »Mutter, i kon nix dafür, der Tone hat mi heut ins Gwasch einigstessen!« Aber die Mutter glaubte mir gar nichts mehr, und auch das war mir Wurst.

Einmal sind die Leute am Ufer des zugefrorenen Kleinhesseloher Sees zusammengelaufen und haben gelacht. Was gibt's denn da? Ein Bub steht händeringend auf dem Eis, hilflos allein, die Schlittschuhe rutschen ihm immer wieder unter den Füßen weg, er purzelt wie ein Besoffener, und jeder der Zuschauer denkt sich im stillen: »Der Bua gstellt sich schon ganz saudumm zum Schlittschuhfahren.« Dieses Theater dauerte so einige Minuten. Plötzlich änderten sich die Gesichter der Zuschauer. Aus dem Lachen wurde ein Staunen. Denn der Bub machte plötzlich ein paar kunstvolle Schleifen, drehte sich in eine Acht, und mit einem Ansprung auf den Spitzen der Schlittschuhe sauste er im Renntempo über den See und entschwand den Blicken des enttäuschten Publikums, das mitten im Winter einem Aprilscherz zum Opfer gefallen war. Die Adresse des Aprilscherzfabrikanten hieß: Valentin Fey, Entenbachstraße 63/1.

Der zünftigste Sport aber war das sogenannte »Schwankeisfahren«. Diese Gaudi hängt natürlich vom Wetter ab und ist daher nur ganz selten möglich. Wenn nach starker Kälte plötzlich der Föhn kommt, so wird die Eisdecke in zwei bis drei Tagen sehr dünn, und da gibt es dann manchmal – aber nur an ganz tiefen Stellen eines Sees – ein Schwankeis. Dazu müssen die Schlittschuhfahrer stundenlang, immer im Gänsemarsch aneinanderhängend, die gleiche Stelle passieren, bis das Eis bröckelt, sozusagen weich wird und »schwimmt«. An der »Tiefen Gumpe«, unterhalb des Muffatwehrs, entstehen oft interessante Schwankeise, und an Sonntagen war der Muffatwehrsteg voll von Zuschauern, wenn wir Buben über die Eiswellen huschten. Wird die Eisdecke wässerig, so ist das ein Zeichen der Gefahr, und es dürfen über das Schwankeis nur mehr einzelne Personen fahren, denn dann bekommt das Eis schon kleine Löcher, und für einen normalen Fahrer ist es aus.

Aber für uns begann jetzt erst das richtige Vergnügen: »Wer traut sich noch umifahrn?«, hieß es. »Vale, lass di koan Drenza [Muttersöhnchen] hoaßn, pack's no moi, schnell gewagt, ist halb gewonnen.« – Und ich sauste über die ungefähr fünfzig Meter langen gefährlichen Stellen, hinter meinen Füßen krachte und knirschte es unheimlich, meine Kameraden hinter mir drein. Gut angekommen, Applaus auf der Brücke und am anderen Ufer. Nach einigem Besinnen meint der Ade: »Geht's wega, i pack's no moi!« – startet, ich hinter ihm drein – ein Schrei der Buben und der Zuschauer auf der Brücke: das Schwankeis ist geplatzt! Und Ade unter der Eisdecke! Ich breche auch ein, kann mich aber noch halten, Bretter werden mir gereicht, ich bin gerettet. Mein Kamerad Ade wurde am andern Tag als Leiche geborgen. Er liegt im Ostfriedhof begraben. Er hatte sich den Tod geholt und ich mir ein schweres Asthma, welches mir geblieben ist.

WEIHNACHTSMUSIK FÜR ALLE SINNE

»Na und?«

Axel Hacke

Lasst uns froh und Monster sein

Zum 1. April 2006 (ich glaube die Geschichte aber trotzdem, weil ich sie einfach glauben will) schrieb mir Herr K. aus Berlin, er habe zur Melodie von Händels »Tochter Zion, freue dich!« einst im Kirchenchor immer gesungen: »Doktor Zion, freue dich!« und sich »den freundlichen Kinderarzt vom kleinen Jesulein« vorgestellt, »der sich in einem weißen Kittel am Schreibtisch sitzend darauf freut, dass sein künftiger Lieblingspatient Jesus endlich auf die Welt kommt. Doktor Zion hat eine Praxis in der Stadt, und der kleine Jesus musste dann immer zu ihm kommen, hat eine Schutzbrille aufgesetzt bekommen und wurde nackig unter der Höhensonne auf eine weiße Gummimatratze gelegt. Gerade so, wie es der Kinderarzt mit mir damals gemacht hatte.«

In seinem Heimatort, schreibt Herr F. aus Saarlouis, habe es einen Zahnarzt Dr. Simon gegeben, weswegen seine Schwester (die des Herrn F.) sang: »Doktor Simon, freue dich!«

Das gibt es oft: Kinder ersetzen, was sie nicht verstehen, durch das, was sie kennen. Am liebsten setzen sie an Stelle unbekannter Personen eigene Familienmitglieder. Im Weihnachtslied »Ihr Kinderlein, kommet« gibt es eine Stelle, die von Kindern sehr oft falsch verstanden wird:

»Da liegt es, das Kindlein, auf Heu und auf Stroh, Maria und Josef betrachten es froh. Die redlichen Hirten knien betend davor ...«

Die kleine Schwester von Frau H. aus Wilstedt konnte mit »redlichen Hirten« wenig anfangen und sang: »Die Rehlein und Hirsche knien betend davor.« Das ist eine Ausnahme, denn die meisten Leser verstanden »die rötlichen Hirten« und stellten sich darunter einerseits, wie Frau H. aus München, dem Einfluss der Sozialdemokratie ausgesetzte Hirten vor, andererseits, wie Herr P. aus München, Hirten, die das Knien offenbar sehr anstrengt, drittens Menschen »mit vom flackernden Feuerschein rötlich überhauchten Gesichtern«, wie Frau H. aus Endingen meint, die indes nicht »rötliche Hirten«, sondern rötliche Hirtler« verstand. Hirtler ist ihr Mädchenname, und sie war der festen Überzeugung, ihre Vorfahren hätten die Ehre gehabt, beim großen Ereignis dabei zu sein.

Irmgard Tabea Laps

Weihnachten einmal anders

Es war an einem Weihnachtsabend vor einigen Jahren. Draußen war es schon sehr zeitig dunkel geworden. Aber die Straßen und Plätze in unserer Stadt wurden von vielen Tausend Glühbirnen und bunten Lichterketten herrlich erleuchtet, und ich hatte eine große Freude daran – auch meine Eltern und Geschwister.
Da geschah es plötzlich und ganz unverhofft, dass der elektrische Strom ausfiel. In einem Augenblick erloschen alle Lichter ringsum. Die Straßenbeleuchtung war ausgegangen und die vielen Lichterketten baumelten im Dunkeln. Auch von den hübsch geschmückten Schaufenstern war kaum was zu sehen und die große Weihnachtstanne auf dem Marktplatz stand im Finsteren wie im Wald. Natürlich verstummte auch die Weihnachtsmusik aus dem Lautsprecher. Es war plötzlich ringsum ganz still geworden, fast unheimlich. Unwillkürlich suchte ich die Hand von meiner Mutti und ich hörte mein Herz laut pochen.
Aber dann ging ein großes Erschrecken durch die Straßen und Plätze. Und ich glaube, auch durch Häuser und Kirchen. Die Menschen fassten sich in unserer Nähe gegenseitig an und unter, weil es so dunkel war. Und Mutti sagte: »Alles geht wieder seinen sozialistischen Gang.«
Wir kamen am Weihnachtsmarkt vorbei und da gab es eine ganz große Aufregung, Rufen und Weinen. Die Eltern riefen verzweifelt nach ihren Kindern und die Kinder nach ihren Eltern. Es war

schrecklich! Denn auf dem Riesenrad befanden sich einige Fahrgäste. Ja, Frauen suchten ihre Männer und Freunde, wollten einander nicht verlieren. Jeder hatte es eilig, so schnell wie möglich nach Hause zu kommen.
Auch wir kürzten den Weg ab, so gut es ging, und Mutti sprach uns unterwegs immer wieder Mut zu. Ich hielt dabei ihre Hand ganz fest.
Die Christvesper in unserer Kirche verzögerte sich um eine Viertelstunde. Verzweifelt wurden einige Kerzen gesucht und angezündet. Sie verbreiteten ein spärliches Licht. Vorsichtig tastend nahmen wir als Familie in den Bänken mit all den anderen endlich unsere Plätze ein. Das war ein Schubsen und Schieben.
Auch gab es an diesem Heiligen Abend kein musikalisches Vorspiel, denn die Orgel wurde ja auch elektrisch betrieben.
Unser Pastor stimmte das Lied an: »Herbei, oh, ihr Gläubigen, fröhlich triumphierend.« Aber schon nach der zweiten Strophe wurde der Gesang recht kläglich und verstummte schließlich ganz. Denn kaum ein Gläubiger kannte den Text auswendig. Auch ich hab zwei Mal falsch gesungen.
Unser gemischter Chor vorn auf der Bühne legte nach dem ersten Lied wieder die Notenblätter beiseite, weil sie im Halbdunkeln kaum zu lesen waren. All die vielen Proben waren umsonst gewesen. Aber das Jesuskind anbeten und Gott danken konnten die Gläubigen auch ohne elektrisches Licht, und so beteten viele. Auch mein Vati und meine ältere Schwester Kerstin.
Es war auch ein sehr guter Einfall von unserem Sonntagsschullehrer, dass er die Weihnachtsgeschichte spannend erzählte.
Unser Pastor hatte einen sehr guten Predigttext vorbereitet. Aber er konnte ihn nicht ablesen, da die Kerze zu sehr flackerte. Zum Glück fiel ihm etwas anderes ein. Und so erzählte er uns ganz spannend von seinen erlebten Heiligabenden. »In einem Jahr, da

stand der Himmel voller ‚Christbäume', die in den Bombennächten Zeichen des Schreckens und des Todes waren. Einmal, da war meine Frau sterbenskrank, und für mich schienen alle Lichter erloschen. Ein anderes Mal kam am Heiligen Abend mein zweiter Sohn zur Welt. Das war dann eine ganz große Freude!«, erzählte er. Diese Erinnerungen wühlten unseren Pastor so sehr auf, dass er ein paar Mal schlucken musste und sich über die Augen wischte. Aber in der Dunkelheit sah keiner seine Tränen.
Ich hätte ihm noch länger zugehört. So spannend waren seine erlebten Geschichten. Sie gefielen mir besser als die Predigt vom vierten Adventssonntag. Da war es ein bisschen langweilig gewesen.
Als die Christvesper zu Ende war, ergab es sich von selbst, dass die Jüngeren die Älteren bei den Händen nahmen und nach Hause begleiteten. Als Dankeschön erhielten wir Kinder sogar eine Kleinigkeit geschenkt, ich sogar einen Kinderkalender mit hübschen Bildern.
Auf dem Weg nach Hause konnte ich beobachten, dass es in den meisten Häusern dunkel und bestimmt auch kalt war, denn die Zentralheizungen waren ja ausgefallen. Unzählige elektrische Kerzen konnten die geschmückten Weihnachtsbäume nicht in vollem Glanz erstrahlen lassen. Wie gut, dass unser schöner Weihnachtsbaum Wachskerzen hatte, die ein mildes Licht und auch ein wenig Wärme verbreiteten.
Aber das festliche Abendessen mit einem großen Braten fiel an diesem Weihnachtsabend bei uns aus, denn der Elektroherd blieb kalt. So aßen wir ein paar belegte Brote und wurden auch satt.
Danach saßen wir als Familie still beim Kerzenschein um den Weihnachtsbaum. Kein Radio oder Kassetten-Recorder spielte Festmusik und auch unser Fernseher stand dunkel da. Und als Vater eine schöne Schallplatte auflegen wollte, legte er sie resig-

niert aus der Hand – kein Strom! Auch die elektrische Eisenbahn, auf die wir Kinder uns so sehr gefreut hatten, stand ebenfalls unbenutzt da.

So sangen wir all die vielen schönen Weihnachtslieder und Vater begleitete uns am Harmonium. Dann fing Mutter an zu erzählen, wie sie früher Weihnachten feierten, als sie noch ein Kind war. Sogar mit dem Pferdeschlitten fuhren sie nach Lodz zur Christvesper, dick eingepackt und mit vorgewärmten Ziegelsteinen an den Füßen. Das ganze Dorf war unterwegs und das Glöckchengeläut erfüllte die frostkalte Nacht. In der Kirche spielte ein großes Orchester und der Tannenbaum reichte bis zur Decke. Damals brannten Wachskerzen. Aber das Christkind kam in der Nacht zum 1. Weihnachtstag und die Puppe war immer dieselbe, nur neu und sehr hübsch eingekleidet.

Und zum Schluss fragten wir uns: »Warum feiern wir heute noch Weihnachten? War und ist Weihnachten eigentlich nicht ganz anders?«

Es war eine schöne Nacht, als alles stillstand und vieles wegfiel, was die Erinnerung an die Heilige Nacht in Bethlehem hätte stören können. Ja, und auch das Jesuskind wurde mir damals so neu bedeutungsvoll. Kam es doch aus dem Licht und göttlicher Herrlichkeit in unsere Dunkelheit und Kälte, aus ganz großer Liebe zu uns Menschen. »Weil Gott in tiefer Nacht erschien, kann unsre Nacht nicht traurig sein.«

Peter Rosegger

Christmette in der Dorfkirche von Winkelsteg

Ich habe das Licht in meinem Zimmer ausgelöscht, das Haus verlassen und bin in die Kirche hinübergegangen. Das ist die Nacht, habe ich mir gedacht, in der wohl auf der ganzen Welt, nah und fern, die Glocken läuten. Es ist ein Freudenruf, der so erschallt und die Lichter strahlen wie ein Gürtel aus Diamanten um den Erdball. Ja, so habe ich es mir in meiner Weihnachtsfreude ausgemalt.

In unserer Dorfkirche ist es heute hell wie am Tag, nur zu den Fenstern schaut die schwarze Nacht herein. Jeder hat ein Stück Kerze oder einen ganzen Wachsstock mitgebracht, denn in der Christnacht muss doch ein jeder seinen Glauben und sein Licht haben.

Die Leute drängen sich um das Kripplein, das heute an der Stelle des Beichtstuhles aufgestellt ist. Ich habe vor mehreren Jahren kleine Figuren aus Linden- und Eschenholz geschnitzt und sie zur Versinnbildlichung der Geburt Christi zusammengestellt. Es ist der Stall mit der Krippe, in der das Kind liegt, mit Maria und Josef, mit Ochs und Esel. Es sind die Hirten mit den Schafen und Lämmern, die Heiligen Drei Könige mit den Kamelen, und es sind auch jene lustigen Gestalten und Gruppen, die Freude, Wohltun und Liebe zum Christkind ausdrücken sollen. Oberhalb in der Luft hängen Engel und Sterne. Ich habe das immer wieder gerne

und voll Stolz über mein Werk angeschaut, auch heute. Aber auf dem Chor ist in dieser Nacht nichts als Unheil gewesen!
Der Herr Pfarrer stimmt schon das Weihnachtslied an, ich sitze vor der Orgel und ziehe zur hohen Festesfreude alle sechs Stimmzüge auf – da platzt jählings der Blasebalg. Die Orgel stöhnt und faucht und gibt keinen einzigen klingenden Ton mehr von sich.
Meiner Tage bin ich nicht in solcher Verlegenheit gewesen als in dieser Stunde!
Ich bin der Schulmeister, der Choraufseher, ich muss Musik machen, denn die Musik ist ja eigentlich die Hauptsache des Festes und ohne Musik gibt es in der Kirche keine Christnacht. Stellt euch nur vor: Aller Leute Herzen hüpfen, aller Leute Ohren spitzen sich der Musik entgegen – und da schürft mir der Teufel jetzt den Blasebalg auf!
Ich habe meinen Kopf in die Hände genommen, am liebsten hätte ich ihn zum Fenster hinausgeworfen. Vergebens hüpfen alle meine zehn Finger über die Tasten, das Zeug ist taubstumm und wie mausetot.
Mein Nachbar, der Holzer, mein Weib und die Adelheid von der Schwarzhütte, die auf dem Chor neben mir stehen, merken meine Pein, aber sie rücken nur so hin und her und hüsteln und räuspern sich und dann heben sie an, mit ihren hellen Stimmen zu singen:
»O du fröhliche, o du selige
gnadenbringende Weihnachtszeit ...«
Das ist mir wie Öl ins Herz gegangen. Aber das Lied wird bald aus sein und danach kommt das Hochamt, und da braucht es Musik – Chormusik um alle Welt!
Da holpert der alte Ruppel die Treppe herauf: »Schulmeister! Wenn schon die Orgel heut schweigen will, so nimm doch deine Geige!«

Ich raunte ihm zu: »O Gott, Ruppel, die ist beim Leimen in Holdenschlag!«
Darauf er: »Und kannst auch die Geigen nicht zuwege bringen, so tät ich, meiner Treu, die Kirchenlieder auf der Zither spielen!«
Für diesen Rat habe ich den Alten so stürmisch umarmt, dass er völlig erschrocken ist. Ich springe auf, hole die Zither, und kurz darauf erklingt beim Hochamt auf dem Chor ein Saitenspiel, wie es in dieser und etwa auch in einer anderen Kirche noch nicht gehört worden ist.
Die Leute horchen auf, der Pfarrer selbst wendet sich und tut einen kurzen Blick zu mir herauf.
Ja, seht ihr, so ist mitten in der langen Winternacht zu Winkelsteg das Christfest gefeiert worden. Leise zittern und wiegen die Saitentöne, sie singen vom neugeborenen Jesuskind das Wiegenlied und den Menschen den Frieden. Und sie schrillen und wecken das schlafende Kind, ehe der falsche Herodes kommt, und sie trillern ein Wanderliedchen für die Flucht nach Ägypten.
Ich, der alte Schulmeister von Winkelsteg, spiele den Messgesang, spiele Lieder, wie sie meine Mutter gesungen und mein Vater, der gute Schuhmacher von einstmals ... Aber letztlich weiß ich selber nicht mehr, was ich kindlicher Mann der Gemeinde und dem heiligen Kind vorgespielt habe in dieser so ungewöhnlichen Christnacht.

Oswald Köberl

Das Werk des František Smrčka

An einem Feiertag – wenn ich mich recht erinnere, war es der Dreikönigstag – kam ich mit dem Morgenzug in Pfeifelfing an. Ich hatte nicht erwartet, das Orgelmuseum schon offen zu finden. Auf dem Boden neben dem zierlichen Positiv stand ein Fässchen, das ich schon von früher her kannte. Mein Großonkel tauchte mit feierlicher Gebärde die kleine Orgelpfeife hinein, die er als Weinheber benützte. Während er das kostbare Nass auf der Zunge zergehen ließ, blinzelte er mir zu. »Du hast wohl gerochen, dass es heute etwas Feines zu kosten gibt?«, fragte er.

»Müsstest du nicht jetzt noch drüben in der Kirche Orgel spielen?«, entgegnete ich.

»Oh, das Postludium spielt die Orgel ganz allein«, beruhigte mich der alte Mann.

Ich machte große Augen: »Wirklich?«

»Nein, ich wollte, es könnte es.« Er lachte, und der Stahlwolleschnurrbart sprang auf und nieder. »Du weißt, dass es solche Automatenwerke gibt. Schon Joseph Haydn komponierte für die so genannte ›Flötenuhr‹, die Pater Primitivus Niemecz gebaut hatte. Aber auch in meiner böhmischen Heimat gab es ähnliche Konstruktionen des Organisten František Smrčka, die freilich unbekannt geblieben sind, weil er sie allein für den eigenen Bedarf anfertigte. Es begann damit, dass er wie jeder rechte Künstler mit dem Aufstehen am Morgen Schwierigkeiten hatte und häufig zur ersten Messe zu spät kam. So entwickelte er eine Präludiermaschine, die ausgelöst wurde, wenn der Ministrant beim Einzug in die Kirche am Glockenstrang riss. Nach der Messe verzog sich der wackere Musikant sofort ins nächste Wirtshaus, wie es ja auch ein altüberlieferter Brauch ist. Um auf dieses Vergnügen nicht zu lang warten zu müssen, konstruierte er eine zweite Walze, die zu spielen begann, wenn der Geistliche das Presbyterium durch die Sakristeitür verließ. Der Erfolg seiner Schöpfungen ermutigte Smrčka, nicht auf halbem Wege stehen zu bleiben. Er fabrizierte Walzen, die sich beim Einzug eines Brautpaars in Bewegung setzten, und solche, die für Trauerfeierlichkeiten bestimmt waren. Dass ihm bisweilen peinliche Verwechslungen unterliefen, konnte den Erfinder nicht entmutigen. Es geschah zum Beispiel, dass ein Bräutigam beim Betreten der Kirche den Schritt hemmte und sich mit gefährlicher Deutlichkeit der Tragweite seines Entschlusses bewusst wurde, denn von der Empore herab klang dumpf ein Trauermarsch. Dafür jubilierte das nächste Mal die Orgel, und trauernde Hinterbliebene wiegten sich im Walzertakt, der so sehr ihrer Freude über die Erbschaft entsprach. Smrčka aber konstruierte weiter. Er schuf ein Werk, das sich durch Resonanzwirkung beim Erklingen der Ministrantenglocken einschaltete, er baute Uhren ein, die den zeitlichen Ablauf regelten, und als er neben dem Altar ein Wählpult anbrachte, von dem aus der Ministrant zehn verschiedene Kirchenlieder loslassen konnte, war er am Ziel. Seine Anwesenheit war nicht mehr nötig. Er durfte ohne Umweg ins Wirtshaus eilen. Und doch stand dem Erfinder seine größte Stunde noch bevor: Durch die Indiskretion eines höheren Beamten hatte der Bürgermeister erfahren, Augustin Fürst Wintersperg werde die kleine Stadt inkognito besuchen, um mit der Hofopernsängerin Thespiseder ein Wochenende zu verbringen. Das Stadtoberhaupt rief Smrčka zu sich. ›Mein lieber Freund, ich

habe eine ehrenvolle Aufgabe für Sie! Ein Fürst kommt zu uns und will umjubelt sein, versteht sich, umso mehr, als er inkognito kommt. Wir besitzen keine Musikkapelle, die für einen solchen Empfang würdig genug wäre. Machen Sie sich also auf die Beine und konstruieren Sie schnell ein paar Ihrer Orgeln, damit Sie Seiner Durchlaucht und Hochdero Begleiterin den Marsch blasen, den Begrüßungsmarsch, versteht sich.‹
Smrčka tat, wie ihm geheißen. Zum Glück hatte er ein paar halbfertige Walzenwerke in seiner Werkstatt stehen, die er vollenden und an strategisch wichtigen Punkten der Stadt postieren konnte. Die Arbeit ging ihm leicht von der Hand, denn zum ersten Mal spürte er, dass man in ihm mehr sah als einen Meister der Bequemlichkeit. Am Freitagabend tat er den letzten Handgriff. Drei Orgeln waren in den fahnengeschmückten Straßen verteilt, gefüllt mit den prächtigsten Jubelmärschen der Zeit. Am nächsten Morgen machte Smrčka noch eine Inspektionsrunde, um die Federwerke zu spannen. Dann stellte er sich in die Nähe des Triumphbogens, den man am südlichen Stadteingang errichtet hatte. Im Inneren des Bogens befand sich nämlich die erste Orgel, mit spanischen Trompeten bestückt. Gegen elf Uhr Vormittag endlich näherte sich eine unscheinbare vierspännige Kutsche dem in Tannengrün und bunten Fahnenschleifen prangenden Begrüßungsmal. Ein verborgener Hebel löste den Mechanismus aus. Doch kein Jubelmarsch ertönte, sondern das Lied: Winter ade, Scheiden tut weh, aber dein Scheiden macht, dass mir das Herze lacht. Es konnte kein Zweifel bestehen, dass mit dem Winter Fürst Wintersperg gemeint war, denn er war schon in seiner Jugend oft mit diesem Lied geneckt worden. Wütend ließ er seine Kutsche wenden und fuhr zurück, um zu sehen, wer ihn zu verspotten wagte. Natürlich blieb ihm die in den Triumphbogen installierte Orgel verborgen. Als er aber wieder

stadteinwärts fuhr, schaltete das tüchtige Instrument auf eine zweite Walze und ließ eine Melodie aus Beethovens »Fidelio« vernehmen: ›Abscheulicher, wo eilst du hin, was hast du vor in wildem Grimme.‹«

Ich lachte. »Aber daran hatte doch nicht der Erfinder selber Schuld?«, fragte ich.

Der Großonkel befeuchtete sich den Mund mit einem Schluck aus dem Weinheber, bevor er antwortete. »Nein. Man verdächtigte später einen Klavierlehrer, der mit Smrčka befreundet war und ihm einige Male bei der Arbeit zugesehen hatte. Vielleicht war er ein Anarchist oder er vergönnte dem Fürsten die schöne Opernsängerin nicht. Keine dieser Vermutungen ließ sich jedoch beweisen. Der Fall blieb ungeklärt. Inzwischen nahm das Unglück seinen Lauf. Auf den Stufen des Rathauses hatte der Bürgermeister mit seinen Stadträten schon seit acht Uhr früh gewartet. Nach einer Stunde taten ihnen die Füße weh, und einer nach dem anderen setzte sich nieder. Als nun die Kutsche um die Ecke ratterte, sprangen sie erschrocken auf, und die zweite Orgel, die in der Mitte des Rathausplatzes stand, intonierte ›Üb immer Treu und Redlichkeit‹. Auch das konnte Fürst Wintersperg auf sich münzen, da er ja nicht mit seiner Gemahlin angekommen war. Die vielen Leute, die den Straßenrand säumten und eben noch in Hochrufe ausbrechen wollten, begannen zu lachen, und dem Bürgermeister blieb seine gedrechselte Rede im Hals stecken. Zähneknirschend zogen der Fürst und seine Begleiterin die Vorhänge des Fahrzeugs zu und trieben den Kutscher zu größerer Eile an. Am Tor des Gasthofs ›Zum silbernen Baum‹, wo sie sich für ein paar verträumte Stunden eine Zimmerflucht bestellt hatten, glaubten sie sich gerettet. Doch beim Aussteigen dröhnte ihnen die dritte Orgel entgegen: ›Oh, du lieber Augustin, alles ist hin …‹ Fürst Augustin stand wie vom Donner gerührt. Da erblickte er neben der Orgel František Smrčka, der im letzten Augenblick noch vergeblich versucht hatte, das Verhängnis abzuwenden. Mit gezücktem Degen stürzte er auf ihn zu, musste er ihn doch für den Schurken halten, der all diese Kränkungen inszeniert hatte. Der arme Smrčka suchte sein Heil in der Flucht, und da ihm nichts Besseres einfiel, nahm er seinen Weg zur Kirche. Wintersperg rannte ihm nach, dicht gefolgt von Madame Thespiseder, die den Rasenden zurückhalten wollte. Der Organist verschwand durch das Portal des Gotteshauses, und Bruchteile von Sekunden später stürmten auch die beiden anderen ins Kirchenschiff. Da hielten sie inne. Von Smrčka war keine Spur zu sehen. Der kauerte zitternd in irgendeinem Winkel. Doch von der Empore herab erklang feierlich eine Orgelwalze, die der tüchtige Mann schon für eine Zeremonie am Nachmittag vorbereitet hatte: ›Wir winden dir den Jungfernkranz‹, ein Lied aus der Oper ›Der Freischütz‹, die eben ihren Siegeszug um die Welt angetreten hatte. Madame Thespiseder schoss das Blut in die Wangen. Wortlos drehte sie sich um und wankte ins Freie. Wenige Minuten später verließ das Paar die ungastliche Stadt, doch vermied man es, noch einmal den Triumphbogen zu durchfahren.« Der Großonkel entdeckte, dass sein Mund wieder trocken geworden war, und stärkte sich aus dem Fässchen, das neben der Orgelbank stand.

»Und was ist aus Smrčka geworden?«, fragte ich.

»Der Bürgermeister ließ alle seine Automaten beschlagnahmen und verbot ihm ein für allemal, eines dieser gefährlichen Dinger in Betrieb zu nehmen. Und so wurde der verkannte Erfinder wieder zu dem einfachen Organisten, der er vorher gewesen war. Aber nach dem Schrecken mit dem Degen Fürst Winterspergs hatte er nichts dagegen einzuwenden.« Der Großonkel tauchte die dünne Zinnpfeife in das Fässchen und reichte sie mir. »Trink das auf Smrčkas Wohl«, sagte er, während ich im Mund einen prickelnd herben Geschmack spürte und mir sehr erwachsen vorkam. Dann zog er an einem Hebel. Irgendwo im Raum begann eine Orgel zu spielen, freilich nicht den Jungfernkranz, sondern ein Flötenuhrstück von Joseph Haydn.

Hanns Dieter Hüsch

Dezember

Im Dezember sagt meine Frau immer,
Guck doch mal nach, ob es nicht irgendwo ein Weihnachtskonzert, ein Weihnachtsoratorium, eine Weihnachtskantate oder wenigstens ein Adventssingen oder ein Adventsspiel gibt, wegen der Stimmung.
»Wegen der Stimmung?«
Ja, sagt sie, wegen der Stimmung. Ich hab so eine Vorweihnachtsstimmung. Die hatte ich immer schon, schon in der Kindheit. Guck doch mal in die Zeitung. Wenn es geht, in einer kleinen Kirche.
»Also, was nun«, frage ich zurück, »in der Zeitung oder in einer kleinen Kirche? Wo soll ich nachgucken?«
Mach jetzt keinen Blödsinn, sagt meine Frau. Das kannst du das ganze Jahr machen, aber nicht im Dezember, wenn ich ein bisschen vom Advent spüren möchte.
»Ich habe einmal«, sage ich, »ich habe einmal den Nikolaus gespielt, und die Kinder haben mich gleich erkannt.«
Du musst dich ja nicht verkleiden, sagt meine Frau. Ich will doch nur ein bisschen von den alten Weihnachtsliedern vorweg hören, vierhändig oder gesungen. Dazu ein paar Kerzen.
»Ja«, sage ich, »und über dem Ofen werden dann Apfelsinenschalen zerbröckelt. Das gibt dann diesen schönen Duft, und Tannenzweige geröstet.«

Ja, sagt meine Frau, Tannenzweige.
»Vierhändig«, sage ich.
Blödmann, sagt meine Frau. Mein Vater machte das immer mit den Tannenzweigen.
»Also gut«, sage ich, »ich guck mal in die Zeitung.«
So, Leser und Leserin,
fängt bei uns der Dezember an,
für mich der silberne Monat.

Ja, ich weiß, Sie haben sich längst vom silbernen Lametta abgewandt. Bei Ihnen herrscht wahrscheinlich Rotgrün, grüner Baum, rote Kerzen, Spielzeug aus dem Riesengebirge, Äpfel und Nüsse, auch sehr schön. Oder alles in einer Farbe, wie ist es mit Türkis? Komisch, ich bin ein so altmodischer Hund, dass ich an mich selbst nicht mehr glaube.
Aber es hängt die Kindheit tief in meinem Innern, ob es nun Gemüt oder Seele heißt, gleichviel, ich bügele immer noch das silberne Lametta schön glatt, bevor ich's über einem Ast abwerfe. Und ein Baum ohne Spitze, ohne Glöckchen, ohne Trompete und ohne Stern ist für mich kein Baum.
Engelhaar muss nicht unbedingt sein, das sieht immer so nach Zuckerwatte von der Kirmes aus.

Tante Liese, meine Lieblingstante,
die vor Jahren abends vor dem Schlafengehen
immer meine verkehrten Füße mit Franzbranntwein einrieb
und sich große Sorgen um mich machte,
hat am 8. Dezember Geburtstag.
Sie guckt ganz sicher vom Himmel aus zu, um zu wissen, was ich so im Dezember mache. Und ich gucke also in die Zeitung, ob ich nicht einen Hinweis auf ein Weihnachtskonzert,

ein Weihnachtsoratorium, eine Weihnachtskantate oder wenigstens ein Adventssingen
oder ein Adventsspiel finde, wo wir hingehen können, meine Frau und ich.
In eine kleine Kirche natürlich, mit viel Schnee drum rum,
wie meine Frau sich das mal wieder vorstellt.
Wehe, ich finde nichts.
Der Dezember ist der silberne Monat.
Das ist für mich gar keine Frage und ich habe nichts gegen ihn, auch weil er der letzte Monat ist, weil er müde vom Jahr ist, der arme Kerl.
Und dann jetzt noch dieser Aufruhr und diese Hetze. Jeder Tag ist ein Einkaufstag:
Nachher ist nichts mehr da.
Ich finde mich in den Geschäftsstraßen nicht mehr zurecht. Alles rennt und flüchtet sich wieder nach Hause.
Weihnachten kommt näher und näher, macht Angst, macht Freude. Der Dezember macht einen so unsicher.
Macht man alles richtig? Findet man das passende Geschenk?
Die Kinder sind krank vor Aufregung oder täusche ich mich mal wieder?
Silvester kommt ja auch noch. Wollen wir diesmal Kaviar kaufen?
Also erst mal Weihnachten.
Hauptsache, wir sind gesund, wir leben, wir leben alle noch im Dezember.
Haben wir nicht im vergangenen Dezember gesagt:
Hoffentlich sind wir im nächsten Jahr um diese Zeit alle noch gesund, alle noch da!
Und vielleicht schaffen wir es doch noch, die kleinen Streitigkeiten aus der Welt zu schaffen. Oh Herr, lass Heiligabend werden, denkt die Hausfrau und bricht fast zusammen,

Jesus Christus hilft ihr wieder auf, und dann gibt es Kartoffelsalat, Knackwürstchen
und schwarzen Tee, nicht nur wegen der Einfachheit,
sondern, weil das bei uns schon lange immer so war und ist.
An diesem 24. Dezember auch wieder.
Der Dezember ist ein wichtiger Monat.
Er macht uns in wenigen Augenblicken klar, dass wir freundlich zu allen Kreaturen sein sollen, eingedenk, dass auch uns mal ein Jahresende bevorsteht.
Aber doch jetzt noch nicht, nein, nein, in diesem silbernen Dezember, nein,
ich sage ja immer, ruhig bleiben und fröhlich sein.
Also dann, Leser und Leserin, danke und Glück auf.
Und, auch wenn Sie allein sind, Tach zusammen!

EIN FEST FÜRS LEBEN

»Weihnachten soll das Fest der Freude sein,

und da lässt man den Anderen gewinnen!«

Hanns Dieter Hüsch

Die Bescherung

»Dass mir keiner ins Schlafzimmer kommt«, alle Jahre wieder ertönt dieser obligatorische Imperativ, wenn es darum geht, am Heiligen Abend Pakete und Päckchen in geschmackvolles Weihnachtspapier zu schlagen, wenn es darum geht, den Rest der Familie in Schach zu halten, damit auch ja keiner einen voreiligen Blick auf die Geschenke werfen kann.
Ich dagegen habe es etwas einfacher: Ich schmücke den Baum! Punkt 17 Uhr begebe ich mich auf die Terrasse und hole den schönen Baum herein. Es ist wirklich ein schöner Baum, sagt die Frieda. Doch, doch, sage ich, der Baum ist schön. Dann kommt die kleine Frieda und sagt auch noch, dass der Baum schön ist. Nachdem wir alle noch ein paar Mal um den schönen Baum herumgegangen sind, sagt die Frieda: Mein Gott, es ist schon halb sechs!
Und damit beginnt offiziell in allen Familien, die sich bei diesem Fest noch bürgerlicher Geheimnistuerei bedienen, der nervöse Teil der Bescherung.
Deshalb stecke ich mir vorbeugend zunächst mal eine Zigarre an, einmal im Jahr, und überlege in aller Ruhe, welche formalen Prinzipien ich diesmal zur Ausschmückung meines schönen Baumes anwende. Habe ich dann den Baum nach einigen Schnitzereien endlich mit dem Sägemesser glücklich in den Christbaumständer gezwängt, weiß ich auch schon, wie ich's mache: Diesmal werde ich endlich dem Prinzip huldigen: Je schlichter, desto vornehmer. Zwei

bis drei Kugeln, vier bis fünf Kerzen, hier und da einen Silberfaden, aus! Schluss. Ende. Schließlich ist das ja ein Baum und keine Hollywoodschaukel. Das soll natürlich nicht heißen, dass wir nicht genügend Kugeln und Kerzen, Lametta und Engelhaar, Glöckchen und Trompeten hätten. Im Gegenteil. Ich könnte damit drei Bäume, pardon, drei schöne Bäume schmücken. Und schon erhebt sich die Frage: Nur bunte Kugeln oder nur silberne Kugeln? Nur weiße Kerzen oder nur rote Kerzen? Engelhaar oder kein Engelhaar? Ja, was sollen meine intellektuellen Freunde denken, wenn die zu Besuch kommen und sehen dann meinen Misch-Masch aus Sentimentalität und Kunstgewerbe. Schockschwerenot!

In diese meine präzisen ästhetischen Überlegungen hinein platzt die Frieda mit dem Ruf: Wie weit bist du? Um sechs Uhr ist Bescherung! Das schaffe ich nicht, rufe ich zurück, ich kann ja den Baum nicht übers Knie brechen. Wir haben zu Hause, sagt die Frieda, immer um sechs Uhr die Bescherung gehabt. Wir haben die Bescherung, sage ich, immer um halb acht gehabt. Wir haben sie um sechs gehabt, sagt die Frieda. Um sechs Uhr schon Bescherung, sage ich, warum dann nicht gleich schon um vier Uhr oder schon im Oktober, wir haben die Bescherung immer um halb acht gehabt, manche Leute haben ja die Bescherung erst am anderen Morgen. Und wann sollen wir essen, fragt die Frieda. Nach der Bescherung, sage ich.

Also um neun Uhr, sagt die Frieda, bis dahin bin ich ja verhungert, wer hat übrigens das Marzipan, das hier auf der Truhe lag, gegessen? Ich nicht, ruft die kleine Frieda aus der Küche. Also, sagt die Frieda, also wenn du den Baum nicht in einer Viertelstunde fertig hast, dann könnt ihr euch eure ganze Bescherung sonst wo hinstecken.

Vielleicht fängt schon mal einer an zu singen, sage ich, desto leichter geht mir der Baum von der Hand. Und alle ästhetischen

Überlegungen nun über den Haufen werfend, überschütte ich den schönen Baum mit allem, was wir haben, sodass man schließlich vor lauter Glanz und Gloria keinen Baum mehr sieht und die Frieda kommt wieder rein und sagt, nun hast du's ja doch wieder so gemacht wie im vorigen Jahr, das nächste Mal schmücke ich den Baum. Ja, sage ich, wenn ihr mir keine Zeit lasst, kann natürlich kein Kunstwerk entstehen. Nun steh hier mal nicht im Weg, sagt die Frieda, und halte dumme Reden, geh jetzt hier mal raus, ich muss jetzt hier die Geschenke packen und aufbauen. Ja, wo soll ich denn hingehen, frage ich, darf ich vielleicht ins Wohnzimmer? Nein, ruft da meine Schwägerin, die inzwischen eingetrudelt ist, dass mir keiner ins Wohnzimmer kommt, ich bin noch nicht fertig. In die Küche darf ich auch nicht, da bastelt nämlich die kleine Frieda noch an diesen entzückenden Kringelschleifen für jedes Päckchen herum. Die Frieda kommt aus dem Christbaumzimmer und ruft: Augen zu!!! Ich halte mir die Augen zu und sage: Ins Bad nur über meine Leiche, da hab ich nämlich meine Geschenke versteckt. Und so geht das die ganze nächste halbe Stunde: Dreh dich mal um, guck nur nicht unter den Teppich, wer hat den Schlüssel vom Kleiderschrank, ich brauche noch geschmackvolles Weihnachtspapier, der Klebestreifen ist alle, willst du wohl von der Tür da weggehen, such lieber mal die Streichhölzer, meine Mutter hat das alles alleine gemacht, das ist gemein, du hast geguckt, die paar Minuten kannste wohl noch warten! Bis es dann endlich soweit ist, aber auch dann kommt keine Ordnung zustande, dann heißt es: Wer packt zuerst aus? Du! Nein, ich doch nicht, zuerst das Kind, dann du. Nein, du dann. Wieso ich? Also dann du und dann ich. Ich zuletzt, bitte.

Nun werden Sie vielleicht mit Recht fragen, sagen Sie mal, wird denn bei Ihnen gar nicht gesungen, wird bei Ihnen nur eingepackt und ausgepackt. Doch, doch, natürlich, wir singen auch, erste Strophe und so, aber dann fällt's meistens auseinander, aber wissen Sie, beim Einpacken und Auspacken, da sind wir alle so nervös und verlegen, dabei merkt man die Liebe und den Frieden und den Menschen ein Wohlgefallen viel, viel stärker als beim Singen.

Und auch der Baum, der kann dann sein, wie er will, groß oder klein, dürr oder dicht, bunt oder schlicht, alle sagen dann jedes Mal: Also der Baum ..., also der Baum ..., der Baum ist wunderschön.

Franz Hohler

Der kürzeste Tag

Um halb neun Uhr abends treffe ich meine Frau am Hauptbahnhof. Die war mit einer andern Frau zum Essen. Die Halle ist vollgepresst mit Ständen, an denen Dinge feilgeboten werden, die man sich zu Weihnachten schenken kann. Sie werden überragt von einem riesigen künstlichen Tannenbaum, der aussieht, als wäre er gänzlich im Raureif erstarrt. Das Gedränge ist so groß, dass wir nicht nebeneinander gehen können.
Aufatmend treten wir aus dem Bahnhofsgebäude und spazieren am Coop vorbei, einem baulichen Unding, das ebenso hässlich wie dauerhaft in die Limmat hineingebaut ist und an dem sich vor über vierzig Jahren, als es noch Globus-Provisorium hieß, die 68er Unruhen in Zürich entzündeten. Studenten und Jugendliche forderten damals, dieses als Jugendzentrum freizugeben, und bei der ersten großen Demonstration wurden viele Festgenommene von der Polizei im Keller des Gebäudes verprügelt. Davon ist heute nichts mehr zu spüren, und die Polizei ist nicht mehr im Keller, sondern im Obergeschoss, wie ich im Vorbeigehen am Hintereingang lese. Bräuchte ich Hilfe, könnte ich hier klingeln.
Über die Fußgängerbrücke gehen wir in einem leichten Nieselregen zum Limmatquai hinüber. Die Bäume am Flussufer sind alle mit Glühbirnen gespickt und sehen wie eine Reihe aufgespießter Orangen aus. Auch im Niederdorf haben noch Weihnachtsbuden geöffnet. Am Rindermarkt hängen weiße und farbi-

ge Lichttropfen über der Gasse. Kein Schaufenster, das nicht mit Sternen, Lichtgirlanden, Pakettürmen oder Weihnachtsmännern geschmückt ist. Die ganze Stadt ist ein einziger Geschenkauftrag. Durch das schmale Rehgässlein begeben wir uns zu einem kleinen Platz. Dort schenkt eine Bekannte von uns den Menschen ein Feuer. Es lodert und flackert, von einigen Bänken umringt, und wer will, kann sich ein Scheit von einem Stapel nehmen und es ins Feuer legen oder stellen, denn die Hölzer halten sich aneinander, wenn sie ihre erstaunlichen Vorräte an Flammen, Rauch und roter Glut, die in ihrer unscheinbaren Form verborgen sind, hinauf ins Dunkle schleudern, der Nacht und dem Regen zum Trotz, bevor sie sich langsam in Kohle und Asche verwandeln.
Hier zu stehen oder zu sitzen, einen dampfenden Tee zu trinken und ins Gespräch zu kommen mit andern, die auch durch das Feuer angelockt wurden, ist eigenartig schön und still und lässt einen hoffen, dass die Tage wieder länger werden.

Marie von Ebner-Eschenbach

Fräulein Susannens Weihnachtsabend

Fräulein Susette oder, wie sie sich lieber nennt, Susanne, spazierte am Weihnachtsabend munter in ihrem Zimmer hin und her. Sie hatte viele Leute beschenkt, versetzte sich nun im Geiste zu dem und jenem der angenehm Überraschten und befand sich da sehr behaglich. Ihre zu kleinen, aber flinken und geschickten Hände schlugen gleichsam den Takt zu der Freudenmusik in ihrem Innern, indem sie die beinernen Nadeln der Strickerei rasch und gleichmäßig klappern ließen.
Anderen Vergnügen machen, ist ein Vergnügen für jeden natürlich gearteten Menschen, dachte sie, für mich aber, die so spät dazu kam, ein berauschendes Glück. – Wenn einem die Eltern missraten sind, wenn man ein langes Dasein der freudlosen Pflichterfüllung, der Unterwürfigkeit und Entbehrung hinter sich hat und erwacht eines Morgens selbständig, frei, wohlhabend, gar nicht mehr jung, aber mit einem ungehobenen Schatz an Heiterkeit im Herzen, ist das nicht zum Übermütigwerden? Fräulein Susanne wurde denn auch übermütig und machte ausschweifenden Gebrauch von ihrer Unabhängigkeit und von ihrem Reichtum.
Sie hatte viele Jahre mit ihrer begüterten, aber vom Geizteufel besessenen Großmutter in einer armen Leuten abgemieteten Dachkammer gelebt. Wie gelebt! Als geduldige und misshandelte Magd. Dennoch vergoss sie am Sterbebette ihrer Tyrannin ehrliche Tränen.

Nach dem Tode der alten Frau befand sich Susanne, deren einziges Enkelkind, an der Spitze eines nach ihren Begriffen großen Vermögens. Die Erbin bezog nun eine hübsche, aus drei Zimmern und einer Küche bestehenden Wohnung im vierten Stock eines stattlichen Hauses in der Göttweihergasse. Sie nahm ein Dienstmädchen auf, ging oft spazieren und stieg, wenn sie müde wurde, in einen Stellwagen, ohne weiteres – wie eine Prinzessin.
Der Luxus jedoch, den sie am maßlosesten betrieb, war der Verschenkluxus. Ihm ergab sie sich immer, besonders aber um die gebenedeite Weihnachtszeit. Ein solcher Christabend, an dem Susanne auf und ab pendelte, in ihrer guten Stube – sorgfältig vermeidend, den Rand des kleinen, unter dem Tische liegenden Teppichs zu betreten, um ihn nicht abzunützen, und an alle die Menschen dachte, denen sie eine Freude bereitet hatte, ein solcher Christabend ... niemand vermag seine stillen Entzückungen zu schildern. Susanne wusste nur eins: sich von den Hochgefühlen, die sie jetzt beseelen, immerwährend beseelt denken, und sie hat eine Vorstellung dessen, was himmlische Seligkeit ist.
Auf einmal blieb das Fräulein stehen und horchte. Durch die Wand, aus der Wohnung nebenan, war das Gekreische jubelnder Stimmen herübergedrungen. Haha, die Kunzelkinder! Nur zu! Dieser Jubel macht ihr kein geringes Vergnügen, denn sie ist dessen Urheberin. Sie hat den Christbaum gekauft und geschmückt, der jetzt solchen Beifallssturm erweckt. Ohne sie hätten die Nachbarn einen traurigen Weihnachtsabend gehabt. Sie war kürzlich dem Haupte der Familie, dem Herrn Kürschnermeister Kunzel, und seinem ältesten Sprössling, dem siebenjährigen Toni, auf der Treppe begegnet und hatte zu dem Kinde gesagt: »Und, Toni, freust du dich auf den Christbaum?«, worauf der Junge seine kleinen, tiefliegenden Augen gesenkt, die Unterlippe vorgeschoben und etwas Unverständliches gemurmelt, der Kürschnermeister

jedoch mit einer weit ausholenden Schwenkung des Hutes und ehrfürchtiger Verbeugung geantwortet hatte: »Ach nein, gnädiges Fräulein, heuer hält sich das Christkinderl bei uns nicht auf ... Es wird ... es hat ...« Er stocke, fuhr langsam mit seiner breiten Hand über den Kopf und setzte verlegen hinzu: »Es muss sparen ... auf eine neue Wiege – mit Zubehör ... die alte tut's durchaus nicht mehr ...«
»Mein Gott, das sechste, und ich habe schon das vierte und das fünfte aus der Taufe gehoben!«, sagte Susanne zu sich selbst, und zu Herrn Kunzel sagte sie nichts, sondern ging stumm und unaufhaltsam ihrer Wege, was sie später sehr bereute. Wenn man auch keineswegs gesonnen ist, bei Nummer sechs Taufpatenstelle zu vertreten, läuft man doch nicht mit unanständiger Eile davon, weil einem dessen bevorstehende Ankunft angezeigt wird.
Das Schlimme, ja das Abscheuliche dabei ist, dass Susanne um die Gunst, die sie eben in Gedanken verweigerte – nicht gebeten worden ist, sie vielmehr selbst angeboten und sogar nach der Geburt von Nummer fünf aufgedrungen, als sie gehört hatte: Die Kürschnersleute finden keine Taufpatin für ihre Jüngste.
Wie überrascht waren sie gewesen, da Susanne im Augenblick der größten Verlegenheit als rettender Engel erschien, aber auch, wie ehrlich beschämt! Der Mann ganz rot und die Frau ganz blass, hatten zuerst an das großmütige Anerbieten kaum glauben können. Sie hatten einander bestürzt angesehen und gemurmelt: »Nein, Mutter das wäre zu viel.« – »Nein, Vater, das gibt's nicht.«
Und einmal wieder hatte Susanne, was »zu viel« ist und »was es nicht gibt« getan und einmal wieder in den auserlesensten Hochgefühlen geschwelgt und sich in eine neue Gelegenheit zu fortwährenden Opfern hineingestürzt mit Mucius Scaevolaischer Begeisterung.

Das der wirkliche Sachverhalt, bei dem sich die Noblesse des braven Ehepaares so deutlich geoffenbart, und aus dem Susanne so wenig gelernt hatte, dass sie entfloh wie vor einer Gefahr, vor der Aussicht auf ein neues Kunzelchen.
»Welche Abgründe im Menschenherzen, sogar in einem ganz leidlichen! «, klagte sie. »Stille, schwarze Wässerchen, verborgene Miserabilitätsadern in einem scheinbar gesunden Organismus.«
Susanne hatte viel gelitten durch die Erinnerung an ihr schnödes Benehmen gegen Herrn Kunzel, und das Gejauchze seiner Kinder, das sie jetzt vernahm, wirkte unsagbar heilend auf ihre Seelenwunden. Gar lebhaft und innig regte sich in dem Fräulein der Wunsch, ein bisschen hinüberzugehen zu den guten Leutchen, um persönlich an ihrer Freude teilzunehmen. Aber der Respekt der Einsamen vor der Familie, die man an einem Tage, wie der heutige, in ihrem friedlichen Beisammensein nicht stören darf, hielt sie davon ab, und so fuhr sie fort, ihre Besuche vergnügt in Gedanken abzustatten.
Sie flog in die Brigittenau zu ihrer Wäscherin und von da zu dem Buchbinder Hasse in Lerchenfeld und von Lerchenfeld in die Kumpfgasse zur alten Blumenresel, zu lauter wackeren, schwer ringenden Menschen, die heute aufatmen – Susanne hat sie von ihren drückenden Sorgen befreit. Von der Kumpfgasse begibt sich das Fräulein nach der Freyung, sie tut es ein wenig zögernd.
Ach – es kann nicht anders sein! ... Wenn sie von Leuten kommt, die sich eine Ehre aus ihr machen, jetzt naht sie einer Wohnung, die auch nur im Geiste zu betreten eitel Ehre für sie ist, denn in dieser Wohnung residiert ihr Vetter Josef, der Herr Hofrat. Ein Pracht- und Mustermensch, der Vetter Hofrat, angebetet von seinen Untergebenen, hoch geschätzt von seinen Vorgesetzten, ein Beamter mit großer Zukunft. Und was für ein Ehemann!
Die Ritterlichkeit, die Liebe selbst. Verehrter Josef! ... Ja, was für

ein Ehemann! Was für ein Vater und – Susanne darf sagen – was für ein Vetter!
Musterhaft schon von jeher, hatte Josef aus reinem Pflichtgefühl die Großtante manchmal in ihrer Dachkammer besucht und auf Susanne einen Eindruck gemacht, dessen Tiefe sie erst ermaß, als sie hörte: Der Vetter heiratet ein schönes, sehr reiches Fräulein.
Sie erschrak tödlich über diese Nachricht und dann über ihr Erschrecken. Hatte sie denn auf ihn gehofft, den Hohen, Einzigen? – Niemals! Mit Seelenstärke überwand sie ihren unberechtigten Schmerz; sie begeisterte sich sogar für die Frau ihres Herrn Vetters und fuhr fort, ihn zu bewundern. Seine glänzende Heirat machte ihn nicht hochmütig, er blieb immer gleich huldvoll gegen die arme Susanne.
In ihren schwersten Tagen – nie wird sie es ihm vergessen –, wenn sie ihn auf der Straße traf und wegen ihres in der Auflösung begriffenen Fähnchens und ihres ärmlichen, alten Umhängetuches vor Beschämung am liebsten zu einem Schatten auf dem Trottoir zerflossen wäre – hatte er sie nie verleugnet. Im Gegenteil, er hatte sie immer gar freundlich gegrüßt mit zwei Fingern der schwedisch behandschuhten Rechten, die er eigens zu diesem Zwecke, sogar im Winter, aus der Tasche des kostbaren Paletots gezogen; manchmal auch: »Gut'n Morgen, Sette«, dazu gesagt ...
»Gut'n Morgen, Sette!« ... Wie lange, wie süß hatte es immer in ihr nachgehallt und sie mit einem Klange umschmeichelt, für den sie nur eine richtige Bezeichnung fand – einem balsamischen Klange.
Jetzt, zu Geld und Gut gekommen, zeigte Susanne sich dankbar, indem sie jede Gelegenheit ergriff, ihrem Vetter oder einem der Seinen eine Aufmerksamkeit zu erweisen, und mit den Christgeschenken trieb sie es großmütiger von Jahr zu Jahr. Ihr Budget

wurde dadurch sehr beschwert – aber ihre Seele bekam Flügel. Und – noch mehr ...
Mit den Wonnen des heutigen Tages erschöpfte das Glück sich noch nicht. Es brachte eine Fortsetzung – einen unaussprechlich lieben Besuch. Morgen, Susanne darf darauf rechnen, nach der heiligen Messe, wird der Vetter weihrauchduftend erscheinen, in Begleitung seiner imponierend schönen Frau, seines lieben fünfzehnjährigen Sohnes und seiner kleinen Tochter. Sein mächtiges, glattrasiertes Gesicht wird von dem Lichte würdevollen Wohlwollens erhellt sein, und er wird sagen: »Wirklich, Sette, zu viel, wir bitten ...«
Die schöne Base jedoch wird ihm ins Wort fallen – spöttisch lachend, wie sie pflegt, wahrscheinlich, weil es ihr so reizend steht: »Nein, wie die gute Susette nur jedes Mal errät, was wir uns am meisten wünschen! Wie sie das nur anfängt, die gute Susette! «
Eine große Verwirrung wird sich des Fräuleins bemächtigen. Sollte die Kammerjungfer das geheime Einverständnis, in dem sie sich befinden, verraten haben? – Aber nein, das wäre zu schlecht, solche Schlechtigkeit kann nicht vorkommen in der Nähe dieser Menschen. Damit wird sie sich trösten; es werden noch einige Reden gewechselt werden, dann wird Josef aufstehen und sprechen: »Wir sind auch gekommen, um dir glückliche Feiertage und ein glückliches neues Jahr zu wünschen, Sette. Kinder, gratuliert der Tante!«
Die wohlerzogenen, artigen Kinder werden sogleich die Absicht an den Tag legen, ihr die Hände zu küssen, was sie natürlich nicht zugeben wird. Und die schöne Cousine wird – abermals mit ihrem reizend spöttischen Lächeln, ihre Wange der Wange Susannens bis auf einen Zentimeter nähern und dabei die Luft küssen ... Und dann werden sie gehen, und Susanne wird sie bis an die Haustür begleiten, ins Zimmer zurückeilen, die Arme ausbrei-

ten und rufen: »Sie waren da! Sie waren da!«, und Rosi, die verdienstvolle Magd, wird ihre Zustimmung kundgeben.

»No jo. Dos sind holt Herrschoften. Do hobn's Fräulein auch amol an B'such von Herrschoften kriegt und nit immer nur von so Leut, die wos wolln. No joh!«

Ach, der Vorgenuss und der Nachgenuss, das sind die rechten. Der Augenblick selbst hat etwas Überwältigendes ... Schon das gewisse Würgen im Halse, das sich einstellt, wenn um zwölf die Glocke ertönt ...

Hilf, Gott! Just als sie es denkt, da läutet's. Was bedeutet das? Wem kann es nur einfallen, daherzukommen am Weihnachtsabend? Rosi erwartet allerdings ihre Schwestern, aber die klingeln nicht, die klopfen.

Etwas Unheimliches ist's zum Glücke nicht, das Fräulein hört ihre Dienerin auf dem Gange sehr heiter sprechen, und nun tritt die schmunzelnd ein und sagt:

»Eine Visit soll ich anmelden. Noh, Tonerl, is g'fällig?«

Es ist gefällig; der Angerufene, Toni Kunzel, erscheint. Mit ernster, geschäftsmäßiger Miene, den großen, lichtblonden Kopf vorgebeugt, kommt er daher, nähert sich dem Tische und legt drei Pakete von verschiedener Größe auf ihn hin. Zu grüßen hat er vergessen vor lauter Wichtigkeit. Er wickelt das Mitgebrachte schweigend aus den vielen, nicht eben blanken Papieren, in die es eingehüllt ist, knüllt jedes extra zusammen und steckt es in die rückwärtige Tasche seines grünen Jäckchens, das zuletzt wegragt wie ein Pfauenschwanz.

Nach und nach sind zum Vorschein gekommen: eine vergoldete Nuss, ein roter Apfel und ein lebzeltener Husar, mit einem von kleinen Zähnen etwas angenagten Federbusch. Toni legt alles schön nebeneinander, ändert die Reihenfolge einige Mal, bis sie ihm recht ist und der Husar zuerst und die Nuss zuletzt kommt.

Dann fährt er mit dem Rücken der Hand an dieser Darbringung, sie gleichsam unterstreichend, vorbei und sagt: »So, Fräul'n. Nimm Sie sich das. Weil heute Christabend ist. Dass Sie auch was hat«, und sieht sie dabei so kapabel und überlegen an, aus unsagbar treuherzigen und unschuldigen Augen, und wartet siegessicher auf die Äußerung des Beifalls: den seine Großmut erwecken muss.

»O du, Toni!«, will Susanne ausrufen, aber mitten im Satz kippt ihre Stimme um; es schießt ihr heiß in die Augen, und ihr Näschen rötet sich. Sie nimmt den edlen Spender beim Kopf und drückt einen Kuss auf seinen Scheitel, und Toni, offenbar ungemein geschmeichelt und gerührt, packt ihre kleine Rechte und küsst sie zärtlich. Dann lässt er noch eine Anpreisung und Gebrauchsanweisung seiner Gaben folgen: »'S alles gut. Alles vom Christkinde! Sie kann alles essen, auch die Nuss. Aber schad wär's halt.«

Damit empfiehlt er sich.

Das Fräulein ist wieder allein. Süße, schöner denn je belebte Einsamkeit! ... »O du, Toni!« und: »Nein, das Kind! «, sagt sie unzählige Mal. Da hat sie nun die erste Christbescherung erhalten in ihrem ganzen Leben, und das macht ihr einen Eindruck ... sie wird ganz töricht, als sie sich Rechenschaft von ihm geben will ... Es ist ein himmelblauer Eindruck, meint sie und lacht und strickt dazu. Himmelblau mit goldenen Sternchen, und stellenweise, wo er durchsichtig wird, guckt ein wehmütig grauer Hintergrund heraus. Musik ist auch dabei, die Sternchen klingen. Ein wenig verrückt diese Idee ... sei's darum! Nach einem außerordentlichen Ereignis hat man eben andre als Werkeltagsgedanken – und was fährt Susannen nicht alles durch den Kopf! Viel angenehmer Unsinn, an den sie beileibe nicht glaubt, den sie sich aber doch vorspiegeln lässt von Dame Fantasie, weil die heute so gut bei Laune ist. Wenn ein Kind das Herzensbedürfnis empfand, dich zu beschenken, spricht die alte, ewig junge Faslerin, warum sollten nicht auch Erwachsene es empfinden? Warte nur, was heute noch alles kommt!

Susanne überlegt: Was sollte kommen? Wer sollte mir etwas schenken? Der es tun könnte, der Vetter, ein Familienvater, hat andere Sorgen – und meine übrigen Bekannten sind arme Leute. Das macht nichts, auch die können geben. Die Blumenresel zum Beispiel, die gerade jetzt, dank deiner Verwendung, dreißig Jubiläumssträuße in der Singerstraße abzuliefern hat, könnte wohl im Vorübergehen eine schöne, frische Rose für dich abgeben. Sie brauchte sich deiner nur zu erinnern, wie der kleine Toni sich deiner erinnert hat ... Und der Buchbinder Hasse in Lerchenfeld, für den du den Mietzins erlegtest und der aus Abschnitzeln so allerliebste Notizbüchelchen macht. Ein Dutzend davon hast du ihm abgenommen und gleich verschenkt bis auf eines, das du, kindische, alte Person, gar zu gern selbst behalten hättest, das rehbraune mit dem vierblättrigen Klee. Du überwandest diese Regung des Geizes, denn Rosi lechzte ja förmlich nach dem Büchlein, im Interesse ihres Liebhabers, ohne Zweifel. Wenn nun dem guten Hasse einfiele, was dem Kunzel-Toni eingefallen ist, dass auch du am Christabend etwas haben sollst, wenn der Meister ein solches Büchlein brächte oder schickte durch die Post ... Es wäre noch Zeit, eben schlägt's sieben, da kommt der Briefträger ins Haus ...

Kling! Kling! O Tag der Wunder! Werden Hirngespinste zu Erlebnissen?

Es hat wieder geläutet: Rosi geht die Haustür öffnen und schreit so laut auf, dass man's deutlich bis ins Zimmer hört: »Ja was denn? No, so was ... « Und schon wirbelt sie herein, und ihr auf dem Fuße folgt ein Kommissionär, dessen Gesicht gerötet und dessen Gang etwas schwankend ist. Er trägt ein mit winzigen Kerzen bestecktes, mit dem feinsten Konfekt behangenes Christbäumchen.

Susanne starrt und starrt und bringt keine Silbe über die Lippen. Umso beredter ist Rosi, die spricht ohne Aufhören: »Von der Freyung Nummer sechzehn is er geschickt, sogt er. No joh, vom Herrn Vetter, und i sog's holt – die Herrschoften ... 's is lang nix kommen, ober wenn emol wos kommt, kommt wos rechts. Do stellen S' es her auf'n Tisch, 's Christbäumerl.«

Merkwürdigerweise zögert der Kommissionär, er sieht sowohl Rosi wie Susanne betroffen an und sagt, er habe den Auftrag, das Präsent dem Fräulein persönlich zu übergeben. Die Versicherung Rosis, das Fräulein stehe vor ihm, will ihm nicht einleuchten. Fräulein Rainer mit einem A sei ihm gesagt worden.

»Reiner mit E«, berichtigt Susanne, und er wiederholt:

»Mit E?«, und stellt das Bäumchen auf den Tisch, um in seiner Tasche nach dem Adresszettel zu suchen, den ihm sein Auftraggeber eingehändigt hat. Rosis Geduld jedoch ist erschöpft. Sie nimmt den Mann bei den Schultern und schiebt ihn mit kräftigen Armen aus dem Zimmer. Der Angetrunkene sucht Widerstand zu leisten, es ist aber vergeblich. »Gib ihm einen Gulden!«, ruft Susanne ihrer Dienerin nach, und das kommt mit einem Jauchzen heraus, glückseliger als das der Kunzel-Kinder. Die Jugend ist die Zeit der Freude, sagen die Leute. Irrtum! Irrtum! Alt muss man sein und eine Freude kaum noch erwartet haben, um sie zu begrüßen, wenn sie erscheint, wie Frühlingsodem an einem Wintertag.

Unwillkürlich hat Susanne vor dem Bäumchen die Hände gefaltet. Ich lasse einen Glassturz darüber machen, beschließt sie, an meinem Sterbebette soll es stehen. Mein letzter Blick soll darauf fallen und Gott danken, dass er seine Menschen so gut gegen mich sein ließ.

Wie Susanne das Bäumchen immer aufmerksamer betrachtet, entdeckt sie halb verborgen im Moose, das den zierlichen Stamm umgibt, ein Päckchen in schneeweißem Papier. Sie entfaltet es: Sein Inhalt besteht in einem mit rosafarbigem Atlas überzogenen Etui. Auf dem Deckel ist ein Papierstreifen angestreckt, der eine in der mikroskopischen Schrift des Vetters ausgeführte Widmung trägt. Sie lautet:

Es zeigt dir dieser Stein hier
Was immer ist ohne Dir:
Dein Seppel.

Ohne »Dir« und – »Seppel« O verehrter Josef! – Nun, ein Scherz, aber, Susanne kann sich nicht helfen, er hat etwas Verletzendes für sie, und geradezu von Schwindel wird sie ergriffen, als sie das Etui öffnet und ... Gott! Was blickt und blitzt ihr entgegen in allen Farben des Regenbogens? Ein wundervoll gefasster Solitär ...
Wahrlich, das übersteigt das Maß, innerhalb dessen eine freudige Überraschung noch angenehm ist, das geht in das Gebiet des beunruhigend Unbegreiflichen über.
Am liebsten würde Susanne die Widmung von dem Etui herabnehmen und dieses, sorgfältig verpackt, sogleich mit einigen dankend ablehnenden Zeilen an den Vetter zurückschicken. Doch fürchtet sie, ihn dadurch zu verletzen und beschließt, die delikate Angelegenheit morgen mündlich abzumachen. Halb im Scherz, halb im Ernst wird sie den Vetter fragen, ob er sie für eine Person hält, die man ohne Weiteres grausam beschämen darf? Und den Solitär an das Herz legen, an dem er seine Heimstätte zu suchen und zu finden hat, das Herz der Gemahlin.
Susanne hat sich in Gedanken alles zurechtgelegt, aber schlafen wird sie heute kaum. Die Sorge um den wertvollen Schmuckge-

genstand, den sie gegen ihren Willen in Verwahrung hat, wird ihr die Ruhe rauben. Noch ist sie unentschieden, in welchem ihrer Schränke sie ihn bergen soll, als derbe Schritte das Nahen Rosis anzeigen und Susanne nichts übrigbleibt, als das Päckchen einstweilen wieder im Moose zu verstecken. Mit einem brennenden Wachsstock in der Hand tritt die Magd ein, ist sehr unwirsch und brummt: »Nit zum Wegbringen der Mensch. Betrunken wie a Kanon am Heiligen Übend. Steht noch auf der Stieg'n und studiert sei schmierige Adress. Nummer fünf heißt's, sogt er. Nummer drei heißt's, sog i, kennen S' nit lesen?«

»Nummer fünf?«, fragt das Fräulein beunruhigt. »Lieb Rosi, wenn es wirklich fünf hieße und nicht drei?« Ihr Bedenken wird mit einer Überlegenheit belächelt, die ihr wohltut; dabei zündet die Magd Kerzlein um Kerzlein an. Das reich geputzte Bäumchen erstrahlt in magischem Glanze, und dieser Glanz dringt in alle Seelentiefen Susannens und leuchtet jeden Zweifel, jede leise auftauchende Sorge hinaus.

Sie ist völlig verzückt. Ihr gutes, kleines Mopsgesicht gewinnt einen Ausdruck rührend reiner Freude, und sie sagt glückselig bewegt: »Mein erster Christbaum, Rosi, mein erster Christbaum, Ro–«

Die zweite Silbe bleibt ihr in der Kehle stecken ... Es hat wieder geläutet, hastig, ja wild. Susannens Augen richten sich erschrocken auf ihre Magd. Die jedoch ist ganz übermütig: »Heute geht's ober zu. Jo, jo! Vielleicht schickt Seine Majestät, der Kaiser was.« Sie enteilt, um die Tür aufzureißen vor der neuen Überraschung, und eine Überraschung ist's, aber was für eine!

Draußen lässt das Drohen und Fluchen einer rauhen Männerstimme sich vernehmen. Ohne anzuklopfen, ohne die Mütze zu rücken, poltert der Kommissionär ins Zimmer, schimpft fürchterlich, als er die angezündeten Kerzen am Christbaum erblickt,

bläst gleich drei, vier auf einmal aus und fährt Rosi, die ihm auf dem Fuße gefolgt ist, grob an. Er hat es ja gesagt, hinüber auf Nummer fünf gehört das Bäumerl, zur Rainer mit A, und nicht zu einer alten Schachtel mit E. Den Guldenzettel, den sie ihm gespendet hat, wirft er auf den Tisch. Da hat sie, was ihr gehört, und jetzt hofft er nur, dass ihm nichts weggekommen ist, sonst – den Weg zur Polizei kennt er, den braucht ihm niemand zu weisen.
Kurz nachdem er sich benommen wie in einer Diebeshöhle, nimmt er das Bäumchen unter den Arm, trampelt davon und schlägt hinter sich die Tür zu, dass alles dröhnt.
Susanne ließ sich auf einen Sessel, nicht wie sie sonst pflegte aus Rücksicht für den Überzug, niedergleiten, sondern niederfallen, Rosi stand vor ihr, nahm einen Zipfel der blanken Schürze und steckte ihn in den Gürtel. Ihre Augen funkelten vor Entrüstung, ihre Lippen wurden dick und scharlachrot. Sie kreuzte die nackten Arme und sprach erregt:
»No, dos is aber doch!«
Das Fräulein hat indessen ein stilles Gebet verrichtet:
Lieber Gott, gib mir Kraft vor diesem braven, aber der feinen Politur ermangelnden Mädchen, die Würde des Familienlebens meines verirrten Vetters zu wahren. Gib mir Kraft, ich brauche sie; ich glaube, ich habe keinen Puls, und meine Füße sind ganz steif. Wie mir jetzt ist, so dürfte es der Erde sein, wenn sie dereinst in die Eisperiode tritt. Oh, meine Sonne, mein Prachtmenschenexemplar – wie siehst du aus!
»Die Rainer«, nimmt Rosi wieder das Wort, »dos is die Lokalsängerin, wo neulich so viel in der Zeitung g'standen ist. Doss die daneben wohnt, weiß freilich die ganze Straß'n. Doss aber der Herr Vetter zu der ihrer Bekonntschaft g'hört, hätt i mer net denkt. Hot so e scheene Frau und lauft der schiechen Astel nach.«
Susannes Zähne klappern aneinander, die Zunge klebt ihr am

Gaumen, doch gelingt es ihr, dank ihrer heroischen Anstrengung, in ziemlich natürlichem Tone zu sagen: »Ja, meine liebe Rosi, die Rainer ist eben eine große Künstlerin.«

»So? Und drum schickt er ihr wos zu Weihnachten, und vielleicht gar hinterm Rücken der gnädigen Frau?«

»Liebe Rosi«, erwidert Susanne zurechtweisend und verleugnet ihre Wahrheitsliebe, um die Familienehre zu schützen, »dieses Geschenk, es wird von ihm und von ihr sein. Es ist so Sitte bei den Herrschaften, dass sie großen Künstlerinnen zu passenden Gelegenheiten Blumen schicken oder – Christbäume.«

»Meinen S' Fräul'n? – No ja!«, spricht Rosi mit ihrem gewohnten überlegenen Lächeln und geht, das Abendessen anzurichten, das heute aus Fisch und Gugelhupf besteht. Dazu braucht sie einen großen Punsch für sich und ihre Schwestern.

Es geschieht ohne Wissen der Gebieterin, die nicht ahnen darf, dass in ihrem Hause Spirituosen, diese Mörder der Intelligenz, genossen werden.

Während der kleine Betrug an ihr verübt wird, bleibt Susanne ihren traurigen Betrachtungen überlassen.

Solitär, wenn er nicht bei Fräulein Rainer ist! Ein Ehegatte und Familienvater? – »Ohne Dir ...« Sie sind also auf dem Du-Fuße – »Ohne Dir«, schauderhaft. Wenn er noch gesagt hätte: »Ohne Dich!« – Gott, wie sinkt man sofort in jeder Hinsicht, wenn man in einer das Gleichgewicht verloren hat.

Tief bekümmert fragt sich Susanne, ob sie dem ahnungslosen Vetter, hinter dessen tiefstes Geheimnis sie gekommen ist, je wieder unter die Augen wird treten können und gar seiner betrogenen Gattin und seinen armen Kindern, deren Vater, statt für sie zu sparen, Solitäre kauft für Fräulein Rainer.

Zu Tode schämen muss sie sich vor ihnen allen ... sie, die Mitwisserin einer großen Schuld. Es wird ihr aufs Herz fallen, verdammende Stimmen werden ihr zurufen: Mitwisserin! – Ach, gar zu gerne hätte sie sich den morgigen Besuch, vor dem sie schaudert, erspart, sich krank melden, sich entschuldigen lassen. Doch nein! Sie hat leider schon gelogen am Heiligen Abend, sie wird nicht wieder lügen am heiligen Tage. Durch!, sagt sie mit Strafford, mitten durch die gehäuften Trümmer ihres schönsten Wahngebildes. Nun sitzt sie da, die Hände im Schoße, wie sie nicht mehr gesessen, seitdem sie Totenwache gehalten hat an der Bahre ihrer Großmutter.

Rosi lässt sich wieder sehen, deckt den Tisch, stellt mit berechtigtem Stolze das Abendbrot auf und wünscht guten Appetit. Sie wird beurlaubt und kehrt zu ihren eben eingetroffenen Schwestern zurück.

In der Küche geht es munter zu. Man schmaust, man plaudert, man findet des Kicherns kein Ende. Susanne nickt zustimmend mit dem Kopfe, sofort sie Lachen hört: »Freut euch des Lebens, ihr Armen, euch glüht ja noch das Lämpchen des Glaubens an die Menschen«, sagt sie leise und würgt einige Stückchen Fisch hinunter.

Sie tut es nur, um Rosi, wenn die am nächsten Tag fragen sollte: »Hat's g'schmeckt?«, erwidern zu können: »Es war so gut, dass ich nicht alles auf einmal verspeisen wollte und mir etwas aufgehoben habe für heute.« – Ach Gott ja, morgen ist wieder ein Heute und übermorgen auch, und so geht es fort und dürfte noch lange fortgehen, denn Susanne hat eine eiserne Gesundheit. Vor ihr liegt ein weiter, ein einsamer Weg. Die Menschen, denen sie Gutes tut, was ist sie ihnen? Eine unermesslich reiche Person, die einen Teil ihres Überflusses dazu verwendet, sie aus drückender Not zu befreien. Mit der Erinnerung an diese schwindet auch die Erinnerung an die Befreierin.

Stunden verfließen. Im Hause ist alles still geworden. Das Fräulein geht sich überzeugen, ob die Wohnungstür versperrt und verriegelt und die Sicherheitskette vorgelegt ist. Jawohl, so müde und schläfrig Rosi gewesen sein mag, sie hat alles in Ordnung gebracht, ehe sie zur Ruhe ging. Brave Person! Eine brave Dienerin zu haben ist ein Glück, das ein einzelnstehendes weibliches Wesen nicht hoch genug schätzen kann. Als Susanne in ihrem Schlafzimmer niederkniet zum Abendgebet, dankt sie dem Himmel ganz besonders für diese Gnade; sie betet überhaupt sehr lange, gibt immer wieder ein'ge Vaterunser zu für einen vom rechten Wege weit Abgeirrten.

Endlich legt sie sich zu Bette und will schlafen. Aber der Wille gebietet dem Schlaf nicht, verscheucht ihn im Gegenteil durch energisches Herbeirufen. Schweige denn, Wille, weichet hinweg, Gedanken! Ein tiefer, gesunder Schlaf wird Susannen heute schwerlich erquicken, doch vielleicht gelingt es ihr, in einen ihre Traurigkeit abstumpfenden Dusel zu kommen. So dämmert sie in der Finsternis, die rings um sie, die in ihr herrscht, schließt die Augen und rührt sich nicht.

Nach einer Weile, was sieht sie mit ihren geschlossenen Augen? Gerade vor sich das Erklimmen eines schwachen Lichtscheins. Er wird immer heller und geht von einer vergoldeten Nuss aus, die langsam über den Rand des Bettes aufsteigt, wie ein kleinwinziger Mond. Das Licht, das er verbreitet, ist warm wie das Leben und rosig wie die junge Liebe. Allmählich nimmt er eine noch schönere Färbung an, und darüber braucht man sich nicht zu wundern, denn die Morgenröte ist dazugekommen, eine herrlich strahlende Morgenröte, die das Nahen der Sonne verkündet, und da flammt sie auch schon empor in Gestalt eines feuerfarbigen Apfels. Als Herold, mit etwas defektem Federbusch, sprengt ein gelber Reiter vor ihr her. Er gibt seinem Rosse die Sporen, ein mächtiger Satz, und da steht er salutierend auf dem Federbette des Fräuleins.

Sie fährt auf, schlägt sich vor die Stirn, hat im Nu Licht gemacht, schlüpft in ihre Pantoffelchen und eilt ins Nebenzimmer.

Da liegt auf dem Tische vergessen ihre Christbescherung, der sichtbare Beweis, dass es doch ein Wesen gibt, das sich ihrer am Heiligen Abende erinnert und das – selbst ein Kind, die Geschenke des Christkindleins mit ihr geteilt hat.

Dieses wunderbare Ereignis ist ihr aufgespart worden, ihr, der alten Jungfer, die gar keinen Anspruch machen darf auf die Liebe von Kindern. Kürzlich erst hat sie ein solches Glück erfahren, und statt sich seiner innigst zu freuen, setzt sie sich hin, die undankbare Kröte, und melancholisiert und überlässt sich feigem Selbstbedauern!

Beschämt und reuig, aber mit einer sozusagen wonnegetränkten Seele ergriff Susanne ihren Husaren, ihren Apfel, ihre Nuss und begab sich zurück ins Schlafgemach. Bevor sie ihr Lager wieder aufsuchte, legte sie die Geschenke Tonis auf das Nachtkästchen in derselben Reihenfolge, die er ihnen mit Ordnungssinn und feinem Gefühle für Rangunterschiede angewiesen hatte.

Sie blieb hellmunter und überließ sich heiteren Vorstellungen, deren Mittelpunkt Toni bildete.

Was für treuherzige Augen er hat, und treuherzig ist er und warmherzig dazu, das sprach sich gar deutlich in seinem Handkuss aus. Welch ein Unterschied zwischen diesem und den Quasi-Handküssen des höflichen Neffen und der zierlichen Nichte. Susanne erinnert sich vieler kleiner Züge, die ihr im Benehmen Tonis angenehm aufgefallen sind; des Ernstes, den sie so oft an ihm bewundert hat, des Buckels voll Sorgen, den er macht, wenn ihm die Obhut über seine jüngeren Geschwister anvertraut wird. Er nimmt seinen Teil der häuslichen Sorgenlast auf seine jungen Schultern. Und brav ist er und verlässlich und hat noch nie vergessen, einen Auftrag, den das Fräulein ihm gab, zu bestellen.

Zum Pfadfinder und Genie scheint Toni – wohl ihm! – keine Anlage zu haben, aber ein vortrefflicher Mann, geschickt in seinem Fache, ein Muster für seine Standesgenossen, die Vorsehung seiner Gehilfen könnte er werden, wenn er eine tüchtige Erziehung, wenn er Bildung bekäme, die echte, die von innen heraus kommt, den Wert des Menschen erhöht und den Stolz auf seinen Wert verringert.

Wenn er die bekommen könnte?, fragt Susanne und ruft auf einmal laut: »Er soll sie bekommen!«

Ein Gedanke über alle Gedanken ist raketenartig in ihr emporgeschossen; sie setzt sich auf in ihrem Bette, sie lacht und weint. Es vergeht eine lange Zeit, bevor die hochgehenden Fluten ihrer Empfindungen sanft und selig verebben. Endlich liegt ihr Kopf wieder auf dem Kissen, sie atmet leicht und wird gut schlafen.

Vorher aber komme noch einmal, Freundin Fantasie, und male die ihr am morgigen Tage bevorstehenden Ereignisse deutlich aus.

Sie sieht sich, schon um acht Uhr früh, in größter Parade und mit der Spitzencoiffe, federnden Ganges hinüberwandeln zu den Nachbarn Kunzel. Die Bedienerin lässt sie ein, und sie findet die Familie, wie immer zu dieser Stunde an einem Feiertage, um den Frühstückstisch versammelt.

Beim Eintreten des verehrten und unerwarteten Gastes springen alle auf. Sie aber spricht: »Sitzen bleiben! Ich allein stehe, wie sich's gehört für eine Bittende. Lieber Meister, liebe Meisterin, erlauben Sie mir, den Toni zu adoptieren. Er bleibt Ihr Sohn und wird auch der meine, und im nächsten Jahre nehme ich als Familienmitglied teil an Ihrem Weihnachtsfeste.«

Karl Valentin

Das Weihnachtsgeschenk

Herr Kurz: Ja, guten Tag, Herr Lang! – Auch Einkäufe machen in der Stadt herin?
Herr Lang: Nein, Herr Kurz, nicht kaufen, sondern umtauschen will ich etwas.
Herr Kurz: So so, umtauschen! – Was denn?
Herr Lang: Meine Frau hat mir zum zerflossenen Weihnachten einen Dings gekauft - - einen - - - no, wie sagt man denn gleich, einen - - - mein Gott, bin ich vergesslich! - - - Was hab' ich jetzt grad g'sagt?
Herr Kurz: Dass Sie so vergesslich sind.
Herr Lang: Ja, ja, stimmt, das hab' ich schon wieder vergessen! – Ja, meine Frau hat mir zum vergossenen – verschlossenen – ah, verflossenen Christkind ein schönes Präsident gemacht.
Herr Kurz: Präsent meinen Sie!
Herr Lang: Ja, ja! - - Einen wunderschönen – no, wie heißt man denn dös gleich, was ich bekommen hab!
Herr Kurz: Einen Regenschirm?
Herr Lang: Ach Regenschirm – am Weihnachtstag hat es doch voriges Jahr nicht geregnet! – Nein, so einen Dings hat mir meine Frau gekauft, so einen - - -
Herr Kurz: Strohhut?
Herr Lang: Geh – auf Weihnachten! - - Was war denn nur das, was mir meine Frau gekauft hat!?
Herr Kurz: Ein Kind?

Herr Lang: Geh, Herr Kurz – a Kind braucht mir doch meine Frau nicht kaufen, das können wir uns doch selber, machen S' doch keine so dummen Witz, – a Kind könnt i doch auch net umtauschen.

Herr Kurz: Was wollen S' denn eigentlich umtauschen?

Lang: Wenn's mir net einfallt, wie's heißt. Und wenn ich's wüsste, könnt ich's auch net umtauschen.

Kurz: Warum nicht?

Lang: Weil ich's zu Hause liegen lassen hab.

Kurz: Was haben S' zu Hause liegen lassen?

Lang: Eben das, was ich momentan nicht nennen kann! – Mir liegt's auf der Zunge – man braucht so Platten dazu.

Kurz: Ach – einen Grammofon!

Lang: Ach, a Grammofon ist ja ein Musikinstrument und ist doch nicht alltäglich; das, was ich von meiner Frau gekriegt hab, ist ja alltäglich und fast viereckig.

Kurz: Viereckig? – A Packl Kunsthonig?

Lang: Geh, reden S' doch kein Mist, – hat denn a Kunsthonigdrei Füß'?

Kurz: Was, drei Füß' hat er? – Zwei wird er halt hab'n!

Lang: Mit zwei fällt er doch um.

Kurz: Ja, Sie fallen doch auch net um und hab'n bloß zwei Füß'.

Lang: Ja, i - - - i bin ja a koa Fotografenapparat – Fotografenapparat – jetzt ist mir's eing'fallen! – An Foto-Apparat hab i zum Christkindl kriegt. – Ja, Herr Kurz, denken Sie sich, einen Fotoapparat hat mir meine Frau zum Weihnachtsfest g'schenkt.

Kurz: Und hab'n Sie schon fleißig fotografiert?

Lang: Fleißig schon – aber ich bring nichts fertig. Fotografieren ist furchtbar schwer, fotografiert werden ist sehr leicht. 100 Mal hab' ich mich selbst schon fotografieren wollen!

Kurz: Sie sich selbst? Ja, wie machen Sie denn das?

Lang: Sehr einfach! Ich stell mich vor unsern Spiegelschrank – aber immer kommt der Apparat mit aufs Bild – da hab ich mich schon was geärgert! Seit Weihnachten apparate ich – fotografiere ich mit dem Apparat, – kein Bild ist mir noch nicht gelungen!
Kurz: Das ist gelungen!
Lang: Nein, ist mir noch nicht gelungen! Ich glaub, das liegt an der Witterung. Herr Kurz, vor Kurzem hab ich eine schöne Naturaufnahme gemacht: die Mittagssonne. Ich habe zehn Sekunden belichtet und gar nix war auf der Platte drauf, nicht einmal der Mond.
Kurz: Sie müssen Landschaften fotografieren!
Lang: Hab ich auch schon probiert. Bin eigens bis nach da und da hin gefahren und hab einen waagrecht-daliegenden See fotografiert - - nix war's! Hab ich bei der Aufnahme vergessen, dass ich den kleinen runden Deckel von dem Obelisk – nicht Obelisk – ah, no wie heisst denn das kleine runde Vergrößerungsglas vorn – Erbse – Linse –, nein, mit O geht's an! ...
Kurz: Oktoberfest ...
Lang: Schmarrn! Am Fotoapparat kann doch net vorn ein Oktoberfest dran sein!
Kurz: Ah – das Objekhoch –
Lang: Nein – Objetiv heisst's! - - -
Kurz. Haben Sie eigentlich eine Dunkelkammer auch?
Lang: Selbstverständlich! Unsere Toilette hab ich als Dunkelkammer eingerichtet. Da stinkt's oft drin von diesen Chemikalien, Entwickler et cetera, et cetera – Eine rote Laterne hab ich auch drin; eing'richt' bin ich wie eine Hebamme.
Kurz: Wie wär's, Herr Lang, wenn Sie amal ein schönes Familienbild machen würden? Ich, meine Frau und mein Kind?
Lang: Um Gotteswillen! Nein! Nie mehr! Hab ich schon gemacht – die Familie Wubbeppler in unserem Haus – die ganze Familie

– neun Personen und's Dienstmädchen – alle haben's ihr Sonntagsgwand angezog'n. Im Hof drunt hab ich alle in acht verschiedenen Stellungen fotografiert, sitzend, stehend, von der Seite und so weiter. Ich hab's Platten wechseln vergessen – alle acht Aufnahmen auf einer Platte! Ich hab einen Abzug davon g'macht, es war schrecklich! Der Vater hängt in der Mutter drin – der Sohn sitzt dem Wickelkind im G'sicht drinna – die Großmutter hat den Kopf vom Dienstmädl auf – d' Füaß vom Dienstmädchen hat der älteste Sohn auf'm Arm lieg'n – die kleine Else hat drei Nasen im G'sicht und der Großvater hat Kindsfüaß!!! –

Ludwig Thoma

Der Christabend

Bei Oberstaatsanwalt Saltenberger hatten sie drei Töchter, Emerentia, Rosalie und Marie.

Alle im höchsten Grade fähig und entschlossen, dem ledigen Stande zu entsagen.

Das herannahende Weihnachtsfest brachte die geliebten Eltern auf den Gedanken, dass sie ihre Kinder am besten mit Männern bescheren würden, und sie überlegten lange, wie dieses zu ermöglichen wäre. Mama Saltenberger meinte, ihr Mann sollte seine hervorragende Beamtenstellung in die Waagschale werfen und jüngere Kollegen durch die Macht seines Ansehens an ihre staatsbürgerlichen Pflichten erinnern. Saltenberger war nicht prinzipiell abgeneigt, aber er betonte, dass dieser Einfluss nur in ganz familiären Grenzen ausgeübt werden dürfe, und dass man in der Wahl der Objekte sehr vorsichtig sein müsse.

In geheimer Beratung wurde zur engeren Wahl der zukünftigen Familienmitglieder geschritten.

Beide Eheleute einigten sich zunächst auf Karl Mollwinkler, zweiter Staatsanwalt. Er war ziemlich abgelebt, und sein kränklicher Zustand ließ hoffen, dass er sich nach der Pflege einer geliebten Frau sehne.

Als zweiter ging Sebald Schneidler, königlicher Landgerichtssekretär, durch.

Nicht ohne Widerspruch. Frau Saltenberger fand die Stellung denn doch etwas subaltern. Ihr Mann hatte Mühe, sie zu über-

zeugen, dass die gegenwärtige Zeitrichtung die Standesunterschiede einigermaßen nivelliert habe, und dass speziell in Heiratsfragen eine zu strenge Auffassung von Übel sei.
Schließlich kam man dahin überein, dass Schneidler sich in Anbetracht seiner sozialen Verhältnisse mit der ältesten Tochter, der vierunddreißigjährigen Emerentia zu begnügen habe.
Die Aufstellung des dritten Kandidaten bereitete Schwierigkeiten. Unter den Juristen fand sich trotz sorgfältigster Prüfung keiner mehr, der des Vertrauens würdig gewesen wäre.
Man musste wohl oder übel in eine andere Sparte hinübergreifen. Aber auch da zeigten sich überall unüberwindliche Schwierigkeiten, und schon wollte der Oberstaatsanwalt an der gestellten Aufgabe verzweifeln, als im letzten Moment Frau Saltenberger den rettenden Gedanken fasste.
»Weißt du was, Andreas«, sagte sie, »wir nehmen einfach einen von der Post. Da sind die meisten Chancen, denn fast alle Verlobungen, welche man an Weihnachten in der Zeitung liest, gehen von Postadjunkten aus.«
Dieses leuchtete ihrem Manne ein, und er gab seine Zustimmung zur Wahl des Postadjunkten Jakob Geiger. Somit war die Sache gediehen; es galt nunmehr, die zur Bescherung Vorgemerkten unter die drei Töchter zu verteilen.
Und das war das Schwierigste.
Der Friede wich aus dem Hause des Oberstaatsanwalts Saltenberger.
Emerentia brach in Tränen aus, als die Eltern von dem Plane sprachen; sie sei immer das Stiefkind gewesen, die anderen Fratzen habe man verhätschelt und verzogen, nur sie sei misshandelt worden und jetzt solle sie sich mit einem Sekretär begnügen.
Vielleicht müsse sie noch Komplimente machen vor dem ekelhaften Ding, der Rosalie, die man natürlich zur Frau Staatsanwalt

nehme, obwohl sie die Dümmste von allen sei. Aber nein! nein! und nein! Da kenne man sie schlecht. Sie lasse nicht auf sich herumtrampeln, und lieber verhindere sie den Plan, sodass gar keine einen Mann erwische, als dass sie sich mit dem Affen von einem Sekretär abfinden lasse.

Ihr Widerstand war leidenschaftlich, aber nicht schlimmer als derjenige von Marie, welcher man den Postadjunkten zugedacht hatte. Sie war die Jüngste und durfte billig annehmen, dass sie auf dem Heiratsmarkte die besten Preise erzielen könne. Allerdings schielte sie, aber sie sagte sich, dass ein verständiger Mann solche Kleinigkeiten nicht beachte. Zudem, lieber schielen als einen Kropf haben wie Emerentia oder schlechte Zähne wie Rosalie.

Papa Saltenberger hatte böse Tage; während er auf dem Büro weilte, sammelte sich daheim eine unglaubliche Menge Sprengstoff an, welcher regelmäßig beim Mittagstisch explodierte.

So ging das nicht. Die Eltern beschlossen, die drei Herren als Ganzes zu bescheren und die Wahl den Kindern zu überlassen.

Auf diese Weise hatten wenigstens sie Ruhe gefunden, wenngleich der Krieg unter den Schwestern fortdauerte. Emerentia stickte in heimlicher Abgeschlossenheit an einem Paar Pantoffeln, und bei jedem Stich wurde sie fester entschlossen, dieselben nur dem zweiten Staatsanwalt Mollwinkler zum Zeichen ihrer Liebe an die Füße zu stecken.

Rosalie häkelte einen Tabakbeutel, Marie strickte wollene Handschuhe.

Und jede wusste, wem sie die Gabe weihen würde. Alle drei zogen die Mutter ins Vertrauen, und da Frau Saltenberger einen gutmütigen Charakter hatte, sagte sie zu jeder verstohlen: »Kindchen, Kindchen, ich seh' dich noch als Frau Staatsanwalt.«

Und jede war glücklich darüber. Erstens überhaupt, und dann, weil die zwei anderen Maulaffen vor Neid bersten würden.

So kam allmählich das heilige Weihnachtsfest heran mit seinem unvergesslichen Zauber für die Familie, jener Tag, an welchem die Junggesellen so ganz besonders Sehnsucht empfinden nach einem schöneren Lose, nach einer liebenden Gattin und nach Kindern, welche mit ihren Spielzeugen um den Christbaum tanzen.

O, welche Gefühle walteten in dem Hause des Oberstaatsanwalts Andreas Saltenberger!

Das war ein Raunen und Flüstern, ein geheimnisvolles Weben, ein Hin und Her, von einem Zimmer in das andere, bis endlich um sieben Uhr Vater, Mutter und die drei Töchter sich im Salon versammelten, festlich geschmückt und sehr erwartungsvoll.

Jede der Schwestern erregte durch ihr reizendes Aussehen die Freude der Eltern und das verächtliche Mitleid der beiden anderen.

Es läutete. Das Dienstmädchen eilte zur Türe, im Salon hielten fünf Menschen den Atem an. Wer kam? Eine tiefe Stimme, unverständlich, dann schlurfte das Mädchen zurück und übergab dem hastig öffnenden Papa einen Brief. Aufreißen und lesen. Sekretär Schneidler sagt mit bestem Dank ab, da er heimreise. Die drei Schwestern atmeten auf. Auf diesen Menschen hatte keine reflektiert. Es läutete wieder. Das Dienstmädchen überbrachte einen zweiten Brief.

Die Absage des Herrn Staatsanwalts Mollwinkler wegen Unwohlseins.

Drei Lebenshoffnungen waren vernichtet; der Vater blickte die Mutter an, die Schwestern bissen sich auf die Lippen, und ihr Schmerz wäre unerträglich gewesen, wenn sich nicht ein klein wenig Freude an der Enttäuschung der anderen darein gemengt hätte.

Was tun? Papa Saltenberger raffte sich auf und sagte mit erzwungener Höflichkeit: »Wozu auch fremde Menschen? Nun wollen wir das Fest so recht unter uns begehen!«

Da läutete es wieder. Und diesmal kam der königliche Postadjunkt Geiger, welcher noch niemals abgesagt hatte.

Er hatte es nicht zu bereuen. Er war der verhätschelte Liebling der Familie; er bekam ein Paar Pantoffeln, einen Tabakbeutel und wollene Handschuhe, viele Süßigkeiten, Äpfel und Nüsse.

Er trank einen sehr guten Wein und einen famosen Punsch, er aß Rheinsalm, Rehbraten und Pudding und bewunderte die Freigebigkeit der Familie, welche für ihn allein so reichlich auftragen ließ.

Er sagte allen Damen Liebenswürdigkeiten und ließ sich von jeder in der gehobenen Stimmung auf die Füße treten.

Und als er ziemlich betrunken den Heimweg antrat, sagte er sich, dass das Familienleben doch sein gutes, besonders hinsichtlich der leiblichen Genüsse habe.

Und er verlobte sich am Silvesterabend mit der wohlhabenden Witwe Reisenauer, welche ein gut gehendes Geschäft am Marktplatz hatte.

Peter Rosegger

Die heilige Weihnachtszeit

Nun ist der Christabend endlich gekommen. In der Stube brennt heute eine geweihte Weihnachtskerze. Auf dem weißgescheuerten Tisch ist aus steifpapiernen Heiligenbildern ein Altar aufgerichtet und inmitten steht das Kruzifix. In der Stube ist es feierlich stille, aber draußen in der Nacht bläst der Nordwind und pfeift und poltert in der heiligen Stunde wie ein Heide. Doch auf den Fensterscheiben blühen Blumen und Rosen. Kennt ihr die Geschichte davon?

Da standen sie einst im Mai auf dem Fensterbrette, die Blumen und Rosen, und sie waren zart und frisch und blühten und dufteten – denn die Jungfrau pflegte sie und hatte ihre Freude an den Kindern des Frühlings. Aber da kam der heiße Sommer, und langsam starb der Blumenstrauß dahin. Als nun aber jene Nacht des Heiles und der Erlösung kam, in welcher die Toten in den Gräbern lebendig werden und die Geister singen: Ehre sei Gott in der Höhe!, da erschien auch der Geist des Blumenstraußes am Fenster und entfaltete sich in Zweigen und Rosen. Das sind die Blumengeister.

So etwa denkt sich das Mütterchen, das am Ofen kauert und betet, dass das Jesuskind komme. Daneben kniet ein Knabe, der zittert in Angst und Erwartung und betet ebenfalls: »Lieb' Jesuskindlein komme!« Da geht die Tür auf und der Bauer und der Großknecht treten ein. Ersterer trägt ein Kohlengefäß, aus welchem Weihrauchwolken hervorqualmen, letzterer einen Topf mit Weihwasser und Sprengreisig.

So ziehen die beiden in Haus und Hof umher, mit dem geweihten Rauch und dem Weihwasser den Segen Gottes in alle Kisten und Kästen und Kammern und Ställe sprengend. Mitunter wird heute das ganze Grundstück umkreist und auf diese Art eingesegnet. Dieses Rauchen und Sprengen wird auch in der Neujahrs- und Dreikönigsnacht wiederholt und es werden solche Nächte die Rauchnächte genannt.
Im (windischen) Unterlande ist am Heiligen Abend die Sitte des Krippenverbrennens üblich. Auf einsamer Weide werden spät abends drei Krippen in Asche gelegt und mit dieser Asche die Häupter der Mädchen bestreut, welche sich nach einem Manne sehnen. Nicht gestillt soll dadurch die Sehnsucht werden, wohl aber soll sie in Erfüllung gehen, worauf sich manche allerdings wieder das Haupt mit Asche bestreuen mag.
Nach dem »Rauchen« wird vor dem Hausaltare gebetet und darauf kommt ein heute besonders gutes Nachtmahl.
Nach demselben wird gewaschen und geputzt und gebürstet, und sind die Leute mit allem fertig, so setzen sie sich zu Tische, lesen drei Evangelien zum Christfest oder singen Weihnachtslieder.
Mittlerweile wird es Zeit zum Kirchengang. Festlich angetan stehen die Leute um den Herd und zünden sich eine Fackel an. Diese voraus, eilen sie nun von ihren Bergen in die Täler, vereinigen sich dort mit anderen und ziehen hinaus gegen das Dorf zur Pfarrkirche. Viele sind weit von dieser entlegen und kommen erst oft um zwölf Uhr, wenn schon alle Glocken klingen, bei derselben an. Es ist schön, wie von allen Seiten die Lichter herbeikommen, und endlich um das Gotteshaus einen förmlichen Kranz bilden. Aber auch aus den hohen Kirchenfenstern strahlt heller Glanz und die Orgel tönt – schmetternde Musik erschallt vom Chor mitten in der Nacht und liebliche Weihnachtslieder wiegen dazwischen, freilich nur selten mehr jene alten Hirtenlieder, wie sie

unsere Vorfahren in ihrer frommen einfältigen Weise und in ihrer Mundart gesungen haben. Nun von der Kirche wieder zurück zum stillen Gehöft.

Wer zu Hause bleibt, der hat gar eine wundersame Stunde zu durchleben. Er denkt heute nicht an den Schlaf, sondern befleißigt sich des Gebetes und frommer Übungen. Nun, und zwischen elf und zwölf Uhr ist die Zeit zum »Losen«.

Jawohl, zum Lauschen an den Stalltüren und Krippen, denn zu dieser geheimnisvollen Stunde redet das Vieh in menschlicher Sprache, und wer Farnsamen bei sich hat, der kann's hören. Derlei Weihnachtssagen gibt es unzählige.

Will einer die Toten sehen, so muss er den ganzen Stuhl aus bestimmten Hölzern anfertigen, dann mit demselben in der Christnacht auf einen Kreuzweg gehen und auf diesen steigen. Dann sieht er alle Toten ohne Kopf.

Wenn es an diesem Abende Ave Maria läutet, so laufen die Leute hinaus unter einen Zwetschgenbaum und beten, hören sie dann in der Scheuer etwas poltern, so stirbt jemand. Wenn man nach der Mette nach Hause kommt, muss man dreimal ums Haus gehen und durch das vordere Fenster hineinsehen. Hört man Musik, so wird im Hause eine Hochzeit sein, hört man sägen, eine Leiche.

Fällt man beim Nachhausegehen von der Christmette, so stirbt man im nächsten Jahre.

Wenn am Christabend zuerst Licht in die Stube kommt, muss man seinen Schatten sehen, sieht man ihn ohne Kopf, so stirbt man.

Will eine Frau wissen, wer im nächsten Jahr stirbt, so fegt sie am Abend neun Mal die Stube von vorn nach hinten, darauf läuft sie neun Mal ums Haus und sieht beim zehnten Mal durchs Fenster ins Zimmer, sieht sie eine Bahre, so stirbt jemand.

Will man seinen künftigen Beruf erfahren, so geht man um die elfte Stunde, wenn in der Pfarrkirche geläutet wird, mit einem Trinkglase zum Brunnen, tut dann Eiweiß in das Glas und sieht nach der Rückkehr von der Metten hinein. Wird man Geistlicher, so sieht man einen Kelch.
Ist es in der Christnacht windig, so entsteht Krieg.
Wenn die Mädchen von der Metten aus der Kirche gehen, ziehen sie am Glockenstricke, in dem Glauben, dass sie dann im nächsten Jahre heiraten werden.
Ist die Christnacht schön und heiter, so wird die Ernte des nächsten Jahres schlecht ausfallen; ist sie aber recht dunkel, so wird die Ernte gut.
Durchsticht man am Christabend ein rotes Spielkartenbild, so kann man durch das Loch die Hexen tanzen sehen.
Um Weihnachten kann man dem Vieh am meisten schaden, besonders können die Zauberer am Heiligen Abend den Pferden Krankheiten zufügen, damit ihre eigenen dann umso besser gedeihen.
Glaubt man heute gleichwohl nicht mehr recht an solche Sachen, so ist es doch ein unheimliches Wachen in dem einsamen Hause. Um drei oder vier Uhr morgens kommen die Leute von der Mette endlich heim. Hier erwartet sie Fleisch und »Kletzenbrot«, damit in dieser segensreichen Nacht auch dem Leibe Heil widerfahre!
In der Gegend von Schöder gehen zu Weihnachten die Kinder von Haus zu Haus »bisen«, das heißt sammeln. Was sie kriegen, heißt Bisengut – 's ist dem Jesukind vermeint, aber es erfreut und sättigt auch die Menschenkinder.
Jetzt aber muss ich noch ein Weihnachtsgeschichtel erzählen aus meinen jungen Jahren.

An einem Dezemberabend kam der Bettelmann zu uns ins Waldbauernhaus. Er war noch nicht betagt, war nicht mühselig, aber er bettelte. Er stehe sich beim Betteln besser, meinte er, als beim Arbeiten. Erstens sei im Winter bei den Bauern schwer eine Arbeit zu bekommen, zweitens sei das Holzhacken im Schnee weniger angenehm als das Sitzen in der warmen Stube als »Statthalter Gottes«. Damit spielte der Schalk auf den Pfarrer an, der gerne predigte über den Text, dass der Herr Jesu heute noch auf Erden wandle, und zwar in Gestalt der Armen, und dass, was man Armen tue, ihm selbst getan sei.

Diese schöne Lehre der Barmherzigkeit verstand der Bremersepp – wie er hieß – nicht übel auszunutzen, und so saß er in der Bauernstuben herum, einmal am Herde, einmal am Tische, dann wieder neben dem Strohschaub, den er als Bett erhielt unter dem Ofen. Freimütig gesagt, waren aber die Bauern in unserem Alpel immer noch nicht evangelisch genug gesinnt, um eine solche Statthalterschaft recht zu schätzen, sie duldeten den Faulenzer aus einem anderen Grund. Etliche Wochen früher war der Bremer als Verabschiedeter vom Militär zurückgekommen.
Seine Verwandten waren während seiner Abwesenheit gestorben, er fand kein Heim mehr, nachdem er zwölf Jahre lang bei den Soldaten gewesen. Aber er wusste sonderlei Merkwürdigkeiten zu erzählen von der weiten Welt und aus seinem Leben als Tambour, er kannte auch viele wundersame Geschichten, Märchen und hatte allerhand Schnurren und Schwänke in sich, mit denen er die Leute an den langen Abenden köstlich unterhielt. Dem Hausvater war stets daran gelegen, dass die Knechte und Mägde beim Spänekliében, Rübenabkräuteln, Krautschaben und Flachsspinnen nicht allzu früh schläfrig wurden und dann etwa von der alten Gewohnheit, um neun Uhr ins Bett zu gehen, Ge-

brauch machten. Der Bremer packte seine »Faxen« aus, sie bewunderten, sie lachten, sie schauderten und blieben oft bis gegen Mitternacht bei der Arbeit.

So hat sich der »Statthalter« erklecklich ausgezahlt und wir, die jüngeren, hatten an dem vielerfahrenen Manne einen lustigen Lehrmeister, dem besonders ich etwelches zu verdanken habe; manche meiner Geschichten, die erst in späten Jahren reif geworden, hat damals der Bremer gesät. Wenn der Bettelmann Gefahr witterte, dass er am nächsten Tage mit seinem Tragkorb höflich weitergeschickt werden könnte zum Nachbarn, so hub er am Abende zuvor eine wunderbare Begebenheit an zu erzählen und verschob die Fortsetzung auf den nächsten Abend. In allen Zeiten hat diesen Spaß schon die berühmte Scheherazade erprobt, heute wiederholen ihn die Zeitungen, er bewährt sich immer, und den Bremer haben sie nirgends fortgeschickt, bevor er eine Geschichte zu Ende erzählt.

So war der Bremersepp also auch bei uns eingetreten mit der artigen Bitte, er möchte seine verfrorenen Beine gerne ein wenig wärmen an dem Herdfeuer. Meine Mutter riet ihm das Schneeschaufeln, das mache auch warm.

»Oh, meine liebe Waldbäurin!«, rief der Bremer, »warm macht's freilich, aber helfen tut's nichts; schaden tut's. Die sündteuren Schaufeln wetzt man dabei ab und morgen schneit es doch wieder alles zu. Und wenn's mehr zuschneit, so ist's noch schlimmer bei der unsicheren Zeit, wo die Schelme und Räuber frei truppenweise umherziehen bei der Nacht. Sich gut in Schnee einmauern lassen und das Haus mit Mannerleuten besetzen, auch mit solchen, die von Wehr und Waffen was verstehen, ist das allerbeste, was gescheite Waldbauernsleute tun können.«

Wir im kargen Waldbauernhause hatten zwar nie besonderen Anlass, uns vor Räubern zu fürchten, doch aber mochte meine Mut-

ter gedacht haben: weil er gar so schlau schwatzen kann, mag er halt sitzen bleiben in der Stube. Gut schwatzen muss man auch lohnen. – Saß also der Bremer noch am selbigen Abende beim Ofen und saß eine Woche später auch noch beim Ofen.
Wir hatten ihn recht gern, er war auch außerhalb seiner Schnurren ein ergötzlicher, ganz artiger Mensch. Und gar nicht übel anzusehen! Die blaue Soldatenhose hatte er an und die graue Holzmütze auf, unter welcher an beiden Ohren die schneidigen Lockensechser, hübsch glatt gewichst, hervorstanden. Er hielt was auf sich und tat sich täglich an den Backen und dem Kinn rasieren, auch hinten am Nacken; weil er dorthin selbst nicht gelangen konnte, so musste ihm unser Altknecht die goldig glitzernden Härchen wegkratzen. Das Schnurrbärtl ließ er stehen und spitzte es mit Schusterpech scharf auf, dass es nach beiden Seiten ganz bajonettartig in die Luft stach, gleichsam wie eine Waffenbereitschaft, für den Fall ihn eine unserer Dirnen plötzlich küssen wollte. Ob eine solche Gefahr bestand, das weiß ich nicht, wenigstens hat er sie nicht selbst heraufbeschworen. Für einen dreiunddreißigjährigen Soldatenabschieder tat er spottwenig um mit den Dirnlein. Höchstens guckte er manchmal der einen so ein bisschen schiefwinkelig nach, der Stallmagd Christina. Und siehe, diese Christina hatte einen großen Abscheu vor dem hübschen Bettelmann. Sie war sonst ein rundes gutmütiges »Leutel«, aber wenn ihr der Bremer in die Nähe kam, da wurde sie ganz eckig, spitzte die Ellbogen und war aufgeregt wie eine Henne, wenn der Geier nicht weit ist. Sie ließ ihn auch ihre Verachtung merken. Der Bremer aber schmunzelte ihr nach und drehte an seinen Bartspitzen.
Und als der Mann so eine Woche bei uns im Waldhause gewesen war, da kam das heilige Weihnachtsfest. In der Christnacht verließ alles, was gehen konnte, das Waldhaus und ging über die

weiten Höhen hin zur Kirche von Fischbach, wo ununterbrochen die Glocken läuteten, bis, wie man sagte, der Letzte herauskam vom hintersten Graben. Aus fernem Tal her kam hin und wieder ein leiser, halbverlorener Glockenklang auch zu uns herauf. Es war eine helle Mondnacht, nur bisweilen flogen Wolkenfetzen vorüber und verdeckten das stillheitere Rundgesicht am Himmel. Unser waren ein ganzes Rudel von Burschen und Dirnen; Vater und Mutter nur waren daheim geblieben, um das alte Haus zu hüten. Der »Statthalter« war auch bei uns und brachte wieder Schnurren vor. So wusste er vom Teufel zu erzählen, der in der Christnacht mit dem Fünfguldenbeutel umgeht, den er solchem, der ihm die Seele verschreibt, zum Angebinde verehrt; von den Tieren, die in dieser Nacht in menschlicher Sprache sich ihre Leiden klagen, die sie das Jahr hindurch von den argen Menschen auszustehen gehabt, und auch von den Wolken, die jedem, der so was zu lesen versteht, alle Bevorstehungen des kommenden Jahres an den Himmel schreiben.

Die Stallmagd Christina entrüstete sich stumm über derlei Frevel, die Weidmagd hingegen war auf ihre »Bevorstehungen« besonders neugierig, sie fragte daher, wie das wäre.

»Ja, mein Schatzerl, das ist so!«, belehrte der Bremer und drückte sich eng unter die Leute. »Da müssen wir aufpassen, wenn ein Kreuzweg kommt. Am Kreuzweg müssen wir uns alle aufstellen im Kreis und gegen Himmel schauen, was die Wolken für Figuren machen, und auf die Baumäste horchen, ob sie kraxen. Da werden wir schon etwas erfahren. Seid ihr dabei?«

Wir waren alle dabei. Auf der flachen Höhe des Waldes angelangt, sahen wir im Mondenlicht den Pfahl, welcher mit drei Armen hinauswies gen Stanz, gen Sankt Kathrein und gen Fischbach. Der Bremer kommandierte uns in Reih und Glied eines Kreises. Ein alter Kohlenbrenner aber war mit, der lief seitab, hielt sich Augen

und Ohren zu: er wolle nichts wissen. Das Unglück, wenn eins bevorstehe, erfahre der Mensch immer noch früh genug.
Wir anderen standen im Kreise, immer ein Bub und ein Mädel aneinander, und hielten uns an den Händen, und schauten in den Mond, an welchem die Wolken zogen. Für jeden und jede besonders wurde wahrgesagt, und der Bremer wählte die Leute und deutete die Dinge. Mit dem Altknecht hub es an, da stand der lachende Mond rein und die Wolken wichen ihm aus. »Der Altknecht hat siebzig Gulden Jahrlohn, da wird freilich der Himmel nicht trüb werden«, sagte der Bremer. Als es die alte zahnlückige Liesel galt, die gern keifte, da versteckte sich der Mond rasch hinter eine dichte Wolke. »Ist ohne weitere Auslegung verständlich«, sagte der Bremer. Beim Feldbuben Hans bildete die Wolke neben dem Mond eine Art Sack, der aber sachte zusammenschrumpfte. »Wird auch aufs Jahr Karten spielen, der Hansel«, sprach der Bremer. Beim Ochsenknecht kam ein großes Ungeheuer heran, tat den Rachen auf und fraß den Mond. Dieses Zeichen wusste der Bremer nicht zu erklären. »Wenn man sich heutzutage noch dem Schwarzen verschreiben könnte, so möchte ich an so etwas denken«, sagte er. Wir mussten es der Zeit überlassen, was sie über den Ochsenknecht verhängen würde. Bei der Stallmagd Christina, die sich widerwillig in den Kreis gestellt hatte, hub ein helles Hallo an! Gerade unter dem Monde spielten die Wolkenzipfel so, als ob ein Männlein und ein Weiblein nebeneinander ständen und sich die Hände reichten. »Heiraten wird sie«, sagte der Bremer in dumpfen Tone. Da schrie die Christina auf: »Ich mag nit heiraten!«, riss aus und lief wegshin. Aber sie wendete sich um, noch hörten wir ihre helle Stimme: »Keinen Faulenzer mag ich nit! Keinen Menschen, der kerngesund ist und seine geraden Glieder hat und nit arbeiten will, den mag ich nit! Die starken Händ' zum Betteln aufhalten, pfui Teufel! Und wenn's das einzige

Mannsbild wär' auf der Welt, und wenn er in Guld und Edelgestein gefasst wär', und wenn er so schön wär' wie der Adam als er neuer, wie ihn Gott erschaffen gehabt hat: wenn er nit arbeiten tät', wenn er nur schmarotzen wollt, so möchte ich ihn nimmer und nimmer zu meinem Mann. Gute Nacht allmiteinand!« Und dann war sie in den Waldweg verschwunden. Etliche von uns lachten, andere schauten auf den Bremer. Wie der hölzerne Wegweiser daneben, so starr stand er da, und endlich sagte er leise und langsam: »Das ist ein verflixtes Weibmensch, diese Christina, aber – recht hat sie!« Und dann ist er ihr nachgegangen. Denn dumm war er nicht, wusste auch, was er wollte. – Wer hat ihr denn gesagt, dass sie just den »Faulenzer« nehmen sollte? Das hatte der Mond nicht gesagt, und sonst auch niemand. Ei, doch! Einer hatte es gesagt, aber ganz heimlich, in stiller Nacht, nur zu sich allein gesagt, und das war er selber, der Sepp. – Und die Christina hatte sich jetzt gottlos verraten. Die muss schön viel an ihn denken, wenn ihr kein anderer einfällt, den sie – nicht heiraten will!

Kurze Zeit darauf stand die Wegzeigersäule wieder allein auf der Waldhöhe, und das Wolkenspiel fuhr fort, die künftigen Geschicke den Menschen an den Himmel zu zeichnen.

Ob es aber auch zutrifft?

Ein Jahr darauf, als wieder Weihnachten kam, hatte der Ochsenknecht sein arm Dirnlein verlassen und in einen großen Bauernhof geheiratet. Aber in diesem Hofe, neben dem Geldsack, saß ein Drache, die alte Bäuerin, der er sich hatte verschreiben müssen mit Leib und Seele.

Und der Bremersepp? Der hatte ein Kleinhäusel gepachtet, im Frühjahr den Acker gepflügt, Korn gesät und Kartoffeln angebaut. Und dann war er eines Tages zu uns gekommen – wie als Bettelmann. Nicht mehr bettelte er um einen Sitz am warmen Ofen, nicht mehr um eine warme Suppe, er bettelte um die Stallmagd Christina, die freilich auch nicht kalt war. Zuerst schmetterte sie ihm unter glühendem Augenleuchten sein bisheriges Vagabundenleben ins Gesicht, dann nahm sie ihn. Denn sein Korn stand schon im Grünen und die Kartoffeln huben an zu blühen, so brauchte er weiter nicht ein Wort zu sagen, dass er auch arbeiten könne. – Die Gefahr zeigte sich erst wieder in späteren Jahren. Als die Kindlein erschienen waren, wollte er nicht mehr draußen ackern oder Holz schneiden, wollte lieber in der Stube bei den Kleinen sitzen und ihnen allerlei Geschichten erzählen und Schnaken vormachen, weil sie gar so fröhlich dabei lachten. – Da sah er einmal bei einem Kreisstehen in der Weihnacht, das er nach altem Brauche gerne noch trieb, am Himmel ein seltsam Spiel. Die Ruine eines Hauses und eine Gruppe von verkümmerten Bettelleuten, die unter einer Riesenpeitsche sich in Fetzen lösten. – Da ging er hin, arbeitete mit neuem Eifer, und die heiteren Schwänke hob er sich für den Sonntag auf.

Jeremias Gotthelf

Von Leiden und Freuden eines Schulmeisters

Es war Weihnacht, kalt und schneeig war es draußen. An selbem Tag hatten wir kein Fleisch gegessen, ein Kaffee machte unser Mittagbrot aus. Der Bube hatte Lebkuchen erhalten von der Großmutter, die ihm das Christkind gebracht hätte, wie sie ihm sagte. Wir saßen auf dem Ofentritt zwischen Tag und Nacht, und zwischen Tag und Nacht war es auch in unserm Gemüte. Unsere Armut und Not dunkelte vor unsern Augen auf und wob Finsternis um uns her, und wie es finsterte in jedem, sagte keins dem ändern, und wie es jedem unheimlich ward in der Finsternis, auch nicht.

Als ich an das nächste Jahr dachte, fiel mir ein, dass der Pfarrer gesagt hatte heute in der Predigt: die Sonne entferne sich von uns nach und nach, weit und immer weiter, aber ihre Entfernung hätte immer ihre Grenzen, »bis hierher«, sage ihr der Herr, »und nicht weiter«; dann kehre sie um und komme, immer wärmer und glänzender werdend, wieder zurück.

So zeigte ich freundlich und leise Mädeli das Lämpchen, das mir schien in die Finsternis. Und Mädeli sprach: »Schau doch, Peter, welchen guten warmen Ofen wir haben, und die Wärme hat mir so wohlgetan, wie ich vom Brunnen reingekommen bin. Und da hab ich an die Mutter von unserm Heiland denken müssen, sie ist doch die beste von allen Frauen gewesen und hat doch keinen warmen Ofen gehabt in ihrem kalten Stall und kein Bett für sich und nicht einmal einen Korb für ihr liebes Kind. Und da hab ich dran denken müssen, dass ich dies doch alles habe und noch alle Tage warmes Essen und kein Herodes, der nach unseren Kindern langt. Und doch wär ich nichts gegen die Mutter Maria und sündigte immer noch soviel.

Da ist mir ganz leicht geworden ums Herz, dass wir es doch eigentlich ganz gut hätten, wenn man richtig hinschaute, und wir meinen doch immer, es gehe uns bös. Und da hab ich zum lieben Gott gebetet, dass wir immer so unnötig klagen, und hab ihm gesagt, er solle nur machen, wie er wolle, wir wollten mit allem zufrieden sein. Es schien mir, als ob ich ihm das nicht genug sagen könnte, wie sehr ich zufrieden sein wollte und Vertrauen in ihn hätte, und da ist mir ganz wohl geworden und ich musste immer denken: Oh, die arme, arme Frau in ihrem kalten Stall, wenn ich ihr doch nur ein bisschen von unserer Wärme hätte geben können!«

So wies mir auch Mädeli leise und freundlich das Lämpchen, das helle Lichtstrahlen geworfen hatte über den dunklen Hintergrund ihrer Seele. Die Großmutter hatte gehustet und die Kinder gespielt.

Da kam unser älteres Mädchen weinend gelaufen, und das kleinere watschelte ihm nach, weinend, und das ältere dolmetschte ihren Schmerz: »Mutter, der Peterli hat Lebkuchen und will uns nichts abgeben. Die Großmutter sagt, das Christkind hat's ihm gebracht und nicht uns; wenn wir nicht unartig wären, hätte es uns auch welche gebracht. Mutter, wir sind nicht unartig, und es solle uns auch Lebkuchen bringen! Mutter, geh geschwind und sag es ihm!»

Die Mutter fühlte die Bitte im Herzen, aber in mütterlicher Besonnenheit nahm sie die beiden Kinder auf die Knie, wischte ihnen die

Tränen ab und bat sie, doch zu schweigen. Bis sie das konnten, dauerte es etwas lange. Da konnten sie endlich vor lauter Schnupfen wieder sagen: »Mutter, wir sind jetzt still, aber lauf geschwind!«
Da sagte ihnen die Mutter, das Christkind sei mit seinem Eselein nun schon sehr weit weg. Wie das Eselein das Weinen und Plärren gehört habe, sei es ganz schnell weggesprungen; nichts weniger möge es leiden als Weinen, und nun vermöge die Mutter das Eselein nicht mehr einzuholen. Sie müsse jetzt das Nachtessen kochen, und das Christkind habe sicher schon seine ganze Ladung verschenkt. »Aber, Mutter, warum hat uns das Christkind nicht gleich anfangs Lebkuchen gegeben, als es da war und als es noch welche hattet. Da haben wir nämlich nicht geweint.«
»Das Christkind war eben nur einmal hier und hat nicht gewusst, dass ihr auch da seid. Es hat euch nicht gesehen und darum auch nichts für euch zurechtgemacht.«
»Aber, Mutter, warum hast du es ihm nicht ausrichten lassen, und jetzt haben wir keine Lebkuchen, und Mutter, du bist schuld –« und das Weinen ging von vorne an.
»Sei still, mein Töchterlein, sei still!«, sagte die Mutter, die keinen halben Batzen hatte, um den Lebkuchen nachzulaufen. »Wenn mein Töchterlein still ist, will ich ihm etwas vom Christkind erzählen. Woher es kommt und wohin es geht.«
Da schwiegen die Töchterlein, lehnten ihre Köpfchen an der Mutter Brust und sahen ihr lauschend ins Auge. Und die Mutter erzählte ihnen von einem frommen, frommen Kind, das seinen Eltern nie Verdruss gemacht, nie mit seinen Geschwistern sich gezankt und geweint habe um nichts und wieder nichts. Und alle Kinder habe das Kind gar liebgehabt, und wenn es einem etwas zu Gefallen hätte tun können, so wäre dies seine größte Freude gewesen. Da hätte einmal eine böse Schlange sich um viele, viele Kinder geringelt und hätte sie alle, alle fressen wollen. Da sei das

Kind gerade von ferne dazugekommen und hätte gesehen, wie die Schlange das Maul aufgetan, und wie es wie Feuer aus ihren Augen gefahren sei. Da habe das fromme Kind gar großes Erbarmen mit den anderen Kindern gehabt und sei herzugesprungen und habe geschrien: ›Friss, Schlange, friss mich, aber verschon die anderen!‹ – Da habe sich plötzlich die Schlange aufgerichtet, habe die andern laufenlassen, sei auf das Kind zugesprungen mit weit, weit offenem Maul und feurigen Augen, groß wie Pflugräder. Und das Kindlein hätte die Hände gefaltet und das »Walt Gott!« gebetet und die Augen zugetan und geglaubt, die Schlange hätte es verschlungen in einem Schluck, und jetzt liefe sie davon oder fliege mit ihm durch die Lüfte. Da habe es endlich bei sich gedacht, es wolle doch die Augen auftun und sehen, wie es im Bauch einer Schlange sei. Und da sei es heiter und hell ringsherum gewesen, und die Sonne hätte geschienen, aber eine viel schönere als die, welche hier schiene, und auf den Armen eines Engels sei es gewesen, und der Engel hätte gar hold und freundlich es angelächelt und ihm gesagt: Es solle sich ja nicht fürchten, er führe es an einen schönen guten Ort, wo es Freude haben werde wie noch nie, und wo keine böse Schlange sei.

Weit, weit sei er mit ihm geflogen, immer der schönen Sonne zu, sodass das arme Kind vor lauter Glanz die Augen wieder habe zutun müssen. Da habe der Engel es endlich abgestellt in einen herrlichen Garten, wo lauter Dinge gewesen, die es nie gesehen, und wo es Meien (Blumen) gesehen habe, schön wie das Morgenrot und das Abendrot, und die weit, weit geschienen hätten wie Sonnenschein und Mondschein zusammen. Und viele tausend Engelein seien ihm zugesprungen und hätten ihm die Hände gegeben und ihm gesungen so schön, so schön, dass es ihm schien, der liebe Gott selbst müsse sie singen gelehrt haben.

Aber unter all den Engelein sei keins der Kinder gewesen, die es hier von der Schlange gerettet, keins, das es gekannt. Da habe es zu weinen angefangen und gejammert, es möchte doch zu seinen kleinen Kindern, sonst könnte ja vielleicht die Schlange sie doch noch fressen.

Da habe eine Stimme, die nicht von hierher, nicht von dorther, sondern aus jeder Blume, aus Abendrot und Morgenrot, aus Sonnenglanz und Mondschein zu kommen schien, und sie klang, wie Sonnenglanz klingen muss, es gefragt: ›Aber gefällt es dir hier denn nicht, es ist doch schön hier?‹ – ›Ja!‹ habe das Kind geantwortet, ›mir gefällt es hier, aber ich muss doch zu meinen Brüdern und Schwestern und den andern Kindern; was sollen die anfangen, wenn sie mich nicht mehr haben? Aber wenn ich sie mitbringen darf, dann will ich mit ihnen kommen und mich freuen hier; o wie schön wäre das!‹

Da hätte es vernommen, das könne noch nicht sein; und wieder hatte es geweint, dass man die Hände unter ihm hätte waschen können. ›Liebes Kind‹, hätte darauf die Stimme gesagt, ›weine nicht, hier oben darf nicht geweint werden. Wenn du nicht mehr weinen wirst, darfst du von Zeit zu Zeit zu den Kindern hinunter, und für die darfst du Lebkuchen und andere gute Sachen kaufen. Aber nur denen, die auch lieb sind, und alle die, denen du das Weinen abgewöhnen kannst, die will ich dann auch hierher nehmen, und dann kannst du ja immer bei ihnen sein, und alle sollt ihr mir lieb sein.‹ Und die Stimme tat dem Kinde so wohl, dass es nie mehr weinte und schön ward wie die andern Engelein.

Dann zog es auf die Welt und kramte den Kindern (schenkte ihnen Leckereien) und immer mehr nur denen, die nicht weinen, und ein Kind nach dem andern konnte hinauf zu ihm und wurde dann auch ein Engelein.

Aber es gab immer wieder Kinder auf der Welt und immer mehr, und alle diese liebte es und wollte sie zu sich führen in seinen schönen, schönen Garten, der Himmel heißt. Da musste es ein Eselein anstellen, um all den schönen Kram zu bringen, und weil es zu so vielen Kindern muss, so kann es nur einmal im Jahre zu einem kommen; aber wo es von Weitem Weinen hört, da springt das Eselein mit ihm weiter, was gibst du, was hast du!
Und von Mal zu Mal kann es allein nicht mehr an alle Orte, wenn es gar zu viele Kinder zu besuchen hat oder es viel Schnee ist, dass das Eselein nicht recht durchkann. Da nimmt es dann die Kinder mit, die ihm die liebsten Engelein geworden sind, und gibt einem jeden ein Eselein und Kram dazu, und die gehen auch seinen Kindern nach und berichten es ihm, wo sie gute und wo sie böse Kinder angetroffen, und welche einst in seinen schönen Garten kommen werden. Darum, Töchterlein, seid lieb, dann kommen die lieben Engelein auch zu euch, bringen euch Kram Jahr um Jahr und nehmen euch einst mit in den schönen Garten.«
So sprach die Mutter zu den Kindern, die an ihrer Brust lagen, und sah auf sie herab. Der Mond war aufgegangen, und sein Licht bahnte sich einen Weg bis zu den zwei Kindern auf der Mutter Schoß, wo das kleinere entschlummert war bei der Mutter süßer Rede. Recht lieblich und heimelig ward es in der Stube, aber am lieblichsten doch die Mutter und ihre beiden Kinder, mit deren Locken die Mondesstrahlen spielten und sie verklärten, als ob die Kindlein schon im schönsten Garten wären. Zwischen meine Knie hatte sich der Knabe gestellt, auf ihn fiel des Mondes Licht nicht, aber der Mutter Rede war ihm ins Herz gegangen, er sagte: »Vater, ich will nicht mehr plärren und nicht mehr bös sein und will den andern von meinen Sachen abgeben.«
Wir hatten einen recht glücklichen Augenblick. Die Reden meines Weibchens waren wie Honigtau in mein Herz gefallen; es war

so zauberisch heimelig im Stübchen, und die Kinderchen schienen so hold, die ganze Armut war versteckt und nur unser Reichtum beleuchtet, dass manche Fürstin und mancher Prinz in ihren zum Tag erleuchteten goldenen und glänzenden Sälen viel ärmer waren ums Herz als wir und vielleicht trotz allen Ehren und allen Genüssen keine so reiche Stunde hatten ihr Leben lang.

Paul Keller

Der wilde Apfelbaum

Über den Hügel lief ein Feldrain. Der bildete die Grenze zwischen den stattlichen Besitzungen des Anselm und des Peregrin. Und auf dem Feldrain stand ein wilder Apfelbaum. Er war hübsch gewachsen und sah weit ins Land hinaus; freilich trug er nach Art wilder Apfelbäume nur jene kleinen verrunzelten Früchte, die eine herzhafte Säure haben und bei den Delikatessenhändlern unbeliebt sind. Sie heißen Holzäpfel.

Der wilde Apfelbaum hatte sich für Anselm und Peregrin allzeit als ein rechter Baum der Versuchung erwiesen.

Schon als sie Jünglinge waren und sie einmal beide dasselbe Mädchen zum wilden Apfelbaum bestellt hatten, war ein Kampf ausgebrochen; Anselm hatte Peregrinen eine Ohrmuschel abgerissen und Peregrin hatte Anselmen durch einen kühnen Biss der Nasenspitze beraubt. Aber die beiden hatten sich wieder versöhnt, obwohl weder Ohrmuschel noch Nasenspitze nachwuchsen und ihre Menschlichkeit mit einem kleinen Makel behaftet blieb. – Hanna Elenore, die Jungfrau, die die beiden Jünglinge also schnöde aneinander gebracht hatte, aber heiratete einen anderen. Als sie diesen Mann nach zweieinhalb Jahren zu Tode geärgert hatte und eine ehrsame Wittib geworden war, trafen sich Anselm und Peregrin wieder einmal beim wilden Apfelbaum auf der Grenzscheide ihrer Besitzungen, und Anselm begann mit scheinheiliger Miene: »Freund, unsere Hanna ist jetzt Witwe. Da wir beide früher um sie gefreit haben, wird es sich geziemen, dass sie jetzt einer von uns beiden heiratet. Ich bin aber inzwischen zu der Überzeugung gekommen, dass die Hanna viel besser zu dir passt als zu mir, und ich will mich überwinden und sie dir überlassen.«

Nein, nein, wehrte Peregin ab, er sei inzwischen auch reifer und gesetzter geworden und verlange beileibe ein so schweres Freundschaftsopfer nicht. So überboten sich die beiden so lange an Großmut und Selbstverleugnung, bis sie sich in die Haare fuhren, der beißlustige Peregrin Anselms Mittelfinger um zwei Glieder verkürzte, wofür ihn dieser gegen den Baum presste und ihm drei Rippen eindrückte. – Aber die beiden haben sich wieder versöhnt. –

Unversöhnliche Feindschaft wurde erst, als Peregrin eines Tages behauptete, der wilde Apfelbaum stehe eigentlich auf seinem Grund und Boden und gehöre samt allen Erträgen ihm ganz allein. Das hatte Anselm bestritten, und die Auseinandersetzung war so lebhaft geworden, dass die Gegner acht Wochen lang krank lagen. Darauf verklagten beide einander bei Gericht und zwar nicht wegen der Körperverletzung, der sie keine so große Bedeutung beilegten, als vielmehr wegen des wilden Apfelbaumes.

Da gab es nun Lokaltermine und das halbe Dorf war zu Zeugen geladen worden, bekam schöne Gebühren dafür und feierte eine kleine Kirmes. Der Prozess ging durch alle Instanzen, bis zuletzt ein schalkhafter Oberrichter folgenden Spruch fällte: Der Baum gehört beiden zusammen; jeder hat die Hälfte zu seiner Pflege beizutragen und jeder bekommt die Hälfte der Früchte. Die Obsternte hat gemeinsam unter Aufsicht des Dorfoberhauptes stattzufinden. Die Gerichtskosten, die etliche hundert Taler betrugen, hatten die Gegner je zur Hälfte zu tragen.

Seit der Zeit war unversöhnliche Feindschaft zwischen Anselm

und Peregrin, und die beiden Nachbarn gingen sich aus dem Wege und trafen sich nur manchmal am wilden Apfelbaum, wenn sie seine Zweige beschnitten, seinen Stamm mit Kalkmilch anpinselten oder wenn die Obsternte war. Und es hielt sich natürlich jeder streng an seine Hälfte und hätte nicht einer ein Spritzerchen Kalkmilch auf die fremde Hälfte verwandt. Ja, es blieb meist ein Fingerbreit Zwischenraum, auf dem es pfiffigen Raupen gelang, vom Erdboden in den Gipfel des Baumes zu klimmen.
Der Schulze dieser Gemeinde war ein gewissenhafter Mann. Obwohl er stets einen recht kalten, regnerischen Oktobertag auswählte, an dem die Holzäpfel gepflückt werden mussten, hielt er doch standhaft aus bei dem Geschäft, als ein Hüter von Recht und Gesetzlichkeit. Ja, die Schöffen kamen mit und viel Volk aus dem Dorfe strömte herbei und sah zu, wie Anselm und Peregrin die Leitern an den gemeinsamen Baum lehnten und die Früchte von ihren »Hälften« abpflückten, wobei sie nicht unterließen, sich durch das Gezweig giftige Blicke zuzuwerfen und sich durch hämische Bemerkungen zu kränken, als da sind:
»Hu, das ist mal wieder ein Schöner, Großer!«
»O, das ist ein dicker Kerl, dem sieht man seinen Saft an.«
»Ja, ja, die Südseite hat was für sich!«
»Man kann bloß seinem Schöpfer danken, wenn man während eines so dürren Sommers die Nordseite gehabt hat!«
So ging es hinüber und herüber. Die Apfel aber wurden aufgehoben, zu Weihnachten mit Goldpapier umhüllt und an den Christbaum gehängt. Dann schmunzelte sowohl Peregrin als auch Anselm vergnüglich, und jeder erzählte seiner Frau, seinen Kindern und seinen Dienstboten noch einmal ausführlich die Geschichte des Prozesses und sagte am Schluss:
»Ja, ja, der Schubiack wollte den ganzen Baum haben, und wenn ich nicht bei allen Gerichten ganz höllisch hinterher gewesen

wäre, hätte er ihn auch bekommen, und hingen jetzt diese Äpfel nicht an unserem Christbaum!«
Dann mussten die Hausgenossen ein vergnügtes und stolzes Lächeln zeigen, in das sich aber immer etwas Verlegenheit mischte.
Viel Zeit verging. Peregrins ältester Sohn Stefan war vierundzwanzig Jahre alt geworden; Anselms Tochter Ursula war einundzwanzig Jahre. Die beiden hatten schon in der Schulzeit nicht mit einander sprechen dürfen, und da sie größer geworden waren, hatte sich ihre Abneigung gegen einander sichtlich vermehrt. Wenn sie sich auf der Straße unverhofft begegneten, wurde das Mädchen rot vor Grimm, und der Bursche biss vor Wut die Zähne zusammen, guckte ihr nach, ächzte und ging dann den ganzen Tag ganz verbissen umher.

Da war wieder einmal Frühlingszeit, und der wilde Apfelbaum stand in tausend Blüten. Ursula, die den Bergrain entlang ging, sah plötzlich Stefan kommen, wusste keine Möglichkeit, ihm auszuweichen, und setzte sich in ihrer Ratlosigkeit unter den wilden Apfelbaum, – natürlich auf ihres Vaters »Seite«.
»Seht das Dirndl«, dachte Stefan, »das will mir trutzen. Oho, das kommt gerade an den Rechten!« Kam heran und setzte sich auch unter den Apfelbaum, – natürlich auf seines Vaters Seite. Das Dirndel atmete schwer und der Bursche auch. Sprechen tat keines ein Wörtchen. Stefan streckte nur seine Ellenbogen weit nach hinten.
»Aber ...«, sagte die Maid, »aber du stößt mich!«
»Ah, Pardong, Pardong«, erwiderte Stefan mit hämischer Höflichkeit; »ich bin wohl auf des gnädigen Fräuleins Hälfte gekommen?«
Er lachte laut und gequält. Dann saß er ganz still. Plötzlich hörte er leises Weinen. Hatte er, – hatte er das Dirndl wirklich so hart gestoßen? Er machte eine Halbdrehung und stieß mit seiner Nasenspitze an Ursulas Nasenspitze, die eben auch eine Halbdre-

hung machte. Darüber erschraken und erröteten beide, rieben sich die Nasen und begaben sich eiligst wieder auf eigenes Gebiet. Nach einer Weile aber schlug der Bursche krachend die Hände zusammen und sagte: »Der Alte ist verrückt!«

Das Mädchen weinte laut und fragte: »Meinst du – meinst du meinen Vater?«

»Nein, meinen!«, stieß Stefan rau heraus. »Und deinen dazu!«

»Ja, ja, der schreckliche Apfelbaum«, schluchzte das Mädchen. Da war auch Stefan schon mit einer Ganzschwenkung auf fremdem Grund und Boden, saß dicht neben Ursula und sagte:

»Das ist einfach damisch! Zum Närrischwerden!

Wenn ich Besitzer sein werde, rode ich das Biest, den Baum aus. Das heißt, bloß meine Hälfte rode ich aus, die aber gründlich! Und heute sitze ich nun hier und bleib hier sitzen und wenn mich dein Vater bei allen Gerichten verklagt.«

Sie saßen eine gute Weile beieinander. Ehe sie schieden, brach Ursula ein Zweiglein mit drei Blüten von ihrer Hälfte des Baumes und steckte es dem Burschen ins Knopfloch; worauf Stefan einen ganz respektablen Ast von seiner Hälfte abriss und dem Mädchen in die Hand gab. So gingen die beiden Baumfrevler nach Hause, nicht, ohne sich noch oft nach einander umzuschauen.

»Junge«, fuhr zu Hause der alte Peregrin auf, »wo hast du die drei Blüten her? Du hast sie doch nicht etwa von dem wilden Apfelbaum? Das gäb' drei Holzäpfel weniger im Herbst, und da sollte dich gleich –«

»Die Blüten sind von Anselms Hälfte«, gab Stefan lächelnd zur Antwort.

»Von Anselms Hälfte – aah! Junge, das ist gut!« –

»Mädel, was fällt dir ein? Einen Ast, einen ganzen Ast? Der ist doch nicht etwa vom wilden Apfelbaum?«, so fragte zur selben Zeit Anselm sein Mädel.

»O ja«, sagte das Mädchen, »aber von der anderen Seite!«
So eine Dirn! Nein, so eine Dirn! Die schadete dem Feinde ordentlich, dem Schubiack, dem elendigen.
Wenn ihr nun meint, ihr mit Recht so geschätzten Leser, Stefan und Ursula hätten sich ineinander verliebt, so kann ich nicht abstreiten, dass euer Scharfsinn das richtige erraten hat. Ja, sie liebten sich mit der ganzen Innigkeit, der ganzen wehen Sehnsuchtsglut ihrer Jugend. Und sie durften sich nie treffen, das hätte eine Familienkatastrophe gegeben. Schlimm hätte es um die beiden gestanden, wäre nicht der wilde Apfelbaum gewesen. –
»Sitzt dort oben nicht Anselms Mädel?«, fragte eines Tages Stefan, als er mit seinem Vater auf dem Felde pflügte, legte die Hand über die Augen und sah nach dem Hügel. »Richtig, das dreiste Ding hat sich's an unserem Apfelbaum bequem gemacht und isst wahrscheinlich dort ihr Vesperbrot. Das hat ihr ihr Vater aufgegeben. Das ist eine Frechheit! Herausfordern wollen sie uns!«
Sein Vater knirschte vor Wut.
»Spring rauf, Junge, setz dich auf unsere Seite, das lassen wir uns nicht bieten, sie wollen uns wirklich herausfordern!« Stefan gehorchte als braver Sohn dem väterlichen Befehl und war mit einigen Riesensätzen, denen man einen löblichen Eifer anmerkte, oben auf dem Hügel. Befriedigt schmunzelte der alte Peregrin, als er seinen Sohn nun auch am Apfelbaum sitzen sah und tat allein die Arbeit, da Stefan volle zwei Stunden nicht wieder herabkam. Der Junge blieb wahrhaftig sehr lange. Aber er musste eben aushalten, so lange das Dirnlein aushielt. Dem Anselm, dem Schubiack, wollte der Peregrin beweisen: »Sitzt dein Mädel oben, sitzt mein Junge auch oben!« Da würde sich ja wieder mal ausweisen, wer der Schlauere war.
Ganz ähnlich dachte der Anselm, und da es jetzt fast alle Tage eine »Herausforderung« gab, indem entweder zuerst das Mädel

oder der Junge es sich recht protzig und ärgerlich am Apfelbaum bequem machte, so musste immer der andere Teil zur Revanche abkommandiert werden und die Abgesandten der feindlichen Familien waren recht zufrieden mit ihrer Aufgabe.

Was nützt es aber schließlich Liebesleuten, wenn sie tagaus, tagein nur Rücken gegen Rücken sitzen können, wobei noch ein wilder Apfelbaumstamm von 55 Zentimeter Dicke in Anschlag zu bringen ist, und wenn immer eines nach Süden und eines nach Norden schauen muss?! Das war ja eben das Fatale, dass der Apfelbaum auf dem Hügel stand und südwärts Anselms und nordwärts Peregrins Felder lagen, von wo alles zu beobachten war.

Einmal geschah es, dass Stefan eine halbe Drehung mit dem Kopfe machte und Urselchen auch, und dass sich diesmal nicht die Nasenspitzen, sondern die Lippen trafen. Das geschah blitzschnell, aber da es sich oft wiederholte, fielen diese halben Drehungen unten auf den Feldern auf und die beiden Liebenden wurden zur Rede gestellt.

»Zanken tun wir uns«, sagte Stefan erbost, »ich sag', das Mädel solle gehen, ich hätte nicht Zeit, solange da oben zu sitzen. Geh nur, sagt sie, geh nur, ich habe Zeit genug, bei unserem Apfelbaum zu sitzen!«

»Was, bei ihrem Apfelbaum!«, schrie da Peregrin wütend, »Du hast ihr doch deine Meinung gesagt?«

»Und ob ich sie ihr gesagt habe«, trumpfte Stefan auf, »direkt ins Gesicht reinschreien tu ich sie ihr immer.«

»Das ist recht! Das hast du gut gemacht, Stefan«, sagte befriedigt Peregrin. »Mach das andere Mal wieder so!«

Nicht viel anders fiel die Unterredung Anselms mit seiner Tochter Ursula aus, und wenn die beiden Alten im Schweiße ihres Angesichts ihre Feldarbeit verrichteten und sahen, dass da oben unter dem Apfelbaum das Kopfdrehen wieder einmal gar kein

Ende nahm, dachten sie beide befriedigt: »Na, die zwei zanken sich aber heute wieder wie toll.«
Es gibt Zeiten, in denen es selbst für Liebesleute unerfreulich ist, unter einem Apfelbaum zu sitzen. Das ist, wenn ein starker Sturm daherfährt, oder wenn der Boden unter dem Apfelbaum auf einen Meter vom Regen durchweicht ist. Da bekommt man trotz aller inneren Glut leicht das Frösteln. So verminderten sich die »Herausforderungen« von Tag zu Tag, und die Liebesleute trafen sich nur noch selten.
Eines Tages nun kamen sowohl Stefan als Ursula in großer Aufregung vom Apfelbaum zurück und berichteten, dass sie etwas äußerst Seltsames gefunden hätten. Zwei Blätter Papier seien an den Baum geheftet gewesen, auf jeder Seite eines, jedes mit einer verrosteten Nähnadel, die gewiss von einem Leichenhemd herstammte, und da sei das Blatt.
Es war ein kleines Papierstück, zur Hälfte rot, zur anderen Hälfte schwarz gerändert, und darauf standen geheimnisvolle Zeichen, die niemand entziffern konnte. Erst nach drei Tagen, als die ganze Familie schwer beklommen herumgelaufen war, entdeckte Stefan plötzlich, wenn man das Blatt vor den Spiegel halte, könne man die Schrift lesen. Es sei ganz schrecklich, was darauf stünde. Es war aber folgender Vers:
»Ich sah es in einem Zaubertraum:
Dies Jahr wächst auf dem Apfelbaum
Ein Apfel zur Weisheit, ein Apfel zum Sterben!
Welchen wirst du erwerben?
Was dir wird zu eigen,
Noch dies Jahr wird sich's zeigen!
Per'grin und Anselm sollen indessen
Ein jeder seine Äpfel ganz alleine aufessen.«

Dieses Gedicht stand auf dem Papier. Tagelang schlich Peregrin umher, ohne ein Wort zu reden; sein Nachbar Anselm legte sich ins Bett und sagte, er hätte das Fieber. Und die beiden Feinde grübelten und grübelten; der schreckliche Reim war nicht anders zu verstehen, als dass einer sich Tod und Verderben essen würde, während der andere als kluger Mann weiterleben würde. Auf welcher Hälfte reifte die Weisheit, auf welcher wuchs der Tod?? – – Der Tag der Apfelernte kam. Mit zitternden Fingern pflückten die beiden Gegner ihre Früchte ab, und jedes Äpfelchen erschien ihnen schwer und als ob es heiß in den Fingern brenne. Kein höhnisches Wort fuhr herüber und hinüber, weil jeder glaubte, wenn er schimpfe, erweise er sich als kein kluger Mann und sei dem Tode verfallen. –

Mit trübem Gesicht saß endlich Peregrin daheim vor dem großen Korbe mit seinen Äpfeln. Die ganze Familie bat ihn, ja nichts von der schrecklichen Frucht zu essen, aber er sagte: »Was nützt es? Muss ich nicht essen? Sonst bin ich ganz verloren, der Zauberzettel hat es befohlen. Ach, ich kann die Unsicherheit nicht aushalten, ich will die Äpfel so schnell wie möglich wegbringen, damit ich weiß, was mit mir geschieht. Und er aß fünfzehn Stück der essigsauren Früchte auf einmal. Er stöhnte und quietschte bei diesem Mahle und in der Nacht sagte er: »Weib, der Apfel des Todes ist schon darunter gewesen; ich spüre es deutlich in meinem Leibe.«

Peregrin wurde indes wieder munter, aß von da an behutsam täglich nur ein paar Äpfel, und wenn ihm auch immer nicht recht wohl war, das absolute Verderben brach über ihn nicht herein. So begann er wieder zu hoffen, erkundigte sich eifrig nach dem Befinden des Anselm und gab acht, ob nicht etwa er selber auffallend an Weisheit zunähme, weil er vielleicht schon den Weisheitsapfel getroffen hatte. Er betrachtete sich täglich aufmerksam im Spie-

gel, konnte aber keine Zeichen gesteigerter Klugheit in seinem Antlitz entdecken. Dagegen erschrak er furchtbar, als er eines Tages erfuhr, Anselm hätte sich auf ein Blatt abonniert. – – –
Es kam der heilige Abend. Wie alle Jahre, so hingen auch dieses Jahr Holzäpfel in den grünen Tannenzweigen.
Trübselig saß Peregrin im Kreise seiner Lieben. Noch ehe das Jahr zu Ende ging, musste sich sein Schicksal entscheiden; das war in sieben Tagen. Eine grässliche Angst überfiel ihn. Diese zehn Äpflein am Baume musste er noch essen, dann kam die Weisheit oder das Verderben.
Wenn es schlecht ausfiel, war nächstes Jahr am heiligen Abend seine Familie verwaist. Sonst traf es den anderen. Da – was ist das?
Wie er einen Apfel vom Baume nimmt und das Goldpapier von ihm entfernt, findet er unter dem Papier einen kleinen Zettel. Der Zettel trägt den Spruch:

»Der Weiseste auf dieser Welt
Ist, wer auf Ruh' und Frieden hält.«

Peregrin stieß einen Jubelschrei aus, biss in den Apfel wie rasend und würgte ihn hinunter. Der Weisheitsapfel! Er war gerettet! Aufstöhnend sank Peregrin auf einen Stuhl, hörte kaum, wie sich die anderen freuten. Dann sah er schüchtern nach dem Spiegel. Wahrhaftig ja – da war ein Zug in seinem Gesicht, so von den Schläfen nach der Stirn hin – der war früher nicht. O du guter Apfelbaum!
Dann saß er ganz still und sinnend da. Also den anderen hatte es getroffen, den Anselm! Der musste nun ins Gras beißen.
Würde auch eine schwere Sache sein.
Wenn einer eine so große Familie hat – hm!

Peregrin ging in der Stube aufgeregt hin und her, stand am Fenster still und grübelte.
»Der Weiseste auf dieser Welt
Ist, wer auf Ruh' und Frieden hält.«
Noch acht Tage und Anselm war hinüber.
Plötzlich riss Peregrin die Pudelmütze vom Nagel und sagte, er müsse noch mal fortgehen; Stefan ging ein Stück mit ihm.

Also Peregrin saß richtig bei Anselm in der Stube. Es war ein sehr betretenes Wiedersehen gewesen; alle anderen Leute hatten sich schnell entfernt, und die beiden waren allein.

»Wenn du nicht gekommen wärest, wäre ich zu dir gekommen«, sagte Anselm und dachte bei sich: »Gott, sieht der Peregrin schlecht aus. Der hat sicher den bösen Apfel schon intus. Ein Glück, dass die Ursula gerade heute meinen guten Weisheitsapfel am Baume entdeckte. Der arme Peregrin tut mir jetzt doch leid. Wenn einer eine so große Familie hat – hm! »Der Weiseste auf dieser Welt ist, wer auf Ruh' und Frieden hält!« Auch Anselm kannte das Verschen auswendig.
Sie saßen lange stumm voreinander, seufzten nur manchmal und schlugen sich ratlos auf die Knie.
»Also«, fing Anselm an, »man ist ja nicht umsonst ein kluger Mensch.«
»Ja, ja«, fiel ihm Peregrin ins Wort, »mir tut die ganze Geschichte schrecklich leid; ich wünschte, den Apfelbaum hätte der Blitz zerschlagen noch vor dem Prozess.«
»Das kann ich mir denken!«, nickte Anselm.
Und als er in den Wandspiegel sah, der über dem Tisch hing, bemerkte er, dass auch Peregrin sich daselbst forschend betrachtete.

»Also«, sagte Anselm, »ich will Ruhe und Frieden halten, ich mag mit dem Apfelbaum nichts mehr zu tun haben.«
»Ich auch nicht. Und ich will dir was sagen, Anselm; mein Stefan ist ein Stück mit mir gegangen, der hat mich auf einen guten Gedanken gebracht. Er meint – musst's aber nicht für Aufdringlichkeit nehmen – er meint, er wolle deine Ursula heiraten – und ich glaubte, es würde dir lieb sein, wenn du noch –«
»Trifft sich gut,« fiel ihm Anselm ins Wort, »die Ursula will ihn auch. Sie hat mir's gerade vor einer Viertelstunde gesagt. Das ist immerhin ein Trost für –«
»Ja, ja, es sind vernünftige kluge Kinder. Wollen auch ihre Abneigung und Zänkerei sein lassen.«
»Und, Anselm, da man aber doch nicht weiß, wie's abgeht mit Leben und Sterben –«
»So bringen wir's ins Reine!«, schlug Anselm freudig ein. »Da müsste man ja dumm sein, wenn man das nicht täte. Und man ist doch nicht dumm!«
Sie machten beide kluge Gesichter, sahen sich an und es dachte ein jeder bei sich: »Der arme Kerl! Man sieht ihm schon den Verfall an, er ist ganz verändert.«
Da trat Stefan, der inzwischen nachgekommen war, mit Ursula in die Stube. Sie hielten sich an den Händen. Beide sahen so pfiffig und durchtrieben aus, dass jeder Vater für sich dachte: »Ja, ja, einem geweckten Gesicht sieht man gleich an, von wem es abstammt.«
»Es gibt eine Rettung«, sagte Stefan feierlich; »ich habe einmal beim Militär von unserem General gehört, wenn was Schlimmes droht, braucht man bloß die Ursache wegzuschaffen, da schadet dann kein Zauber mehr, und sage ich –«
»Wir sägen ihn ab!«, sagten Peregrin und Anselm gleichzeitig und tief aufatmend.

»Und aus dem Holze backen wir in vier Wochen Hochzeitkuchen. Was verbrannt ist, schadet nichts mehr«, sagte Stefan und das gute Urselchen nickte dazu.
So sägten die beiden alten Feinde noch in selbiger Nacht den Apfelbaum um. Ihre Kinder halfen ihnen, und die Weihnachtssterne leuchteten dazu. Als sie heimgingen, dachte ein jeder für sich: »Wenn ich kein kluger Mann wäre, wäre alles anders gekommen. So macht mein Kind eine gute Partie, und dem anderen habe ich direkt das Leben gerettet. Na, der soll aber froh sein der Schubi – nein, der liebe Nachbar!«

Joachim Ringelnatz

Weihnachten in der Tropenhitze

Das Heimweh, jenes Heimweh des Gebirgssohnes, der sich niemals ganz in die Fremde einfindet, ist ihnen oder wird ihnen fremd. Ja, es bildet sich bei ihnen mit der Zeit etwas beinahe Gegenteiliges heraus. Ein Fernweh. Sie müssen immer wieder weit weg und woanders sein und sind es gern. Ohne dass sie darüber die Liebe zur Heimat verlieren.

Wie froh schlägt den Deutschen das Herz, wenn sie nach langer Abwesenheit Elbe aufwärts fahren und die Hamburger Michaeliskirche in Sicht kommt. Oder wie gespannt erwarten sie in Yokohama – und wie oft lesen sie – einen Brief aus der Heimat. Was bedeutet für den Memelsmann ein Weihnachtspaket von Muttern, das er in Tropenhitze öffnet!

Ich besinne mich auf ein Weihnachten, da ich in solcher Tropenhitze mit einem Dampfer auf der Reede von Maranhao lag. Wir durften nicht an Land, weil die Pest dort herrschte. Wir hatten den Tag über und bis spät in die Heilige Nacht hinein schwer zu arbeiten, um einen bedenklichen Schaden auszubessern.

Hinterher öffneten wir das Weihnachtsgeschenk unserer Reederei: pro Mann eine Flasche Bier. Das Bier war durch die Hitze verdorben. Aber dann hatte einer von uns in eine Holzspiere zwei Löcher gebohrt und in die Löcher zwei Handfeger gesteckt, die Borsten nach unten, so dass das Ganze aussah, wenigstens für uns aussah, wie ein Weihnachtsbaum. Und wir sangen ein Weihnachtslied und hatten Hunger und insgeheim etwas Sehnsucht. Und hätte damals eine Fee einem von uns nur eine unbelegte und unbeschmierte Scheibe richtigen frischen Brotes geschenkt, der Empfänger wäre hochbeglückt gewesen. Und wir anderen mit ihm. Denn er hätte es unter uns fünfzehn (oder wie viel wir auch sein mochten) geteilt.

Dora Schlatter

Eine Weihnachtsgeschichte

»O du fröhliche, o du selige, gnadenbringende Weihnachtszeit!«, klang es von frischen Kinderstimmen und einer tiefen, klaren Frauenstimme durch die Räume des Thalbacher Pfarrhauses. Als der letzte Ton verhallt, war's ein paar Augenblicke still in dem gemütlich warmen Wohnzimmer. Aber nicht lange!
»Warten wird nie meine Leidenschaft sein, auch wenn ich Methusalems Alter erreichen sollte!«, hub Karl, der dreizehnjährige Gymnasiast an, der gestern zu den Ferien heimgekommen war.
»Es ist aber doch so notwendig, dass man warten lernt«, erwiderte Lenchen mit weiser Miene; »wer diese köstliche Kunst nicht verstände, sagte die Mutter neulich, der käme ihr vor, wie ein Mensch, der ein Buch lesen wolle, ohne das ABC gründlich gelernt zu haben. Man würde eben nicht fertig im Leben ohne das Warten.«
Johanna und Elsbeth, die beiden neunjährigen Zwillinge, rückten dicht zu der Tante heran, die strickend in der Sofaecke sitzt, und Johanna bittet: »Ach, erzähle und doch etwas! Auch mir will der Nachmittag schon endlos erscheinen!«
»Und hätten wir nur«, fährt Elsbeth fort, »unsere Weihnachtsbesuche bei den Kranken nicht schon mittags gemacht, da wäre jetzt die Zeit, bis der Vater zur Bescherung ruft, schön ausgefüllt. Ach ja, erzähle, bitte, bitte!«
»Nun, erzählen will ich wohl, Kinder«, sprach die Tante, indem

ihre lieben Augen mit einem ihnen sonst fremden, träumerischen Ausdruck in die frühe Dämmerung hinausschauten. »Ihr müsst aber heute mit ein paar Erlebnissen aus meinem eigenen Leben fürlieb nehmen – die Erlebnisse eines Weihnachtstages vor langen, langen Jahren! An Gedenktagen, wie Christkindchens Geburtstag, meinem eigenen und den Geburts- und Sterbetagen meiner Lieben, da wandern meine Gedanken zurück in vergangene Zeiten und vorwärts zu jenem großen Freuden- und Vereinigungstage, aber bei gelesenen und gehörten Geschichten wollen sie nicht gern weilen! Heut sind's neunzehn Jahre, seit ich mich mit Onkel Richard verlobte, den ihr beiden Älteren ja noch gut gekannt habt. Vor acht Jahren bin ich Witwe geworden!«
»O, dann ist's also eine wirkliche Liebesgeschichte!«, meinte Karl, – ließ das Knäuel von Elsbeths Strickzeug, mit dem er sich eine Weile beschäftigt, achtlos fallen und setzte sich in lauschende Stellung. »Nun ja, eine Liebesgeschichte ist's«, sagte die Tante, indem ein fast jugendliches Erröten über ihre feinen Züge flog. »Vor allem aber preist sie die Liebe und Freundlichkeit des Herrn, der die Menschenherzen lenkt wie Wasserbäche.« Eben jetzt meldete sich der kleine fast vierjährige Paul, der ziemlich lange ruhig in der Zimmerecke mit einem defekten Schaukelpferd beschäftigt gewesen, und verlangte »etwas sehr Schönes zum Spielen, etwas, das nicht verrissen oder verbrochen wäre«. Als man seine Wünsche erfüllt hatte, hub die Tante also an: »Ich war Lehrerin an einem Mädchenpensionat in London. Die Tage waren mühevoll und schwer. Die Arbeit wollte fast zu viel werden für Körper und Geist. Und was das Schwerste war in meiner dortigen Stellung – der Herr und sein Wort bildeten nicht den Mittelpunkt der Erziehung und des Unterrichts! Man beschäftigte sich zu viel mit Äußerlichkeiten, mit Nebendingen! Die zum Teil schon erwachsenen Mädchen wurden vollgestopft mit allerhand Kenntnissen und Wissen-

schaften, vor allem mit Zeichnen, Malen, Musik, Französisch und Italienisch. Von dem einen aber, was Not tut, wurde ihnen wenig gesagt, und das wenige in trockener, mechanischer Weise, ohne Lebenskraft und Lebenswärme. Die Vorsteherin, eine wohlwollende, feingebildete Frau, war allerdings kirchlich gesinnt, aber von einer Gebets- und Lebensgemeinschaft mit dem Herrn schien sie nichts zu wissen. Ich dagegen wollte ihm ja so gern angehören, doch wurde mir's schwer, bei dem unruhevollen, oberflächlichen Leben still und unverrückt mich an ihn zu halten.

Das Weihnachtsfest war herangekommen, die Pensionärinnen reisten für die Ferien ins Elternhaus. Mir war es als eine besondere Vergünstigung gestattet, während derselben in der Anstalt zu bleiben. Die Vorsteherin hatte für den ersten Weihnachtstag die Einladung einer befreundeten Familie in Syddenham, einer der zahllosen Vorstädte Londons, angenommen und gedachte schon am 24. früh dorthin aufzubrechen, obgleich dem lieben Heiligen Abend nicht sein Recht ward. Nach der kirchlichen nimmt bei der häuslichen Feier das Mittagessen am ersten Festtage entschieden den Hauptrang ein. Bei demselben dürfen in den einigermaßen wohlhabenden Ständen weder der Truthahn noch der Plumpudding fehlen.

Ich hatte zwar auch Bekannte in London – eine Familie, an die ich einen Empfehlungsbrief gebracht, und die mich seither häufig in ihr liebes, frommes, gastliches Haus aufgenommen. Es war die Familie des Bankiers Pfeiffer. Vater und Sohn waren im Geschäft tätig; die Mutter waltete – eine echte, deutsche Hausfrau – still und umsichtig im Hause, suchte aber auch außerhalb desselben Armut und Elend zu lindern, soviel sie vermochte. Eine Einladung aber zum Weihnachtsfest, auf die ich eigentlich sehnlich gehofft, war nicht erfolgt. Dachten sie meiner nicht in ihrer Feststimmung?

Der 24. brach trübe und neblig an. Schnee war nicht gefallen. Ich las in meinem Stübchen am offenen Fenster und zeichnete. Ein gutes Feuer brannte im Kamin. Ich fühlte mich unaussprechlich einsam! Wollte denn kein Weihnachtsglanz für mich leuchten, keine Weihnachtsfreude mein Herz erwärmen? Da klopfte es. Die Vorsteherin trat ein und fragte, ob ich nicht Lust hätte, sie bis Syddenham zu begleiten? Von Brixton, wo unser Pensionat lag, konnten wir's in wenigen Minuten mit der Bahn erreichen. Sie schlug mir vor, ein paar Stunden in den Syddenham-Kristallpalast zu gehen, den ich oft und gern zu besuchen pflegte. Nun, für den Weihnachtstag hätte ich mir allerdings eine andere Freude gewünscht, aber ich willigte ein, da Miss Salmon meine Begleitung zu wünschen schien.

Es ist ein herrliches Gebäude, dieser Kristallpalast! So vollendet und groß steht er da – mehr wie eine Schöpfung aus der Märchenwelt, als ein mühevolles Machwerk von Menschenhänden. Zu einer früheren Londoner Industrie-Ausstellung erbaut – ganz aus Glas ausgeführt, nur das Gerippe von Eisen – ist er jetzt zu eine Art Museum umgestaltet.

Langsam schlenderte ich durch die weiten Hallen. – Hier die schönsten einheimischen und ausländischen Gewächse, zwischen denen schillernde, prachtvoll gefärbte sowohl als auch sangreiche Vögel umherflattern. Gruppen von ausgestopften Tieren (Dromedare, Gazellen und so weiter) und Menschen aus allen Zonen, denen man's wahrlich nicht ansieht, dass sie nur aus Holz gearbeitet sind, so natürlich sind ihre Stellungen, so ausdrucksvoll ihre Gesichter. Für ein paar Augenblicke glaubt sich der Beschauer in ferne Länder versetzt, die sein Fuß nie betrat.

Dort einzelne Gestalten und Gruppen aus Marmor. Weiterhin die Bildergalerie. Dann führt mich mein Weg in die Tropen. Riesige Wasserbassins, auf denen sich Lotosblumen schaukeln. Auf dem

Grunde des klaren Wassers schaut man die reichen Schätze, die der Mensch aus der Meerestiefe hervorgeholt. – Stolze Palmen, Bananen, schattige Bosketts aus Lorbeer, Zypressen, Orangen. Glänzende Blumen des Südens, zwischen denen ganze Scharen Kanarienvögel und schimmernde Kolibris sich tummeln. Ich ruhte ein paar Augenblicke auf einer der Moosbänke, dem Plätschern der Springbrunnen und den weichen Klängen der Musik lauschend, die aus dem Dunkel des Buschwerks ertönte, ohne dass man die Urheber derselben sah. Aber bald erhob ich mich wieder und trat in die großen, hochgewölbten Hallen des Bazars. Ein Laden neben dem andern! Und welche Überraschung. In der Mitte des Bazars erhob sich ein Riesentannenbaum, weihnachtlich geschmückt, der, wie mir einer der umstehenden Diener erklärte, am Abend für die vielen Deutschen, die sich dann hier einfinden, angezündet werden sollte. Ein deutscher Weihnachtsbaum in fremdem Lande! Sollte ich bis zum Abend im Palast bleiben und mich den Heimatlosen zugesellen? War ich doch einsam und heimatlos wie nur einer! Meine guten Eltern ruhten längst auf dem Friedhof; eure Mutter, meine einzige Schwester, war als Erzieherin in einem Pfarrhause – nähere Verwandte hatte ich nicht, die wenigen Freunde schienen mich vergessen zu haben!

Ich wollte die Frage noch nicht entscheiden. Vielleicht wär's besser, ich bliebe daheim in meinem Stübchen! So sinnend schritt ich weiter in andere Räume, in die sich niemand der Schaulustigen verirrt hatte. Meine Gedanken stiegen bis an den Thron des Königs aller Könige, des Herrn aller Herren und flehte um Frieden, um Liebe, um volles Genüge, um Weihnachtssegen. Aber wundert euch nicht, Kinder, wenn ich erzähle, dass eure alte Tante dabei bitterlich geweint hat! Ich war ja dazumal noch ein armes, junges Ding, und schon so einsam und verlassen im Leben zu stehen, wollte mir gar nicht behagen! Wenn ich auch die Gnadennähe meines Herrn spürte, so ist doch mein Herz gleich dem anderer Menschenkinder verzagt und trotzig von Jugend auf. Aber wohl dem, der zum Herrn geht mit seinem Schmerz, welcher Art er auch sein mag, und bei ihm Hilfe sucht! Er erhört unsere Bitten, schon ehe wir es aussprechen! Wie es in Jesaja 65,24 heißt: ›Und soll geschehen, ehe sie rufen, will ich hören.‹ Seine liebe Hand trocknet nur gerne die Tränen seiner Menschenkinder und schenkt ihnen, wonach ihr Herz sich sehnt.

›Wusste ich doch, wo ich meine kleine Freundin zu suche habe! Gott zum Gruß!‹, ertönte in meiner nächsten Nähe die herzliche, kräftige Stimme des Herrn Pfeiffer – und neben ihm stand sein Sohn, und auch aus seinem männlichen ernsten, aber freundlichen Antlitz leuchtete mir ein warmes Willkommen entgegen. Der Vater berichtete, dass sie mich schon in meiner Wohnung gesucht hätten, um mich für die ganze Dauer der Weihnachtsferien zu sich zu holen. Seine Frau habe früher schreiben wollen, es aber im Drang der Festvorbereitungen versäumt. Wir müssten nun allerdings erst im Pensionat einkehren, meine Sache holen und der Haushälterin von meinem Fortgehen Mitteilung machen. »Und nun«, fuhr er fort, »erwartet mich hier, ich habe im Lesezimmer noch mit einem Freunde zu sprechen, bin aber bald wieder bei euch.«

»Ich möchte es schon einmal besuchen«, sprach Richard, indem er sich in den stillen Hallen umschaute, »jenes Land mit seinen Zedern- und Palmenhainen, seinen endlosen Wüsten und seiner üppigen Fruchtbarkeit, seinen mächtigen Katarakten, seinen stillen Stromtälern, seinen Pyramiden und seinen Mumien! Nicht nur allein!« – Ich begegnete seinem Auge, das fragend auf mir ruhte. Er ergriff meine Hand und sagte, dass er mich lieb habe, und ob ich sein Weib werden und mit ihm nicht etwa nur eine Reise nach Ägypten, sondern die ganze Lebensreise zusammen machen wolle. Das war euer Onkel Richard, Kinder, und durch ihn hat der liebe Gott meine Armut reich und mein Leben köstlich gemacht.

An jenem Abend standen wir als glückliches Brautpaar unter dem Christbaum. Als wir am andern Morgen zur Kirche gingen, klang's in meinem Herzen: O du fröhliche, o du selige, gnadenbringende Weihnachtszeit!«

Die Mutter, die leise eingetreten war, hat schon ein Weilchen neben der Tante gestanden. »Es ist alles bereit!« sagt sie und nickt den Kindern freundlich zu. Der Vater tritt jetzt ein und liest die Weihnachtsbotschaft, durch die ein Jahr nach dem andern und ein Jahrhundert nach dem andern den Menschenkindern große Freude bereitet wird. Dann stimmt die ganze Familie den Lobgesang an: »Vom Himmel hoch da komm ich her!« Die Tante begleitet auf dem Klavier. Und das Glück der Jahre, die vorüber sind – und die Weihnachtsfreude der Gegenwart – und die Hoffnung auf den Tag, wo der Weihnachtssegen: »Ehre sei Gott in der Höhe, Friede auf Erden und den Menschen ein Wohlgefallen!« erst in seine volle Kraft treten wird – das alles hat ihr noch immer schönes Antlitz mit hellem Schimmer übergossen. Während der zwei letzten Verse ist der Vater leise hinausgegangen. Nun öffnet sich die Tür des andern Zimmers:

Weihnachtsglanz! Weihnachtsfreude! Weihnachtsjubel!

Wilhelm Raabe

Weihnachtsgeister

Quand les gens desprit se mêlent dêtre bêtes,
ils le sont énormément.
Paul de Kock

»Eine noch wohl konditionierte Kinderpuppe!«, rief der heisere Auktionator. – »Einen Groschen!«, bot eine Weiberstimme kreischend und hell. – »Noch sechs Pfennige!«, ließ sich ein anderer Liebhaber von einem Winkel des Gemaches aus vernehmen. – »Zwei Groschen!«, sagte ich, stieß den Stock emphatisch auf den Boden und blies eine Rauchwolke nach dem in Frage stehenden Gegenstand hin.

Alle Augen der versammelten Menschheit richteten sich sogleich auf den zuletzt Bietenden und erkannten, dass die Stimme von einem kleinen, ziemlich wohlbeleibten Individuum ausgehe, welches ein Buch Konzeptpapier zur Ergötzung des »amusablen« Deutschlands, wie der Schriftsteller E. T. A. Hoffmann vom Halleschen Kirchhof zu Berlin sagen würde, unter dem linken Arm trug, eine Zigarre im Munde, einen Hakenstock in der rechten Hand führte und durchaus nicht aussah, als ob es irgendeinen nützlichen Gebrauch von einer ziemlich zerzausten und abgegriffenen Puppe machen könne.

»Zwei Groschen zum ersten – zum zweiten und zum – keiner mehr!«, schrie der Auktionator; der Hammer fiel nieder, und ich,

Karl Theodor Hinkelmann, war der glückliche Besitzer des im Katalog unter Numero 726 aufgeführten Kinderspielzeuges, welches mir gegen Erlegung der Kaufsumme auch sogleich eingehändigt wurde. – »Vortrefflich!«, sagte ich, umspannte mit dem Daumen und Zeigefinger die Taille der jungen, mit Kleie gefüllten Dame, ließ sie, den Kopf voran, in die Tasche gleiten (ich führe sehr große Taschen und gewöhnlich auch mancherlei darin) und verließ die Versammlung.

Hier wird es nötig sein, die Erklärung abzugeben, dass ich selten eine öffentliche Versteigerung in meiner Nachbarschaft versäume, dass mich nichts mehr beschäftigen und erregen kann, als die Analysierung aller der verschiedenartigen Anhängsel des menschlichen Daseins, welche bei einer derartigen Gelegenheit zum Vorschein kommen. Wahrlich nicht, um nach Rokokoschnurrpfeifereien zu suchen, dränge ich mich bei einer solchen Auktion unter das Volk! Was haftet alles an diesen Lumpen und Lappen, an diesen abgenutzten, ärmlichen Gerätschaften, an diesem alten Lehnstuhl zum Beispiel, an jener halb zertrümmerten Wiege, an dieser Schachtel mit verblassten, zerknitterten Papierblumen! Welch ein Buch ließe sich darüber schreiben!

Ich trat in die Gasse hinaus. Es schlug vier Uhr, und die Nacht sank bereits langsam herab auf die große Stadt.

Ein grauer eintöniger Himmel lag über den Dächern und es schneite. Es war aber kein eigentliches munteres Gestöber, wo das weiße Gewimmel in der Luft den Emporschauenden fast schwindlig macht und lustig alle Gedanken mit hineinzieht in den tollen, wirbelnden Tanz. Nein, die lustigen, flaumartigen Flocken schwebten in der kalten, grauen, stillen Luft wie unschlüssig, ob sie sich niederlassen sollten zur hart gefrorenen Erde oder nicht. Einzeln kamen sie, senkten sich, erhoben sich wieder, als ob sie sich eines Besseren besännen, gingen dann seitwärts weiter, um dann doch endlich irgendwo an einer Dachtraufe, an einem Häuservorsprung, an einer Nasenspitze lebenssatt sich aufzuhängen. Es war ein mürrisches, spleenartiges, hypochondrisches Wesen, und doch verkündete der verbesserte gregorianische Kalender den – vierundzwanzigsten Dezember, und die schönste Nacht der Christenheit lauschte schon ins Land herein! –

Die Menschen in den Gassen gebärdeten sich aber auch ganz anders als die Schneeflocken in der Luft. Sie hatten es gar eilig und wimmelten durcheinander wie ein aufgestörter Ameisenhaufen. Die Läden waren geputzt und funkelten im Schein der Lichter und Lampen, und manch ein Hagestolz, welcher in seinem Kaffeehause sein Journal hatte fallen lassen, nahm dasselbe nicht wieder auf, sondern kratzte sich missmutig und verdrießlich hinter dem Ohr und dachte an mancherlei, was ihn durchaus nichts anging.

An der nächsten Straßenecke blieb ich stehen und schaute in das lustige Gewühl. Auch ich seufzte. – »Ich kenne auch einen Narren!«, sagte ich zu mir selbst. »Einen gewaltigen Esel kenne ich!« –

Ach, meine Damen, ich habe mancherlei Unangenehmes durchgemacht, aber so wie gestern war mir mein Butterbrot doch noch nicht auf die »gute« Seite gefallen. Schwerer als päpstlicher Bann und kaiserliche Acht und Aberacht lag es auf mir! Sechs junge, schöne, liebenswürdige Fräulein und eine schriftstellernde Mutter hatten ihren Fluch über mich ausgesprochen; die angenehmste Weihnachtseinladung hatte ich verwirkt, unwiderruflich verwirkt. Ich will die Geschichte erzählen, denn

Wenn der Mensch in seiner Qual verstummt,
Gab mir ein Gott zu sagen, wie ich leide!

Ich war gestern zum Tee eingeladen von dem Geheimrat von Weißvogel, oder vielmehr von der Frau Geheimrätin, und knüpfte daran die Hoffnung, für heute Abend zum Weihnachtsbaum ebenfalls eingeladen zu werden. (Der Geheimrat führt einen sehr guten Burgunder.) Ich hatte also meinem Frack und Hut ein anständiges Ansehen gegeben, um die deutsche Journalistik so gut als möglich zu repräsentieren, und verfügte mich mit dem Vorsatz, ungeheuer liebenswürdig und interessant zu sein, nach der Bureaustraße Numero sechsundneunzig. Mit gewohnter Grazie trat ich in den Salon der Frau Geheimrätin ein, wo ein allgemeines, von allen Seiten geerauntes Pst! Pst! mich empfing. Da mir in der Wärme des geheizten Zimmers die Brillengläser – ich bin sehr kurzsichtig – sogleich beschlugen, so war mir natürlich nichts lieber, als dass ich nun mit Anstand einige Augenblicke an der Tür stehen bleiben konnte, um erst den Duft von meinen Sehinstrumenten verziehen zu lassen. Während dies allmählich geschah, horchte ich der Stimme der Frau Geheimrätin, welche las – deklamierte:

Waldvogel sang's im Lindenbaum,
Schön Blümchen klang es nach im Traum,
Die Stern' am Himmel grüßten es,
Die leisen Winde küssten es,
Und überall, allüberall,
Von Berg und Wies und Wasserfall,
Trug es zurück der Widerhall,
Der Widerhall!

Ich schrak zusammen, zentnerschwer fiel es mir auf die Seele. Himmel, die Amalasuntha der Gnädigen! Ihr neuestes Opus! Alle Teufel, das habe ich ja ganz vergessen! Bei allen Mächten, wenn Weitenweber darüber geraten ist! Der Hut fiel mir fast aus der Hand; hatte ich doch gestern das Rezensionsexemplar von der gnädigen Frau erhalten und dabei ein schmeichelhaftes, zierliches Billett, und ich Unglückseliger hatte in der Zerstreuung das niedliche vergoldete Büchlein voll süßen Unsinns auf den Haufen

schriftstellerischer Erzeugnisse geworfen, welche mein Freund Weitenweber von Zeit zu Zeit unter der Überschrift: »Allotria« tot macht! – Himmel und Hölle, wenn der Mensch für die Weihnachtsfeiertage Geld gebraucht und losgewütet hätte!
Meine Brille war unterdessen klar geworden, und ich konnte einen Blick wie ein erschreckter Hase auf die Versammlung werfen. Da saßen sie, Marie, Johanne, Albine, Theodore, Ida, Sophie, die liebreizenden Töchter einer dichtenden Geheimrätin, wie es schien, pflichtgemäß, töchterlich, ganz in jenen Seelenzustand versunken, welchen die empfindsamen Germanen vor ungefähr sechzig Jahren »angenehme Schwärmerei« nannten! – Zwei junge Juristen, drei Sekondeleutnants und ein ältlicher Theologe standen in einer Gruppe, wie ein Monument des passiven Widerstandes, und die übrige Gesellschaft drängte sich ebenfalls pflichtschuldig um die vorlesende Dichterin, welche eben ihr Buch zuklappte und in scheuer Selbstzufriedenheit den Blick erhob. Ein bewunderndes Stuhlrücken und Rauschen von seidenen Gewändern entstand, Seufzer, leise Ausrufe, zwei juristische, drei militärische und ein theologisches Bravo – der Geheimrat schaute etwas verdrießlich durch die Tür des Nebenzimmers, in welchem er eben die Spieltische zurechtgerückt hatte, ich trat schüchtern vor.
»Ah, Herr Doktor Hinkelmann!«, flüsterte mit holder Stimme die Gnädige. »Warum so spät?« – Ich machte meine Verbeugung, und sie trat näher. »Haben Sie meiner auch freundlich gedacht?«, raunte die Gnädige, mich beiseite ziehend. »Ich bin sehr gespannt auf die heutige Zeitung, Sie böser Kritiker!« – Es überlief mich heiß und kalt. O Weitenweber! Weitenweber!
Ein Bedienter erschien jetzt in der Tür. »Die gnädige Frau haben befohlen, dass ich die Zeitung –«
– »Jawohl, jawohl, Johann! Schnell, geben Sie, geben Sie!« Ich hielt

mich an der nächsten Stuhllehne. Die Gesellschaft, die Töchter drängten sich um die Dichterin, deren Auge lächelnd die feuchten Bogen überlief. Jetzt! – Ach! – Ihre Augenbrauen zogen sich zusammen, die Hände, welche die Blätter hielten, zitterten – sie stieß einen Schrei der Entrüstung aus – zerknittert sank der unglückselige Wisch zu Boden.

»Mein Herr!« – »Gnädige Frau, ich – ich –« O Weitenweber, Weitenweber! – Die Visitenkarten an den Spiegeln liefen schwarz an; der Geheimrat hatte die Zeitung aufgehoben und verbarg das Gesicht zwischen den Bogen – ich kann nicht beweisen, dass man mich hinausgeworfen hat, aber –!

»Das kommt davon!«, brummte ich, als ich mich wieder auf der Straße fand, »das kommt davon, wenn sich Kaliban in das schöne, ewig blaue Feenreich der Poesie und der Damenwelt wagt! O Weitenweber, Weitenweber!« – Wahrlich ist es nicht angenehm, unter den Fußtritten Ariels und seiner losen Schar zu liegen! Was half es mir, dass mir der Geheimrat auf den Vorplatz hinaus folgte, mich umarmte, mir einen Kuss auf jede Backe drückte und mir zwanzigmal sein: »Brav gemacht! Brav gemacht, lieber Doktor, liebster, bester, teuerster, einzigster Freund!« zuflüsterte? Was half es mir, dass er mich mit Austern stopfen, in Burgunder ersäufen wollte – sein Haus konnte er mir doch nicht wieder öffnen! O Marie, Johanne, Albine! O Theodore, Ida und Sophie! – O Weitenweber, Weitenweber!

Da stand ich nun an der Straßenecke, in dem Schneegestöber, welches jetzt heftiger geworden war. Der Lampenwärter kam und zündete die Gaslaterne neben mir an; in allen Stockwerken der Häuser flammten die Christbäume auf, und alles, was nur noch einen Weihnachtsgedanken im Herzen beherbergte, suchte ihn hervor aus dem vergessensten Winkel und begann seine Weihnachtsfeier. Von allen Kirchen der Stadt läuteten die Glocken das schönste Fest der Christenheit ein; mir ward gar wehmütig zumute, und unwillkürlich fasste ich nach der Puppe in meiner Rocktasche, zog sie heraus, drückte mich dichter an die Hauswand, an welcher ich lehnte, und betrachtete sie, während die Menge ununterbrochen an mir vorüberströmte und mit ihrem Getöse doch nicht ganz den Kinderjubel um die Weihnachtsbäume in allen den verschiedenen Wohnungen der Gasse übertäuben konnte.

Das Ding schaute mich aus seinen grellen, blauen Augen gar sonderbar an; die Stumpfnase hatte bereits beträchtlich Schaden erlitten, und aus einem Beine des unglücklichen Wesens rieselte die Kleie mir leise auf die Hand. »Ach, du armes Ding«, sagte ich, »auch du hast schon fröhlichere Weihnachtsabende als den heutigen, welchen du in meinem Besitze zubringen wirst, verlebt. Was meinst du, gehen wir nach Hause, oder fallen wir in eine Kneipe?«

Da die Puppe nicht antwortete, so zählte ich die Knöpfe meines Rockes. Sie entschieden für die Kneipe, und so schob ich behutsam meine Begleiterin in die Tasche und setzte meinen Weg durch die Straßen einsam fort, widerborstig gegen das Fatum, meiner – Wohnung zu. Bald genug war dieselbe erreicht, und niedergeschlagen stieg ich die dunklen, steilen Stufen empor und horchte auf jedem Treppenaufsatz ein wenig den hellen Kinderstimmen, welche fast hinter jeder Tür hervordrangen; der Weihnachtsabend stand ja in seiner schönsten Blüte! – In meinem Zimmer angekommen, sank ich auf den nächsten Stuhl und stützte den Kopf mit beiden Fäusten auf meinen Schreibtisch, wie ein Brahmane, der das mystische Om ausgesprochen hat und sich in den Zustand der höchsten irdischen Seligkeit versetzen will.

Ich kam jedoch nicht zur völligen Auflösung ins Nichtsein; ein Frösteln, welches mich überlief, erinnerte mich, dass ich mein Feuer nicht erlöschen lassen dürfe. Ich schob also neues Holz in

den Ofen, und diese Beschäftigung erheiterte mich etwas. Ach, das Brummen und Knattern des Ofens, der tanzende Schein auf dem Fußboden und an den Wänden müssen einem solchen einsamen Gesellen, wie ich bin, oft vielerlei ersetzen! – Ich trat an das Fenster und schaute hinaus in die Nacht über die weißen Dächer. Ach, es war doch ein noch fröhlicherer Lichtschein, welcher aus dem Fenster der mir gegenüberliegenden Häuserreihe fiel! Fröhlicheres Geräusch erschallte dort hinter den niedergelassenen Vorhängen, als mein Ofen liefern konnte.
»Ich will arbeiten!«, sagte ich, zündete meine Lampe an, zog einige Bogen Konzeptpapier hervor und setzte mich an meinen Schreibtisch. Meiner Puppe aber bereitete ich mit Hilfe einiger Bänder von Meusels Gelehrtem Deutschland einen Sitz dicht vor mir. Ich tunkte die Feder ins Tintenfass, schaute in das Licht – eine Minute – zwei – drei – eine Viertelstunde! – »Beim Teufel!«, rief ich aufspringend, »ich wollte, ich könnte bis zum nächsten Alltage die Zeit verschlafen!« Dabei brachte ich eine gar anmutige marmorartige Verzierung auf dem vor mir liegenden weißen Bogen hervor und warf die Feder fort.
Ein Schritt auf der Treppe ließ mich aufhorchen. Er näherte sich. – »Das fehlte mir gerade noch!« rief ich unwillkürlich aus, – »Weitenweber! Na, du kommst mir eben recht!« – Ich hatte den Edeln seit seiner Untat nicht wiedergesehen. – Die Tür öffnete sich langsam, und auf der Schwelle erschien wirklich in Lebensgröße mein Freund Theobul Raimund Weitenweber, ein Individuum, welches wahrlich einer Personalbeschreibung würdig ist.
Mein Freund ist lang und hager wie ein Laternenpfahl, mit welchem er noch die Ähnlichkeit hat, dass auch er erst bei einbrechender Nacht anfängt aufzuflackern und gasartig zu leuchten. Sein Haar ist von unbestimmter Farbe und stets kurz geschoren, seinen Spitzbart aber lässt er wachsen je länger, je lieber, und

spielt derselbe ein wenig ins Rötliche. Dreht sich mein Freund um, so braucht er zu diesem einfachen Manöver wenigstens eine halbe Minute, setzt er sich nieder, so nimmt er genau die Stellung des Memnonsbildes in der Wüste an. Mein Freund führt einen Stock, der aber nur dann die Erde berührt, wenn ihn sein Herr in einem Winkel absetzt, sonst kommt er selten unter der linken Achsel seines Begleiters fort. Mein Freund Weitenweber trägt grauweiße Unaussprechliche, die unten in ein Paar schief gelaufene Stiefel enden, welche man unwillkürlich mit versteinerten antediluvianischen Mammutsfußstapfen in Verbindung bringt; einen weißgrauen Rock mit großen Knöpfen und einen eingedrückten weißgrauen Hut, in welchem sich ein buntes seidenes unheimliches Taschentuch aufhält. Handschuhe sind meinem Freunde etwas Unbekanntes, und alle denkenden Menschen, welche ihm auf seinen Wegen durchs Leben und durch die Gassen begegnen, bleiben, wenn sie es auch noch so eilig haben, stehen und blicken ihm verwundert nach. Mein Freund Weitenweber aber schaut niemand nach; abgemessenen Schrittes bewegt er sich, die spitze Nase hoch in den Lüften, die grauen, wie faules Holz glimmenden Augen halb geschlossen, die Unterlippe vorgeschoben, seinem jedesmaligen Bestimmungsort zu. –

»Guten Abend!«, sagte diese Kreatur, welche mir die Salontür der Frau Geheimrätin von Weißvogel vor der Nase zugeschlagen hatte. – »Guten Abend, Weitenweber! Du hast mir eine schöne Geschichte eingerührt; ich wollte –« – »Weiß, was du wolltest!«, sagte mein Freund mit einem Seufzer und zog aus seiner Rocktasche eine Flasche, deren Hals er mir zu fassen gab.

»Weitenweber, du hast mir einen großen Verdruss bereitet!« Gravitätisch zog das stoische Geschöpf eine zweite Flasche hervor und stellte sie auf den Tisch. »Ich werde nie wieder zu Gnaden angenommen werden – ach, Marie, ach, holde Sophie!«

Wo kriegte der Mensch alle die Flaschen her? Zwei andere machten ihre Erscheinung, und eine fünfte beschloss den Reigen. Gegen die Taschen meines Freundes sind die meinigen gar nichts. »Weitenweber, ich habe wahrhaftig Mühe, dir diese Geschichte zu verzeihen. Sie hätten mich ganz gewiss auf heute Abend eingeladen. O Albine, Johanne, Theodore! Wie angenehm hätte ich den Weihnachtsabend hinbringen können!« – »Ja, es soll Weihnachten sein!«, sprach Weitenweber mit seiner Grabesstimme, nahm langsam den Hut ab, zog einen Stuhl an den Tisch, setzte vorsichtig seine edle Kopfbedeckung darunter, als könne es niemals einen sicherern, besseren Platz dafür geben, stellte seinen Wanderstab hinter den Ofen, kam zu dem Tisch zurück und saß nach zwei Minuten lotrecht mir gegenüber.

»Wirf die Bücher vom Tisch, Hinkelmann«, sagte er und brachte aus seinen Taschen jetzt auch noch mehrere Zitronen und eine löschpapierne Tüte mit gestoßenem Zucker zum Vorschein. Es waren wundersame Taschen! – »Mische den Stoff, Hinkelmann.« – Ich wusste nicht, ob ich lachen oder ob ich wütend werden sollte, holte aber doch meine geborstene Suppenschale hervor, welche mir als Punschbowle diente, und schob den Teekessel in den Ofen.

Während ich mich damit beschäftigte, sah mein Freund starr auf die Puppe, welche noch immer auf Meusels Gelehrtem Deutschland vor ihm lag. Von Zeit zu Zeit berührte er vorsichtig mit der Spitze des Zeigefingers ihre eingedrückte Nase und gähnte gewaltig dabei, bis er sich plötzlich erhob, zum Fenster hinschritt, die Arme übereinander schlug und hinausstarrte, wie ich vor einer halben Stunde hinausgestarrt hatte. Unterdessen fing das Wasser im Kessel an zu singen und zu sprudeln, und ich bekam zu viel zu tun, um mich ganz meinem langen Freund widmen zu können. Ich hörte nur, dass er von Zeit zu Zeit etwas vor sich hin-

murmelte, bis ich endlich mit zwei gefüllten dampfenden Gläsern zu ihm hintrat und ihm das eine reichte. Er nahm es, hielt es in die Höhe, stieß ein dumpfes Geknurr aus, goss den Inhalt hinunter, seufzte, gab das Glas mir zurück und sprach: »Mehr Rum!«
Ich verbesserte den Stoff, und einen Augenblick später saßen wir einander gegenüber, die dampfende Schale in unserer Mitte. – Meusels Gelehrtes Deutschland nebst allen andern Büchern und Schreibgerätschaften war in die fernsten Winkel geflogen; die Puppe aber blieb neben unsern Gläsern liegen. Von der Gasse drang fröhlich das Geräusch der Weihnacht bis zu uns empor; im Hause jubelte bald nah, bald fern eine Stimme auf, und Weitenweber fing an seinen Spitzbart zu drehen, welches ein Zeichen größter Behaglichkeit bei ihm ist.
»Die Frau Geheimrätin von Weißvogel ist –« – »Eine Gans und soll mir mit ihrer Gänseblümchenpoesie vom Leibe bleiben. Fülle mein Glas, Hinkelmann.« – Ich kam dem Gebote nach, vernachlässigte aber auch mich selbst nicht. – »Nun kannst du noch einen Klotz in den Ofen werfen und mir einen Stuhl unter die Füße schieben. – So! – Nun unterhalte mich!«
Jetzt konnte ich nicht mehr. Ein ungeheures Gelächter verjagte alle Grillen und bösen Geisterchen, welche sich verschworen zu haben schienen, mich an diesem Abend zu quälen. Was aller Geist und Witz, der sich in der großen Stadt aufhalten soll und aufhält, nicht gekonnt haben würden, das brachten jetzt das unerschütterliche Phlegma und die kolossale Unverschämtheit meines edlen Freundes zuwege.
»Auf dein Wohl! Auf dein Wohl, Theobul!«, rief ich ganz erheitert und stürzte ein Glas Punsch hinunter. – »Mein Wohl liegt mir sehr am Herzen«, versetzte Weitenweber, kam meinem Beispiele nach und schob mir sogleich das geleerte Glas wieder zu. – »Ich danke dir, dass du gekommen bist, Weitenweber!«, sprach ich,

indem ich es füllte. »Der Mensch besteht aus Leib und Seele, die edelste Kraft der letzteren aber ist die Vernunft!«, sagte mein Freund, ohne eine Miene zu verziehen. »Ich bin ein sehr vernünftiges Wesen.«

»Der Weihnacht Gruß!«, rief ich, das Glas erhebend. – »Der Weihnacht Gruß!«, wiederholte mein Freund, ergriff die Puppe, welche neben ihm lag, betrachtete sie eine Zeitlang und fuhr fort: »Da liegt Mysterium magnum, – das große Geheimnis – wie Jakob Böhme sagt. Wie bist du an diese Puppe gekommen?« – Ich erzählte es. – »Und du langweiltest dich an diesem Weihnachtsabend? Du, welcher behauptest, ein Dichter zu sein?« Ich sah seufzend auf meinen wachsenden Körperumfang, aber Weitenweber fuhr fort: »Jakob Böhme sagt auch noch: ›Liebe Brüder zu Babel, tanzet doch nicht von außen ums Mysterium!‹ – Fülle die Gläser, Hinkelmann, nochmals der Weihnacht Gruß!«

Das aschfahle Gesicht meines Freundes rötete sich ein wenig, seine Augen gewannen allmählich einen stärkeren Glanz; es zuckte um seinen Mund. »Es ist mancherlei Art der Stimmen in der Welt, und derselben ist doch keine undeutlich, – sagt der Apostel Paulus. Horch, was die Stadt spricht, Hinkelmann! Der Weihnacht Gruß! Der Weihnacht Gruß! – Sei so gut und fülle die Gläser, Vortrefflichster!« – Es geschah. – »Elf Uhr! Nun schlafen die Kinder über ihren Freuden, ihren Puppen und bunten Bildern und goldenen Früchten ein und liegen traumlos in ihren Bettchen – dein Glas ist leer, Hinkelmann! – die Erwachsenen aber sorgen und jubeln noch fort, und wenn ihnen der Schlaf kommt, kommen mit demselben die Träume, das Irrlichtervolk des Geistes. Viele träumen auch wachenden Auges, und ich gehöre zu ihnen. Gebt mir Weihnachtsträume, gebt mir einen Weihnachtstraum, ihr geheimen Mächte, welche ihr die Menschen führt auf ihren Wegen! Auf dein Wohl, Hinkelmann, – und fülle die Gläser.«

Wahrlich, ich hatte die Gläser schon so oft gefüllt, dass mir ganz seltsam zumute ward. Was fiel dem Tische, der Punschschale, den Stühlen ein? Niemals in meinem Leben hatte ich solche krampfhafte Lebendigkeit an meinem Freunde Weitenweber gesehen. Er wackelte von einer Seite auf die andere, ward klein und groß, und wenn er trank, geschah es oft aus zwölf Gläsern zugleich. – Zwölf Uhr! verkündigte feierlich die Glocke der Marienkirche. Ein blauer Nebel lag vor meinen Augen. –
»Diese Welt ist ein großes Wunder!«, sagte Weitenweber. »Wir wollen über die Weihnachtswelt wandern, Karl Theodor Hinkelmann! Fülle die Gläser. Diese Puppe soll uns führen! Ich erkenne eine alte Bekannte in ihr – holla, spiritus viarum – daemon ambulatorius! Erwache, Liebchen!«
Ja, fülle einmal einer die Gläser! Wenn sie nur nicht so gewackelt hätten! Und noch dazu musste ich auf das Wunder achten, welches sich vor meinen Augen begab. Was hatte mein Freund Weitenweber mit meiner Puppe angefangen? Ich sah, wie sie den einen Arm ausstreckte, dann den andern – sie gähnte – dehnte sich – richtete sich auf – sah lächelnd umher – erhob sich ganz und stand aufrecht neben der Punschschale, machte einen zierlichen Knicks und darauf eine Handbewegung, die nichts anderes sagen konnte als: Meine Herren – me voilà! –
Bei Gott, das war nicht mehr Leder und Kleie und bunte Läppchen, das war nicht mehr ein von Kinderhändchen abgegriffener Holzkopf mit eingedrückter Nase! Elfenhaft-lebendig, in zierlicher Schönheit stand das kleine Wesen da und lehnte an einem Stäbchen, welches funkelte, als sei es aus einem Sonnenstrahl geschnitzt. Mit offenem Munde sah ich auf meinen Freund, welcher mit unbeweglicher Miene dasaß, als ob die Geschichte ganz in der Ordnung sei. Das einzige, womit er das Wunder begrüßte, war ein gewaltiger Seufzer und eine noch gewaltigere Wolke Zigarrendampfes.

Das kleine Wesen drohte ihm lächelnd und sagte: »Was hab' ich doch für Not mit dir! Zur Verzweiflung bringst du mich noch durch dein Gesicht. Nun sei artig und stelle mir den Herrn da vor.« – »Herr Karl Theodor Hinkelmann«, sprach mein Freund, auf mich zeigend, »ein Poet von Kopfzerbrechens Gnaden.« – »Freut mich ungemein«, schob die Elfe ein, mein Freund Weitenweber aber fuhr fort: »Hat sich bis jetzt mehr der Feld- und Waldpoesie gewidmet und mit Morgenröte, Blumenduft und Maikäfern gehandelt; wird aber jetzt zu fett dazu.« – »Es gibt auch in Feld und Wald Geschwister von mir«, sagte die Kleine. »Ich liebe die frische Luft, welche von den Feldern und Wiesen da draußen in mein Häuser- und Gassenreich dringt; ich liebe das Wasser, ich liebe die Blumen, wenn sie in der Scherbe vor den Fenstern zu blühen versuchen!«

»Und darf ich fragen, mit wem ich die Ehre habe –?«, fragte ich jetzt und hielt mich mit beiden Händen an meinem Stuhl, weil ich erwartete, er würde im nächsten Augenblick mit mir davonfliegen. – »Wir haben keinen Namen, wir sind ein großes Geschlecht«, versetzte mit silberhellem Stimmchen die Kleine. »Wir in den Gassen, wir sind die Geister der Gassen – der da kennt uns!« – »Ja, ich kenne euch«, sprach mein Freund Weitenweber.

»Wir wohnen in der Kellerwohnung und in der Dachstube, wir schweben durch die glänzenden Ballsäle und sitzen zu Häupten der Kranken in den Hospitälern. Im Königspalast, in den Kirchen, in den Gefängnissen sind wir zu finden; wir begleiten den Sarg und den Taufzug und den Brautwagen, wir sind überall, wir erscheinen in tausenderlei Gestalten; aber wenige, wenige erblicken uns. – Was verlangst du von mir, Theobul Weitenweber?« Und die Puppe erhob ihren Stab gegen meinen langen Freund. – »Zeige uns deine Wunder! Lass deine Zauber walten, führe uns durch die Weihnachtswelt!«

»Ihr wollt die heilige Nacht sehen? Ei, ich will euch wohl führen – aber du weißt, Weitenweber, meine Bilder sind bunt, und der Herr (die Elfe zeigte auf mich) sieht aus, als würde er sie aufschreiben und drucken lassen und – dann fällt alle Schuld auf mich.« – Weitenweber nickte und schnippte die Asche von seiner Zigarre und sagte: »Lass ihn! Narrenhände beschmieren Tisch und Wände. Wenn wir beiden uns nur verstehen. Uff – ›ich bin der Allernärrischste, und Menschenverstand ist nicht bei mir‹ – Sprüche Salomonis, dreißigstes Kapitel, zweiter Vers.«
Das Püppchen lächelte und streckte seinen Stab in den Dampf, der noch schwach aus der Punschschale aufstieg. Sogleich verdichtete sich dieser, wallte massenhafter empor zur Decke und senkte sich dann langsam wieder herab, alles um uns her erfüllend. Die Lampe erlosch, aber ein helles Licht ging jetzt von dem kleinen Zauberwesen aus, welches in der Mitte des Nebels schwebte und seinen Stab langsam über dem Köpfchen schwang. Plötzlich tauchte es aus der Nacht auf, verschwunden war meine Punschschale, verschwunden meine Stube, die Stühle rutschten unter uns weg – wir befanden uns in einem geräumigen, behaglich ausgestatteten Gemache, in dessen Mitte auf einmal ein ziemlich großer Christbaum mit erloschenen Lichtern stand. Keine Menschenseele war zugegen. Eine tiefe Stille herrschte ringsumher. Der Tisch, auf welchem der geputzte Baum stand, war mit Kinderspielzeug der verschiedensten Art bedeckt.
»Sie sind zu Bett gegangen«, sagte unsere kleine Führerin. »Soll der Zauber beginnen, Freund Weitenweber?« – Ich schaute mich nach meinem Freunde um; er stand weitbeinig da, die Hände in den Taschen, die Zigarre im Munde. Er nickte.
Die Elfe setzte sich leuchtend in die höchsten Zweige der Weihnachtstanne und lehnte sich an den Goldstern auf der Spitze und sah nachdenklich uns an. »Sie sind zu Bett, die Kinder, die Alten,

die Freudigen, die Betrübten – ach, sie schlafen nicht alle, – aber die große Stadt ist still, so still, wie in diesem Augenblick der Platz da draußen im Walde, wo dieser Baum gewachsen ist. Meine Brüder und Schwestern, welche dort wohnen, haben zu dieser Zeit weniger zu tun als wir, deren Reich die Gassen sind. Der Frühling schläft noch in den braunen Knospenhüllen an Busch und Baum wie meine Kinder in der Stadt in ihren Bettchen; die Käfer, die Schmetterlinge schlafen. Meine Geschwister da draußen haben jetzt nur für die braven Burschen, die Hasen und die frommen Rehe, zu sorgen und darauf zu achten, dass die herabsinkenden Schneeflocken die Gräser und Blumen und die junge Saat auf den Feldern hübsch zudecken, bis der Frühling alles aufweckt. Da draußen ist alles still; aber die große Stadt hat einen unruhigen Schlaf! Sie hat auch böse, böse Träume! Es schleichen Gestalten in den Gassen, finstern Herzens; es zählen die Kranken auf ihrem Schmerzenslager die Stunden, und die Verbrecher in den Kerkern rasseln mit ihren Ketten, und die Liebe ist noch wach und der Hass und das Glück und das Elend! Wir haben viel, viel zu tun in der großen Stadt!«

»Werde nicht elegisch. Kleine, du weißt, das kann ich nicht vertragen!«, sagte Weitenweber. »Zeige uns die Weihnacht!« – »Was ich sagte, gehört dazu.« – »Was du sagst, verstimmt mich. Ich liebe die Heiterkeit.« – Die Elfe brach in ein helles Gelächter aus, das wie ein silbernes Glöckchen klang, und schaukelte sich auf ihrem Zweige.

»Er liebt die Heiterkeit! Er liebt die Heiterkeit! Nun, so hört! Vor kurzer Zeit war hier ein fröhliches Getöse. Dort hinter jener Tür lauschte ungeduldig pochenden Herzens eine Kinderschar, während hier der Vater und die Mutter diese Weihnachtstanne schmückten, und die ältere Tochter alle die Puppen und Pferde und Trompeten und Trommeln und die andern Geschenke ordnete. ›Horch, wie sie trappeln!‹, sprach lachend der Vater. ›Bist du bald fertig, Marie?‹ – ›Gleich, dieser Honigkuchenmann will durchaus nicht festhängen. So, endlich!‹ – ›Hier Richards Trommel, hier die Puppen für die Mädchen, hier Eduards Harlekin!‹, rief freudig die Mutter. ›Alter, nun kannst du die Lichter anzünden!‹ Im nächsten Augenblick flammte der Baum in voller Pracht; das Weihnachtsglöckchen erschallte und die Kinder stürzten jubelnd herein. Ich war dabei, ich gab acht, dass alles glücklich vonstatten ging.« –

»Ja, ich hörte den Spektakel, als ich die Treppe hinaufging«, bemerkte Weitenweber. »Ich musste stehen bleiben, denn meine Taschen zogen mich fast zu Boden.« – »Hei, es war ein schöner Abend, und es kostete nachher Mühe genug, die Kinder zu Bett zu bringen. Aber nun schlafen sie und wir haben das Reich und die Herrschaft. Nun sollen die Geister erwachen.«

Ihren Zauberstab schwingend, umschwebte die Elfe, welche mit zwei Groschen wahrhaftig billig genug bezahlt war, die geputzte Tanne, berührte hier einen vergoldeten Apfel, dort einen bunten Zuckermann, dort ein seltsamliches Tiergebild. Das umherliegende Spielzeug berührte sie ebenfalls – die Bleisoldaten in ihrer Schachtel, die Puppen, die Nussknacker, die Kobolde in ihren Schnupftabaksdosen. Und unter ihrem Zauberstabe ward alles lebendig. Ein Klingen und Singen ging durch das Gemach; die goldenen Früchte und Figuren schaukelten sich an ihren Zweigen, die Bleisoldaten marschierten heran, die Püppchen hüpften herzu und nur Eduards Harlekin fehlte, ihn hatte sein glücklicher Besitzer mit zu Bett genommen und hielt ihn gar fest mit seinen kleinen Händen, sodass er dem Zauber nicht Folge leisten konnte.

»'s ist die Möglichkeit!«, sagte Weitenweber. »Was meinst du dazu, Hinkelmann? Schauderhafter Unsinn!« – Ich meinte gar nichts, der Kopf schwindelte mir. – »Nun sollen sie erzählen, wo sie herkommen!«, rief die Elfe. »Hört ihr wohl, ihr da zwischen den grünen Zweigen?« Die Äpfel und Nüsse schaukelten sich stärker, die Puppen knicksten, die Honigkuchenherren und -damen schlugen in die Hände, bis auf einen griesgrämigen Patron, der sie in den Taschen stecken ließ und die Beine wie ein X ausspreizte.

»Beginne du!«, sprach die Elfe, einen dickbackigen Apfel berührend, dessen gesunde, rote Naturfarbe schon wieder bedeutend durch das aufgelegte Schaumgold lugte.

Der Apfel drehte sich sogleich unzählige Male an seinem Faden nach links, hielt dann einen Augenblick ein, besann sich, drehte sich dann ebenso lange nach rechts, kam endlich zur Ruhe und begann: »Ich komme vom Lande. In meiner Jugend war ich eine Blüte, weiß und rot und duftend. Hunderttausende meiner Geschwister schaukelten sich um mich her. Ich war schön und wusste es; Bienen, Käfer und Schmetterlinge sagten es mir oft genug. Ach, wo sind meine Blütenblätter geblieben? Der Wind trug sie von dannen, fort über den Garten, auf die staubige Heerstraße. Sonnenschein und Regen habe ich genossen; Tausende meiner Geschwister habe ich sterben und vergehen sehen. Ich dachte auch zu sterben! Aber Sonnenschein und Regen stärkten mich, der Sturm konnte mir nichts anhaben; ich wuchs und gedieh, meine Wangen fingen an zu glühen. Nun bin ich hier, und ich weiß nicht, ob ich wache oder träume! Man hat mir Glanz gegeben. – Wer sagt mir, wo ich bin? Wer sagt mir, ob ich wache oder träume?«

Weitenweber seufzte: »Ich nicht!« – »Ja, wer sagt mir, ob ich wache oder träume!«, rief ich. – Die Elfe aber berührte, als der Apfel schwieg, seinen Nachbar, einen missgünstig aussehenden gelben Honigkuchenmann, mit einer bitteren Mandel als Herz, und sagte: »Nun erzähle du!«

»Wer hat Ihnen das Recht gegeben, mich zu belästigen?«, schnarrte dieser. »Respekt, ich bin eine Standesperson, ein Staatsbürger erster Klasse! Lassen Sie mich in Ruhe!« – »Hei«, rief die Elfe, »Du warst es, welcher sich gestern nicht aufhängen lassen wollte, du wolltest, als ich euch erweckte, die Hände nicht aus den Taschen ziehen!« – »Gute Nacht!« schnarrte der süße Staatsbürger erster Klasse und drehte uns die Schattenseite zu. – »Höflichkeit ist eine schöne Tugend!« bemerkte Weitenweber. »Darf ich Ihnen meine Visitenkarte einhändigen?« – »Ich bin süß, das weiß ich!« sagte der Honigkuchenherr, noch einmal über die Achsel schauend. »Ich habe die Kritik nicht zu fürchten.« – »Schlafen Sie wohl, Brummbär!« rief ärgerlich meine Puppe. »Mögen Sie sobald als möglich verzehrt werden!« – Es gibt auch noch hohle Zähne und schlechte Magen, das tröstet mich!«, sagte gähnend der süße Mann. –

»Lasst ihn, lasst ihn!«, riefen jetzt zwei Puppen, von denen die eine wie eine Balldame, die andere wie eine Bäuerin angetan war. »Wir wollen euch unsere Geschichten erzählen!« Und die Bäuerin begann: »Ich komme aus einer engen, dunklen Gasse. Da befindet sich in einem hohen Hause ein kleines Stübchen. Da bin ich geboren. Am Fenster stehen fünf Blumentöpfe mit Schlingpflanzen. Die grünen Blätter winden sich in jedem Topfe über und um ein kleines Holzkreuz, auf welchem jeden ein Name geschrieben ist. Eine alte Frau sitzt am Fenster mit der Brille auf der Nase und näht. Ihr verdanken wir das Leben. Ein kleines Mädchen, ihre Enkelin, sitzt ihr zu Füßen und reicht ihr die bunten Zeugstückchen zu oder fädelt ihr die Nadel ein. Die alte Frau hatte vor wenig Jahren noch eine zahlreiche Familie – jetzt lebt nur sie und das kleine Mädchen noch allein. Auf jedem Kreuzchen in den Blumenscherben steht der Name eines der Gestorbenen. Die alte Frau kann nicht mehr hinausgehen, durch die weite Stadt, zu dem Kirchhofe vor dem Tore, sie hat sich einen kleinen Kirchhof in ihrem Fenster angelegt. Das große Gesangbuch liegt auf dem kleinen Tischchen vor ihr, die alte Katze schnurrt zur Seite der Enkelin, welche mit leiser Stimme ein Schullied singt. Bratäpfel tanzen singend im Ofen, und von Zeit zu Zeit sucht einer das Weite und rollt hinab auf den Fußboden und hin über den weißen Sand. Das ist jedesmal ein großes Ereignis, in dem kleinen Zimmer. Das Kind springt lachend dem Flüchtling nach, der Kater macht schnurrend einen Buckel, die Großmutter aber hält mit ihrer Arbeit ein und schiebt die Brille auf die Stirn. Ist das nicht wie ein Blick in ein Märchen? Wir –«

»Wir sind aber nicht in dem kleinen Stübchen bei der Großmutter und dem Kinde, der Katze und den Bratäpfeln geblieben!«, fiel hier die Balldame der Bäuerin ins Wort. »Wir sind endlich hinaus gelangt in die große Welt, hinaus auf den Weihnachtsmarkt. Ei, das war etwas anderes! Da waren Lichter und Glanz, da war Leben, Hunderttausende von Menschen! Ich bin für die große Welt geboren, ich trage Krinoline. Deshalb bekam ich auch meinen Platz ganz vorn; den besten Platz, von welchem aus ich das ganze Getümmel überschauen konnte. Wie die Leute mich anstarrten! Ei, meine schönen, weißen Schultern gefielen ihnen. Ich saß in dem ersten Rang, und der Käufer kam bald genug, eigentlich viel zu früh für mich; ich wäre gern noch an meinem Platz geblieben; ich bin für die große Welt geboren.«

Ein gewaltiger Seufzer Weitenwebers unterbrach hier die Sprecherin. Mein Freund hatte seine Brieftafel hervorgezogen und notierte sehr eifrig die Rede der Balldame, wobei die Zigarre sich in seinem linken Mundwinkel taktmäßig auf und ab bewegte.

»Ach, wer doch auch für die große Welt geboren wäre!«, ließ sich jetzt eine Stimme vernehmen, welche aus der Tiefe, grabesähnlich, hervorkam. Unsere kleine Elfe schaute von ihrem Zweige verwundert nieder, und ebenso taten alle Puppen und Püppchen; nur der Staatsbürger erster Klasse rührte sich nicht.

Auch ich sah mich nach dem Sprechenden um, mein Freund Weitenweber aber entdeckte ihn zuerst. Stöhnend klappte er seine lange Gestalt zusammen, bildete aus seinen unendlichen Beinen zwei spitze Winkel, legte die Hände auf die Knie und blickte ernsthaft und schweigend auf einen seltsamen schwarzen Burschen, welcher wehmütig und vergessen unten am Stamm der Weihnachtstanne stand. Er schien aus getrockneten Pflaumen zusammengesetzt zu sein, der Kopf bestand aus schlecht bemaltem Ton, die Haare glichen einem Büschel Schweinsborsten. Er hatte eine Art Besen in der Rechten, und mit der Linken setzte er eben eine Leiter an den Stamm der Weihnachtstanne, um daran hinaufzuklettern in die grünen, geschmückten Zweige.
»Seht mal den! Seht mal den! O welch eine Nase! O welche Augen! O welches Haar! Seht seine Beine!«, erklang es von allen Ästen. – «Lasst ihn!«, rief die Elfe, ihren Stab ausstreckend. – »Er wird meine Robe beschmutzen«, sagte die Balldame, ängstlich hin und her trippelnd. – »Werft ihn hinunter; er riecht so übel!«, riefen die Marzipane, und der Lebkuchenmann wachte plötzlich auf aus seiner Erstarrung und schnarrte: »Schlagt ihn auf den Kopf, schlagt ihn auf den Kopf! Was will der Proletarier hier oben?«
»Kehren, kehren, kehren!«, rief der schwarze Pflaumenbursche unten und fasste die ersten grünen Zweige und schwang triumphierend seinen Besen. Alles rettete sich vor ihm so hoch als möglich hinauf, und nur die kleine Bäuerin blieb auf ihrem Platze. »Sie fürchten sich vor mir; sie wollen nichts von mir wissen; – ich will kehren, kehren, kehren!«, sagte der schwarze Mann; aber die Elfe flatterte zu ihm hin, fasste mit ihren weißen Händchen seine drohend aufgehobene Pfote und sang: »Lass sie, lass sie! Störe die Heilige Nacht nicht! Es sind Freunde hier, erzähle deine Geschichte!«
Der schwarze Bursche kauerte demütig nieder auf dem Zweige, welchen er erreicht hatte, und begann: »Aus einer dunkeln, feuch-

ten Kellerwohnung komme ich; am hellsten Tage fällt kein Sonnenstrahl hinein. Im Sommer läuft das Wasser in Tropfen von den schwarzen Wänden, und im Winter überziehen sich dieselben mit weißem Reiffrost. Da bin ich geboren. Als ich meine Geburtsstätte verließ, lag auf dem Strohlager im Winkel unter einem Stück grober Sackleinwand eine Leiche, und viele, viele hungrige Kinder kauerten verschüchtert umher. Am Tisch saß ein starker, kräftiger, aber bleicher und hohlwangiger Mann beim Schimmer einer elenden Lampe. Die Hand, die einen Stier niedergeschlagen hätte, bog den Draht, reihte die welken, schmutzigen Früchte auf, welche meine Glieder bilden. –

In dem Schneewind da draußen, in der kalten Winternacht, auf den eisigen Steinen sitzt ein armes kleines Kind, und vor ihm stehen meine Brüder in Reih und Glied aufmarschiert. O kauft sie, kauft sie! Sie kosten nicht viel! Ihr seid barmherzig, ihr scheut nicht das Ausgeben des Geldes, nur das Stehenbleiben und Suchen nach Geld scheut ihr. O kauft meine Brüder! Die Hand, die nach den Kupferpfennigen greift, ist bald wieder gewärmt; der Schnee, welchen der Nordwind über die Stadt treibt, ist schneidend; meine Brüder frieren, und das kleine Kind hat weder Schuh noch Strümpfe in der Winternacht.« –

»Die bewaffnete Macht werde ich aufrufen!«, schrie der Honigkuchenmann. – »Angetreten!«, rief eine dünne Stimme. »Schultert 's Gewehr! Marsch! Marsch!«, und die Bleisoldaten rückten klirrend heran. Aber die Elfe berührte den süßen Kerl mit ihrem Stabe, und er musste sich zufrieden geben, auch die Bleisoldaten hielten es für angemessen, sich still in ihrer Schachtel in den Hinterhalt zu legen. Weitenweber aber kratzte sich hinter dem Ohre und schnitt Gesichter wie ein Besessener.

»Christ ist geboren! Christ ist geboren!«, rief die Elfe. »Hört ihr die Glocken in der stillen Nacht? Christ ist geboren! Christ ist geboren! Hört ihr die Stimmen im Himmel, die Stimmen auf Erden? Christ ist geboren! Friede im Himmel und auf Erden und den Menschen ein Wohlgefallen!« – »Et nunc et semper et in saecula saeculorum!«, sang Weitenweber mit heiserer Stimme. »Wenn es nur schon so wäre!«

»Christ ist geboren! Christ ist geboren!«, rief die Elfe aufs Neue und erhob den Stab. Das Reich der Puppen war blitzschnell in die Dunkelheit, in das Nichts zurückgesunken. Graue Wolken umgaben uns, und wir wurden von ihnen getragen, und die Elfe schwebte in unserer Mitte. Ihre Gestalt ward größer und größer, ihre kindlichen Züge wurden ernst, behielten aber ihre unsägliche Schönheit. – Ein feierlicher Gesang, Orgelklänge und Glockengeläute ertönten leise, leise unter unsern Füßen und wie aus weiter Ferne. –

»Wir schweben über der Weihnachtserde, aber wir sehen sie nicht. Das einzelne ist vergangen!«, sagte mein Geist, in dem mehr steckte, als ich bei seinem Einkauf vermutete. »Horcht, die katholische Kirche!«

»A solis ortus cardine
Ad usque terrae limitem
Christum canamus principem
Nazm Maria virgine«,

erklang es, jetzt anschwellend, jetzt verhallend, wie aus Hunderttausenden von Kirchen nah und fern. – »Horcht, die protestantische Kirche!«, rief die Elfe, und näher, voller, kräftiger brauste es auf:

»Vom Himmel hoch, da komm' ich her,
Ich bring' euch gute neue Mär,
Der guten Mär bring' ich so viel,
Davon ich singen und sagen will!«

»Christ ist geboren! Christ ist geboren!«, sang die Elfe. »Der Morgen kommt, der Morgen kommt! Seht da!« – Aus dem Nebelmeer unter uns tauchte es auf: Türme, Kuppeln, Dächer, weißbeschneit, erschienen. Lichter blitzten hier und dort. Die Orgelklänge, der Gesang verhallte, aber ein dumpfes, unbestimmbares Rauschen drang zu uns empor. Ein trübes Chaos lag die große Stadt zu unsern Füßen, überdeckt von dem dunkel wallenden Wolkenschleier.
»Der Morgen kommt, der Morgen kommt! Friede allen Betrübten, allen Bekümmerten!«, sang die Elfe. – »Seht, die Krähen flattern um die Kirchtürme! Horcht, die Gassen rufen mich! Dort kommt das Licht!« – Ein roter Schein zuckte im Osten empor.
»Ich scheide, ich scheide!«, rief die Elfe. »Gruß dem Christmorgen!« – Sie zog den weißen Wolkenschleier, der sie umgab, über ihrem Haupt zusammen, die Umrisse ihrer Gestalt wurden unbestimmter, – sie war verschwunden.
»Weitenweber!«, schrie ich entsetzt. Die Wolken, welche mich bis jetzt getragen hatten, wichen unter meinen Füßen, kopfüber schoss ich pfeilschnell herab auf das Häusermeer, gerade auf eine fatale Kirchturmspitze zu – schrille, scheußliche Stimmen schlugen an mein Ohr. »Weitenweber!«, schrie ich. »Hilfe!« – Die Krähen um den Turm der Marienkirche fuhren krächzend auseinander, ich schlug nieder auf die Spitze der Wetterfahne und erwachte.
Tiefe Dunkelheit umgab mich, nichts rührte sich. Ich tastete mit zitternder Hand umher und fand, dass ich auf dem Fußboden saß. Hinter mir hatte ich die Lehne meines umgefallenen Stuhles. Eine geraume Zeit hindurch starrte ich verblüfft in die Nacht, bis sich allmählich meine fünf Sinne wieder zusammenfanden. Ein glühender Punkt in der Dunkelheit zog meine Aufmerksamkeit auf sich. Ein tiefer Seufzer ließ sich vernehmen. »Weitenweber!« ,rief ich.

Der glühende Punkt bewegte sich ein wenig. – »Was gibt's?«, fragte die grabesähnliche Stimme meines Freundes. – »Was ist aus der Lampe geworden?« – »Ausgegangen vor einer Stunde.« »Weitenweber!« – »Nun?« – »Ich glaube, ich bin mit dem Stuhl umgefallen!« – »Scheint so.« – – »Ach – Weitenweber!« – »Bist du nicht bald fertig?« – »Ich habe einen seltsamen Traum gehabt.« – »So? Freut mich ungemein! Es mag schönes Zeug gewesen sein! Dass du dich nicht unterstehst, ihn zu Papier zu bringen; – hast dem Chamäleon gerade genug Abonnenten verjagt! Der Stoff ist zu Ende – o!«

Ich erhob mich taumelnd und renkte meine Glieder ein wenig wieder ein. Dann gelang es mir, nach Überwindung mancher Schwierigkeiten, Licht anzuzünden. Wahrhaftig, ich befand mich in meinem Zimmer, und an meinem langen Freund war durchaus keine Veränderung zu bemerken. Berge von Zigarrenasche und Wolken von Zigarrendampf umgaben ihn; übrigens steckten seine Hände noch immer in den Hosentaschen, streckten sich seine Beine noch immer so weit als möglich in die Unendlichkeit hinaus. Sein Hut stand noch immer unter seinem Stuhl. –

Ich kann es nicht leugnen, der Blick, welchen ich auf die Puppe neben der leeren Punschbowle warf, war etwas scheu und misstrauisch. – Ich seufzte, Weitenweber seufzte. –

Schöne Damen, bittet für uns! –

Eugen Roth

Das Weihnachtsbild

Der altertümliche Herr, der dort kerzengerade, aber doch ein wenig wackelig, durch den nassen Dezembersturm geht, ist der Hofrat Farny. Kein Mensch weiß, warum er Hofrat ist, was er alles getrieben hat in seinem langen Leben, ob er Arzt war oder Gelehrter, Beamter vielleicht im alten Österreich; kein Mensch weiß auch, wovon er lebt, wovon er gelebt hat in all den Jahren, seit er hier aufgetaucht ist, in der mäßig großen fränkischen Stadt, in der er jetzt durch den nassen Schnee wandert, in einem schier dürftigen Winterrock, der windflatternd um seine Knie schlägt, den bartlosen Geierkopf unterm breiten Hut vorgestreckt, ohne Blinzeln in das Gestöber hineinblickend, ein verwetztes leeres Mäppchen unter den Arm geklemmt. Ja, das Mäppchen ist noch leer, er kann es gleichgültig halten, so oder so, es schadet nicht viel, ob es feucht wird, ob es der Wind aufblättert. Wenn er aber Glück hat, wird er es behutsam nach Hause tragen, mit köstlichen Erwerbungen gefüllt, alten Stichen und Steinzeichnungen, Pergamentmalereien oder Aquarellen, wie er sie, vielleicht, finden würde in den Läden und Gewölben der vier, fünf Trödler und Antiquare, die es hier gab. Er war ein Sammler, ein Liebhaber, ja; und wie ein Liebhaber zog er jetzt aus, das Abenteuer zu suchen. Feurige Gedanken und kühne Hoffnungen bewegten sein Herz; es konnte ihm gelingen, den großen Fang zu tun, den unwahrscheinlichen Schatz zu heben. Und wie ein Freier davon träumt, der

Braut zu begegnen, sie zu gewinnen, sie heimzuführen, wie er davon schwärmt, des herrlichen, nicht mehr bestrittenen Besitzes sich zu freuen, so gedachte der alte Hofrat, die noch leere Mappe durch den Winternachmittag tragend, in ahnender Lust der wunderbaren Stunde, da er seine Eroberungen daheim, unterm Lampenlicht, auf den Tisch breiten würde, nicht heute, nein, da wird er sich bezwingen; aber morgen Abend, am 24. Dezember, da wollte er es tun. Zwei Pakete, von auswärtigen Händlern, Ansichtssendungen, hatte er schon zu Hause liegen; hatte sie nicht aufgemacht, wie sehr ihn danach verlangte. Dies sollte sein Weihnachten werden; seine Christbescherung. Mochten andere sich ein Bäumchen putzen, sich mit Geschenken überraschen – das lag weit hinter ihm. Zwei Frauen hatte er begraben, der einzige Sohn war ihm gefallen. Seitdem gehörte seine Liebe den kleinen Dingen am Rande der großen Kunst. Und wenn der Hofrat heute auszog, einen Fund zu tun, sein Weihnachtsgeschenk zu holen, dann dachte er nicht an meisterliche Kostbarkeiten; so unbescheiden kam er dem Schicksal nicht. Aber warum sollte er nicht das eine oder andere Blättchen finde, das wie für ihn bestimmt schien, das wie eine Sprosse war für die Leiter seiner eigenwillig ausgerichteten Sammlung, wohlfeil und doch nicht für alles Geld der Welt aufzutreiben, wenn es einem nicht der holde Zufall in den Weg warf. Und dieser Zufall, dieses Glück musste heute mächtig sein. Der alte Mann witterte es. Mit dem gespannten Ausdruck eines Jägers klinkte er die Türe des ersten Ladens auf, den er bei seinem Pirschgang besuchen wollte. Den ergiebigsten Platz freilich, wo er sich wirklich Beute erhoffen durfte, sparte er sich bis zum Schluss auf: die Höllriegelsche Kunsthandlung an der Korbiniansbrücke.

Auf der Korbiniansbrücke stand in derselben Stunde ein anderer Herr müßig im leiser werdenden Schneetreiben, ein jüngerer

Mann, gemessen am alten Hofrat, wohlvergraben im weichen Flauschmantel, mit festen Schuhen unbekümmert in der Nässe und schaute ins trübe Wasser hinab oder in die schon dämmernden Straßen hinein, bis zur Kirche, deren Turm im Dunst verschwand. Er hatte Zeit dazu herumzustehen, er hatte mehr Zeit an diesem Nachmittag, als ihm lieb war. Weiß Gott, er war sonst ein eiliger Mann, in Hamburg, wo er daheim war, ein vielbeschäftigter, ein Architekt, Hansen hieß er und Zeit war Geld für ihn. Aber heute und hier, was sollte er treiben, den ganzen Nachmittag, in einer mittelgroßen, fremden Stadt. Er war mittags gekommen, eine wichtige Besprechung mit den Behörden war auf morgen früh verlegt worden, eine dumme Geschichte, er musste den Mittagszug noch erreichen, wenn er am Christabend, spät genug, noch daheim sein wollte.

Und was er morgen an Zeit zu wenig haben würde, das hatte er heute zu viel, er stand herum, zum Wein konnte er doch nicht gehen, was sollte er sonst den Abend tun, den ganzen Abend, der war noch lang genug zum Trinken und zum Sinnieren. Gewiss, hinterher, wenn er wieder im Zug saß, würde es ihm einfallen, dass er den und jenen Bekannten hier hatte, aber jetzt fiel ihm keiner ein. Er ging ein paar Schritte weiter, er sah gleichmütig in die Auslagen voller passender Festgeschenke, für wen wohl passend, lächelte er, für ihn gewiss nicht. Er ah auch in die Fenster der Höllriegelschen Kunsthandlung, im halben Licht bot sich ihm ein Wust von Büchern und Trödel, von Möbeln, Teppichen, Bildern, Waffen und altem Kunstgewerbe. Und mit einmal lagen die nächsten Stunden freundlicher vor ihm: Hier würde er sie verschmökern, in zielloser Jagd nach dem glücklichen Zufall.

Er trat ein, fragte das verlegen aufwachende Mädchen mit fröhlicher Gelassenheit, ob er sich, ohne bestimmte Kaufabsicht, umsehen dürfe; und ließ sich hier einen Krug und dort ein Bild zeigen, griff wohl auch selbst nach einem Buch oder einem Blatt und kam mehr und mehr mit dem Mädchen, das seine Schüchternheit vergaß, ins Plaudern. Im Hintergrund des weitläufigen Ladens fand er in einem Gestell eine Mappe, trug sie unters Licht und begann, sie durchzublättern.

Der alte Hofrat hatte recht gewittert: Der holde Zufall, das Glück war heute mächtig. Nach einer Reihe von belanglosen Dingen, als er schon ermüden wollte, fand der Architekt das entzückendste Bildchen, das sich denken lässt. Beileibe kein Werk von großer Kunst, ja offenbar überhaupt von der Hand eines Stümpers, aber ein Bildchen, in das jeder empfindsame Mensch verliebt sein musste, auf den ersten Blick. Rührend gezeichnet und in sauberen, ein wenig grellen Wasserfarben getuscht, stellte es ein Biedermeierzimmer am Christabend dar. In der Mitte des Raumes stand der Gabentisch, mit einem hölzernen Reiter darauf, einem vierspännigen Planwagen und einer Puppenküche. Darüber zwei Christbäumchen, mit Lichtern geputzt und mit buntem Marzipan behängt. Der Vater steht dort, das jauchzende Jüngste im Arm, zwei Schwesterchen küssen sich, ein Bub schiebt ein Wägelchen, sein Geschenk, quer durch das Zimmer, Mutter und Großmutter aber schauen gerührt auf zwei weitere Geschwister, die ein paar arme Nachbarskinder bescheren. Auf dem mächtigen, weinroten Kanapee aber lehnt, völlig vergessen, eine allerliebst gekleidete Puppe.

Der Architekt fragte, so beiläufig als er es in seiner Freude vermochte, was dieses Bildchen kostete. Er machte sich insgeheim auf einen bedeutenden Preis gefasst, entschlossen, ihn zu zahlen, wenn er nicht gar zu unsinnig wäre: Das Mädchen entzifferte die Auszeichnung und sagte stockend, als wäre es zu viel: Dieses Bildchen kostet fünf Mark. Der Kunde, der dreißig gerne gezahlt hätte und bei fünfzig kaum schwankend geworden wäre, griff unverzüglich in die Tasche und legte ein blankes Fünfmarkstück auf den Tisch.

Im selben Augenblick ging die Tür, und aus dem Schneedunkel traten zwei Männer herein, zwei Greise, ein kleiner, wieselflinker, der dienernd voranging, und ein großer, bolzengerader, der starr stehenblieb, als er, mit einem Blick, den Fremden gewahrte, über die Mappe gebeugt.

Da habe er es noch gerade recht getroffen, rief der muntere Alte, er wisse ja, wann der Hofrat zu kommen pflege, und er habe ihm ja auch was besonders Schönes hergerichtet, was er einem alten Kunden zu Weih ... – er blieb mitten im Wort stecken, denn nun hatte auch er gesehen, dass die Blätter, die dieser Fremde durchforschte, eben die waren, die er für den Hofrat bestimmt hatte.

Der Architekt merkte nichts von der heillosen Verwirrung, die ihn umgab und die auch das Mädchen ergriffen haben musste unter dem bitteren Schweigen des Hofrats und den zornigen und hilflosen Blicken ihres Großvaters. Gelassen schloss er die Mappe, in der nichts weiter seine Aufmerksamkeit erregt hatte. Der Händler griff mit allen Fingern danach: »Sie sind fertig, mein Herr? Sie haben nichts gefunden?«, rief er gierig und warf einen erlösten, einen sieghaften Blick auf den Hofrat; auch dieser trat, wie aus einem Bann gelöst, hastig näher.

Der Architekt, ein wenig verwundert, aber nicht begreifend, sagte ganz ruhig, nein, er habe nichts weiter gefunden, außer diesem Bildchen, das er bereits gekauft und bezahlt habe. Fünf Mark, es habe wohl seine Richtigkeit, das Geld liege übrigens noch auf dem Tisch. Und er nahm das Bild, das von den andern Blättern halb verdeckt gewesen war, und hielt es dem Händler hin.

Der zuckte schmerzlich zusammen; der Teufel hätte nicht tückischer wählen können als dieser zur Unzeit hergelaufene Kunde! Er hätte gar zu gern dem fremden Herrn dieses Bild wieder abgejagt, dieses Aquarell, das er seit einem halben Jahr verborgen gehalten hatte, um den Hofrat damit zu überraschen. Aber an dem Kauf war nichts zu drehen und zu deuteln. Sollte er den Preis für einen Irrtum seiner Enkelin erklären und eine verrückte Summe verlangen? Ja, wenn die geheime Zahl zweistellig gewesen wäre – aber hier stand deutlich ein einzelner Buchstabe! Und dem Herrn alles erzählen, die ganze Schuld auf das Mädchen schieben – er hatte einen Ausweg gefunden: »Nicht wahr, Herr Hofrat«, sagte er, und blinzelte hinüber, »Sie hatten doch dieses Bild bereits fest erworben, es ist nur aus Versehen – meine Enkelin konnte nicht wissen –« Sein Versuch scheiterte an dem harten Blick des Hofrats, der kalt und mühsam hervorbrachte, indem er sich ein wenig altmodisch gegen den Architekten verneigte: Er könne sich nicht entsinnen, es müsste bei dem bleiben, dass der Herr ihm zuvorgekommen sei, und einen Hirschen könne man nicht zweimal schießen. Und er fragte bescheiden, ob er das Blatt näher betrachten dürfe.

Der Architekt, der sich gern mit seiner Beute aus dem Staube gemacht hätte, denn es wurde ihm unbehaglich, gab mit ausgesuchter Höflichkeit dem alten Herrn das Bild. Der trat unter die Lampe und betrachtete es; was, betrachten! Mit den Augen verschlang er's, mit der Nase befuhr er's, mit den Lippen schmeckte er es; er würgte es gierig in sich hinein, dann wieder, wie vergessend, dass es ihm nicht gehöre, überglänzte er es mit seligen Blicken. Dies sei, sagte er endlich, das erste Bild, das ihm unterkomme, auf dem die Christbäume hängend, von der Decke herab, dargestellt seien. Und er erzählte, wie um einen Vorwand zu haben, das Blatt noch nicht weggeben zu müssen, vom alten Heidenbrauch des spukwehrenden Wintergrüns, lachte, dass der erste Pfarrer, der »gegen die waldnachteilige Verhackung der Weihnachtsbäume« gewettert hatte, ausgerechnet Dannhauser geheißen habe,

und brachte eine Reihe von Schnurren und Anmerkungen vor, eifrig redend, als gelte es, einen Zauberkreis von Worten um das Bild, das unselig verlorne, rasend begehrte und nach geheimem Recht ihm gehörige Bild, zu schließen.
In der Tat benützte der Architekt denn auch die erste Lücke des Gesprächs, ihm die Beute zu entreißen, indem er auf die Uhr sah, etwas von höchster Zeit murmelte und die Hand, höflich aber bestimmt, gegen das Bild hinstreckte. Der Hofrat genoss den unwiderruflich letzten Blick auf das geliebte Blatt mit trunkenen Augen; seine Hand zitterte, er stieß einen ächzenden Seufzer aus, dann hielt er es schwankend in die Luft, abgewandten Gesichts, wie verlöschend in Qual. Der Architekt, beschämt und unschlüssig, ob er etwas sagen sollte, nahm das Bild, rollte es zusammen, steckte es in die weite Brusttasche seines Mantels und verließ mit raschem Gruß den Laden, überzeugt, dass hinter ihm ein Wirbelsturm der Wut, der Verzweiflung und Verwünschungen losbreche. Er kam sich, während er durch den inzwischen weiß und dicht gefallenen Schnee seinem Gasthof zustrebte, bald wie ein großartiger Glückspilz vor, bald wie ein flüchtender Attentäter. Das tapfere und hoffnungslose Gesicht des alten Herrn wollte ihm nicht aus dem Sinn, ja, es schwamm vor ihm her im zitternd rieselnden Schnee. Weiß Gott, wenn der Hofrat die zugeworfene Rettungsleine ergriffen, wenn er beschworen hätte, das Bild gekannt und so gut wie gekauft zu haben, ob er, der Architekt, dann die Scherereien des Rechtbehaltens auf sich genommen hätte. Ein ritterlicher Mensch, das war er, der wunderliche Kauz; wer weiß, was der alles erlebt hat, bis er so geworden ist! Ob ich auch einmal so werden würde, gierig auf ein Bildchen, kindisch, wenn ich's nicht bekomme – der alte Knabe hätte doch beinahe das Heulen angefangen. Ob ich so werde? Ich bin ja schon so! Einem armen Teufel sein Weihnachtsvergnügen nehmen, pfui! Hätt'

ich's ihm doch gelassen! Kunststück, etwas entdecken, was für den andern vielleicht schon hergerichtet war. – Er schämte sich; auf der Stelle wollte er umkehren; aber der Trotz verbot es ihm. Und was ging ihn ein fremder Herr an. Und schließlich war es ein reizendes Bild, gut und gerne seine fünfzig Mark wert, auch wenn es nur fünf gekostet hatte. Einen so seltenen Fang lässt man nicht wieder fahren, einer flüchtigen Wallung des Herzens zuliebe.

Er ging auf sein Zimmer, holte das Bild aus der Tasche, betrachtete es, sorgfältig und ohne Überschwang. Sehr nett, dachte er, aber eigentlich nichts weiter. Wenn man es ohne Gnade beschaut, gibt es nicht viel her. Für den Hofrat freilich, den armen Alten, wird es zum verzehrenden Gaukelspiel des Unerreichten, schöner von Tag zu Tag. – Der Unglückliche! Tut mir leid, aber –

Er warf wieder einen Blick auf das bunte Blatt, es gefiel ihm jetzt über die Maßen, nie würde er es hergeben. Der Hofrat – was kümmerte ihn der Hofrat! – wird jetzt auch heimgekommen sein, nichts wird er haben, um es auf den Tisch zu breiten, an das Bild hier wird er denken, mit brennendem Herzen.

Der Architekt schalt sich selber einen gefühlsseligen Narren, warf das Bild in die Tischlade, machte sich für den Abend zurecht und trat wieder ins Freie. Heute werd' ich ordentlich eins trinken, dachte er. Und tat es auch. Über vieles wollte er nachdenken, ein einsamer Zecher, wie selten hatte er Muße dazu, so gut zu sitzen und die Gedanken schweifen zu lassen über die Jahre, die schon gelebten und die noch zu lebenden, ins Ungewisse hinein und mit welcher Kraft des Herzens. Aber wohin er seine Seele auch sandte, der alte Mann holte ihn ein, in hundert Verwandlungen, auf tausend Wegen kam er ihm entgegen, trat an den Tisch zu dem Trinkenden, flehte um das Bild.

Und jetzt erst recht nicht, sagte der Architekt und sagte es fast

laut vor sich hin und setzte noch einen Schoppen drauf und noch einen. Und spürte doch, dass ihm das Bild nicht mehr gehöre.
Er ging spät in den Gasthof zurück, schlief schwer, erwachte wirr, sah, dass es schon hohe Zeit war, zu der Besprechung zu gehen, machte sich eilig fertig, frühstückte voll Hast und bestellte den Diener mit dem Koffer an die Bahn zu dem Mittagszug, mit dem er fahren wollte, den er unbedingt erreichen musste.
Die Besprechung war anstrengend, der Architekt war ganz Fachmann und genauer Rechner, viel stand auf dem Spiel. Mit knapper Not wurde bis zur Mittagsstunde eine vorläufige Einigung erzielt, um 12 Uhr 36 ging der Zug, er stieg in das Taxi, auf dem Bahnhof war ein bewegtes Treiben, natürlich, am Tag vor Weihnachten! Mit dem Worte Weihnachten fiel ihm der Hofrat ein und das Bild – das Bild, das wahrhaftig jetzt im Hotel liegengeblieben war – im Schubfach!
Der Diener stand da mit dem Koffer. Es eilte sehr. »Hören Sie«, sagte der Architekt, »ich habe ein Bild liegengelassen –« – »Wird nachgeschickt!«, fiel ihm der Diener beflissen ins Wort. Aber der Reisende, indem er sich schon aufs Trittbrett schwang, lachte plötzlich, und es war das gute Lachen des Siegers, der sich selbst bezwingt: »Nein«, rief er, »nicht nachschicken! Tragen Sie es gleich, jetzt, sobald Sie heimkommen, zu dem Antiquar an der Brücke, er soll es dem Hofrat bringen, dem es gehört. Und die fünf Mark, die es gekostet hat, soll er seiner Enkelin geben, als Schmerzensgeld, denn sie wird genug gescholten worden sein!«
Und der Diener rief dem fahrenden Zug nach, ein wenig ungewiss, was der Auftrag bedeuten solle, er werde es genau so ausrichten. Und er wünsche dem Herrn fröhliche Weihnachten.
Der Zug war überfüllt, aber der Architekt fuhr erster Klasse, es kam ihm nicht drauf an, das war heute ein Abschluss von Hunderttausenden gewesen. Und er war noch vergnügter darüber,

dass er eine Sache in Ordnung gebracht hatte, im Wert von fünf Mark. So billig, lachte er in sich hinein, so recht billig habe ich noch nie fünf Menschen eine Weihnachtsfreude gemacht: einem alten Mann, noch einem alten Mann, einem Mädchen, mir selber und, wenn ich's ihr erzähle, meiner Frau auch – und wenn ich ihr auch nichts mitgebracht habe als diese Geschichte.

Guy de Maupassant

Heilige Nacht

»Das Weihnachtsmahl! Das Weihnachtsmahl! Oh, nein danke, Weihnachten werde ich nicht feiern!«
Dies sagte der dicke Henri Templier wütend, als ob man ihm einen niederträchtigen Vorschlag unterbreitet hätte. Die andern riefen lachend: »Warum macht dich das so wütend?«
»Weil mir das Weihnachtsfest den dreckigsten Streich aller Zeiten gespielt hat und weil mir davon ein unbezwinglicher Abscheu vor dieser albernen Nacht blödsinniger Fröhlichkeit geblieben ist.«
»Wie denn das?«
»Wie? Ihr wollt es erfahren? Nun denn, so hört mir zu.«

Ihr erinnert euch, wie kalt es vor zwei Jahren, gerade zu dieser Zeit war; eine Kälte, dass sie die armen Teufel auf der Straße hätte um ihr Leben bringen können. Die Seine fror zu; durch die Sohlen der Stiefel hindurch verwandelten die Gehsteige die Füße zu Eisklumpen; man hätte meinen können, die Welt werde nächstens zerbersten.
Ich hatte damals etwas Umfangreiches in Arbeit und lehnte jede Einladung zum Weihnachtsschmaus ab, weil ich es vorzog, die Nacht an meinem Schreibtisch zuzubringen. Allein nahm ich das Abendessen ein und machte mich danach ans Werk. Doch so gegen zehn Uhr ließen mich der Gedanke an die Fröhlichkeit, welche Paris durchströmte, der Straßenlärm, welcher trotz allem bis zu mir herauf drang, sowie die Vorbereitungen, die meine Nachbarn

für das weihnachtliche Nachtmahl trafen und welche durch die Zwischenwände hindurch zu vernehmen waren, unruhig werden. Ich wusste nicht mehr, was ich tat, schrieb dummes Zeug und sah schließlich ein, dass ich die Hoffnung, in dieser Nacht etwas Rechtes zu schreiben, aufgeben musste. Eine kurze Weile ging ich in meinem Zimmer auf und ab, ich setzte mich, erhob mich wieder. Ich stand wohl unter dem geheimnisvollen Einfluss der Freude, welche draußen herrschte – und gab mich geschlagen.

Ich klingelte nach meinem Dienstmädchen und sagte: »Angele, holen Sie mir etwas zu essen für zwei Personen: Austern, ein kaltes Rebhühnchen, Krebse, Schinken und Kuchen. Bringen Sie zwei Flaschen Champagner herauf und gehen Sie dann zu Bett.«

Sie gehorchte, etwas überrascht. Als alles bereit war, zog ich meinen Mantel über und ging aus.

Eine schwierige Frage blieb noch offen: Mit wem das Weihnachtsessen teilen? Meine Freundinnen waren da und dort eingeladen. Wenn ich eine für mich hatte haben wollen, dann hatte ich mich vorher darum kümmern müssen. Da kam mir der Gedanke, ich konnte die Sache mit einer guten Tat verbinden. Ich sagte mir: »Paris ist voll von armen und hübschen Mädchen, deren Tisch nicht gedeckt ist und die sich auf der Suche nach einem großzügigen Burschen die Beine vertreten. Ich will für eine dieser Verlassenen den Weihnachtsengel spielen. Ich schweife herum, sondiere, jage und wähle nach Belieben.« Dann begann ich meinen Streifzug durch die Stadt.

Natürlich begegnete ich vielen armen Mädchen, die auf ein Abenteuer aus waren, doch sie waren so hässlich, dass es einem hätte den Magen umdrehen können, und dünn, dass sie, waren sie stehengeblieben, zu Eis erstarrt wären. Ich habe, wie ihr wisst, eine Schwäche: ich mag die gutgenährten Frauen. Je fleischiger, desto besser. Ein Koloss lässt mich den Verstand verlieren.

Plötzlich entdeckte ich dem Théâtre des Variétés gegenüber ein Profil ganz nach meinem Gusto. Ein Kopf, dann, vorne, zwei Hügel: die Brust – sehr schön! – und darunter erstaunlich: der Bauch einer fetten Gans. Ein Schaudern durchlief mich, und ich murmelte vor mich hin: »Sapristi, welch schönes Mädchen!« Eines blieb noch abzuklären: das Gesicht.

Das Gesicht ist der Nachtisch, das übrige ist ... der Braten.

Ich beschleunigte den Schritt, holte die flanierende Frau ein und drehte mich unter einer Gaslaterne unvermittelt nach ihr um. Sie war bezaubernd, blutjung, hatte braunes Haar und große schwarze Augen. Ich machte mein Angebot, sie ging ohne zu zögern darauf ein. Eine Viertelstunde später waren wir bereits in meiner Wohnung und saßen am Tisch.

Beim Eintreten sagte sie: »Oh, hier lässt sich's gut sein.« Sichtlich zufrieden, für diese Nacht einen gedeckten Tisch und ein Bett gefunden zu haben, schaute sie sich um. Prächtig war sie, so ausnehmend hübsch, dass ich ins Staunen geriet. Und so dick! – herzbetörend für alle Zukunft. Sie legte Hut und Mantel ab, setzte sich und machte sich ans Essen; doch recht behaglich schien sie sich nicht zu fühlen; dann und wann lief ein Zittern über ihr etwas blasses Gesicht, wie wenn sie unter einem geheimen Kummer gelitten hatte.

»Hast du Ärger?«, fragte ich sie.

»Pah, vergessen wir alles«, antwortete sie und griff nach dem Glas, leerte den Champagner auf einen Zug, füllte nach, leerte das Glas wieder – pausenlos. Bald stieg ein rötlicher Schimmer in ihre Backen, und sie begann zu lachen.

Schon vergötterte ich sie, küsste sie mitten auf den Mund und merkte, dass sie nicht dumm oder gemein und vulgär war wie die andern Straßenmädchen. Ich fragte sie nach Einzelheiten aus ihrem Leben, doch sie sagte nur: »Das geht dich nichts an, mein Kleiner!«

Ach, und eine Stunde später ... Endlich war es Zeit ins Bett zu gehen, und während ich den gedeckten Tisch vom Kaminfeuer wegrückte, zog sie sich flink aus und schlüpfte unter die Decken. Meine Nachbarn vollführten einen Höllenspektakel, lachten und sangen wie die Verrückten.

»Ich habe«, sagte ich mir, »verdammt gut daran getan, mir dieses schöne Mädchen zu holen; mit der Arbeit wär's nie etwas geworden.«

Ein tiefes Gestöhne ließ mich den Kopf wenden. »Was ist dir, mein Kätzchen?«, frage ich sie. Sie gab keine Antwort, fuhr aber fort, Schmerzensseufzer auszustoßen, wie wenn sie grauenhaft gelitten hätte.

»Fühlst du dich nicht wohl?«, begann ich wieder. Da, auf einmal, stieß sie einen Schrei aus, einen Schrei, der durch Mark und Bein ging. Eine Kerze in der Hand, stürzte ich herbei. Der Schmerz hatte ihr Gesicht entstellt, sie rang die Hände, keuchte und ließ aus der Tiefe ihrer Brust jenes stimmlose Stöhnen aufsteigen, das dem Röcheln gleicht und das Herz stocken macht.

Außer mir fragte ich: »Aber was hast du denn? Sag mir, was hast du?«

Sie gab keine Antwort und begann zu brüllen.

Auf einen Schlag verstummten die Nachbarn und lauschten, was sich bei mir abspiele. Wieder drang ich in sie: »Wo hast du Schmerzen? Sag mir doch, wo du Schmerzen hast.«

»Oh, mein Bauch! Mein Bauch!«, stammelte sie.

Ich schlug die Bettdecke in einem Zug zurück und sah ... sie lag in den Wehen, meine Freunde.

Da verlor ich den Kopf; ich stürzte zur Wand, traktierte sie aus vollen Kräften mit den Fäusten und schrie tobend: »Zu Hilfe! Zu Hilfe!« Die Tür sprang auf, und eine Menge Leute drang herein: Männer im Abendanzug, Frauen in tief ausgeschnittenen Klei-

dern, Pierrots, Türken und Musketiere. Diese Invasion verwirrte mich so sehr, dass ich nicht einmal eine Erklärung herausbrachte.
Sie hatten an einen Unfall oder vielleicht an ein Verbrechen gedacht, und nun begriffen sie nichts mehr.
»Diese ... diese Frau da«, brachte ich schließlich heraus, »sie ... sie liegt in den Wehen.«
Da begutachtete sie jeder und gab seinen Senf dazu. Vor allem ein Kapuziner behauptete, sich auf die Sache zu verstehen, und wollte der Natur nachhelfen. Alle waren sie veilchenblau. Ich fürchtete, sie würden sie umbringen, und stürzte barhaupt die Treppe hinunter, um einen alten Arzt zu holen, der in einer Nebenstraße wohnte.
Als ich mit dem Arzt zurückkam, war das ganze Haus auf den Beinen; man hatte die Lichter im Treppenhaus wieder angezündet, und die Bewohner aller Stockwerke hielten meine Wohnung besetzt. Vier Debardeure saßen an meinem Tisch und machten dem übriggebliebenen Champagner und den Krebsen den Garaus. Ein furchtbarer Schrei ertönte, als man mich erblickte, und eine Milchfrau zeigte mir, eingehüllt in ein Handtuch, ein abscheuliches schrumplig-runzliges Fleischklümpchen, das wimmerte und miaute wie ein Kätzchen. »Es ist ein Mädchen«, sagte sie.
Der Arzt untersuchte die Mutter und erklärte, ihr Zustand sei kritisch, da sich der Vorfall unmittelbar nach dem Essen zugetragen habe. Mit dem Versprechen, er werde unverzüglich eine Krankenpflegerin und eine Amme zu mir schicken, ging er weg.
Eine Stunde später erschienen die beiden Frauen mit einem Paket Medikamente.
Ich war zu verwirrt, als dass ich über die Folgen der Angelegenheit hätte nachdenken können, und verbrachte die Nacht in einem Fauteuil.

Schon früh am nächsten Morgen kam der Arzt wieder. Der Wöchnerin ging es ziemlich schlecht.

»Ihre Frau«, sagte er ...

»Sie ist nicht meine Frau«, unterbrach ich ihn.

»Dann eben ihre Maitresse, was schert es mich«, korrigierte er und zählte die Pflegemaßnahmen auf, die sie brauchte, die Krankenkost und die Arzneien.

Was sollte ich tun? Die Unglückliche ins Krankenhaus bringen? Im ganzen Haus, ja im ganzen Quartier hätten sie mich für einen Flegel gehalten. Ich behielt sie bei mir. Sechs Wochen lang lag sie in meinem Bett.

Das Kind? Ich ließ es zu Bauersleuten in Poissy bringen. Noch heute kostet es mich jeden Monat fünfzig Francs. Da ich anfangs bezahlt habe, muss ich die Zahlungen nun bis zu meinem Tod fortsetzen. Später wird es mich für seinen Vater halten.

Doch, Gipfel des Unglücks, als das Mädchen wieder gesund war, da liebte es mich leidenschaftlich, liebte es mich, das kleine Hurending!

»Und weiter?«

»Nun, das Mädchen war dünn geworden wie eine streunende Katze; ich habe dieses Gerippe hinausgeschmissen; nun passt es mich ab auf der Straße, versteckt sich, um mich vorbeigehen zu sehen, hält mich an, wenn ich abends ausgehe, und küsst mir die Hand, kurz: sie belästigt mich, dass es zum Verrücktwerden ist. Und nun wisst ihr, warum ich nie wieder Weihnachten feiern werde.«

ZWISCHEN DEN JAHREN

»Möchtest du den heutigen Tag mit einer Rakete

beginnen oder mit einem einfachen Knallfrosch?«

Ewald Arenz

Josefs Geschenk

»Einen Augenblick, Jungs«, hallte es durch die nachtdunkle, nur von einem funkelnden Stern schwach beleuchtete Wüste, »wartet mal kurz.« Die kleine Karawane kam zum Stehen. Eines der Kamele schnaubte durch die Nüstern, und die beiden anderen Reiter warfen sich einen resignierten Blick zu, bevor sie sich umdrehten.

»Hör mal«, sagte einer der beiden und gab sich Mühe, nicht genervt zu klingen, »wir haben den Palast erst vor zwei Stunden verlassen. Du hättest einfach nicht so viel trinken sollen. Wie oft haben wir jetzt schon ...«

»Das ist es nicht«, kam die Stimme gedämpft, und man hörte hektisches Rascheln und Kramen, »ich halte es schon noch aus. Aber ich äh ... ich kann das Geschenk nicht finden.«

Stille. Erst überraschte, dann ungläubige Stille in der kühlen Wüstennacht.

»Was meinst du mit: Ich kann das Geschenk nicht finden?«, fragte der erste Reiter fassungslos, »was soll das heißen: Ich kann das Geschenk nicht finden?«

»Ich bin absolut sicher, dass ich es eingepackt habe«, kam es aufgeregt von hinten, »und jetzt ist es weg. Nur der Ziegenkäse ist da.«

»Ziegenkäse!«, sagte der zweite und bemühte sich, die Beherrschung nicht zu verlieren, »Ziegenkäse! Kannst du dir auch nur annähernd vorstellen, was für eine Presse wir haben werden, wenn wir mit Ziegenkäse ankommen?« Er deutete auf den schwach funkelnden Stern, und in seine Stimme kam nun doch ein Hauch von Sarkasmus. »Hast du auch nur die geringste Ahnung, was die Leute sagen werden, wenn es heißt: Und sie folgten dem Stern und kamen an das Haus und fanden das Kindlein mit seiner Mutter Maria und taten ihre Schätze auf und sieh, es waren Weihrauch, Myrrhe und Ziegenkäse? Ich, mein Lieber, habe den Weihrauch. Balthasar hat die Myrrhe. Seit Wochen sind wir unterwegs, und wir haben alles noch im Gepäck. Was ist eigentlich los mit dir?«

»Ziegenkäse ist nichts Schlechtes«, verteidigte sich Caspar hitzig, »ich mag Ziegenkäse. Ziegenkäse ist gesund.«

»Nicht für einen Säugling, der eine Woche alt ist!«, knirschte Melchior »Wo ist das Kyphi?«

»Vielleicht habe ich es bei Herodes im Palast liegen lassen«, überlegte Caspar, »können wir noch mal umkehren?«

Balthasar sagte höhnisch: »Wenn du es bei Herodes hast liegen lassen, hat es sich längst in Rauch aufgelöst. Jeder weiß, dass Herodes Räucherwerk über alles liebt. Warum wohl? Dieses Kyphi ist ja auch nur das teuerste, das jemals gemischt wurde. Teurer als Weihrauch und Myrrhe zusammen! Und wo kriegst du um diese Jahreszeit Kalmus und Honig her? Ganz abgesehen von der Myrrhe, die du ja dann auch noch brauchst? Meine kriegst du jedenfalls nicht. Was machen wir jetzt? Wir können ja schlecht den Ziegenkäse verbrennen!«

Caspar stammelte verlegen: »Meint ihr nicht, dass zwei Geschenke vielleicht reichen ... also, es ist doch nur ein Kind ... und wir haben ja immerhin den ganzen Weg auf uns genommen.«

»Drei!«, sagten Melchior und Balthasar eisig, »die heilige Zahl ist Drei. Dreieinigkeit. Drei Weise. Drei Geschenke.

Nicht zwei. Drei. Und jetzt überleg dir was!«

Die beiden drehten sich um und ritten weiter. Caspar kramte weiter in seinen Beuteln, fand aber nichts. Dann fasste er nach seiner Börse.

»Na gut«, murmelte er, »Geld kann man ja immer schenken. Ist vielleicht nicht heilig, und verbrennen kann man es auch nicht, aber immerhin ist es Gold!«

Er sprang auf sein Kamel und hatte die beiden anderen kurz vor dem Stall eingeholt.

»Und?«, fragte Melchior, während Balthasar bloß die Brauen fragend hochzog. Caspar wies auf das Beutelchen Gold. Die beiden anderen drehten die Augen zum Himmel, aber da öffnete sich schon die Stalltür und warmes Licht strömte heraus. Die drei traten ein, knieten vor der Krippe nieder und berührten schließlich mit der Stirn den Boden vor Maria, als sie ihre Geschenke ausbreiteten. Maria lächelte und Caspar atmete erleichtert auf. Aber dann sah er Josef, der Weihrauch, Myrrhe und Gold ein wenig gequält musterte. Melchior und Balthasar sahen Caspar streng an.

Caspar senkte den Kopf und murmelte: »Tut mir leid wegen des Goldes. Wirklich.«

»Nein, nein«, sagte Josef höflich, »ist schon in Ordnung ... ich meine, Gold ist toll. Nur ... es ist jetzt schon eine Woche her, dass die Hirten da waren, und wir ... na ja ... vor allem ich ...«

Maria sah die drei Weisen um Verzeihung bittend an: »Josef«, erklärte sie nachsichtig, »ist recht weltlich. Er hat Hunger!«

In Caspars Gesicht breitete sich ein breites, erleichtertes Grinsen unverfälschten Glücks aus, und er stand langsam auf.

»Da«, sagte er fröhlich, »kann ich helfen!«

Zwei Augenblicke später standen Caspar und Josef glücklich kauend neben Caspars Kamel vor dem Stall.

»Ziegenkäse«, sagte Josef mit vollem Mund, »mag ich wirklich gern.«

Und über dem Stall funkelte der Stern hell und freundlich.

Hanns Dieter Hüsch

Zweiter Feiertag

Nun haben wir ja wirklich, meine lieben Freunde und Freundinnen, in wenigen Tagen wieder Weihnachten und meine Frau liegt schon seit voriger Woche auf den Knien und wienert die Wohnung. Ja, es muss alles seine Ordnung haben, sagt sie dann. Es muss alles seine Ordnung haben. Wer weiß, wer weiß, wer weiß, ob uns der liebe Gott nicht dies Jahr wieder besucht, wie vor drei Jahren. Da war doch alles hier ein Sauhaufen, eine Bruchbude. Ja sicher, aber damals hatte er sich auch vorher angekündigt. Da hat er doch noch zu mir gesagt, vielleicht. Ich war ja bekanntlich vor einigen Jahren für ein paar Wochen im Himmel, und auf der Rückfahrt mit seinem Fahrrad hat er mich dann zu Hause abgesetzt. Und da hat er gesagt, er ist dann weiter nach Dinslaken gefahren, also zu seiner Schwester, die hat ja da eine kleine Wäscherei, das wissen Sie, und da hat er wörtlich zu mir gesagt, ich komme vielleicht mal am zweiten Feiertag kurz bei euch vorbei. Von Dinslaken aus ist es ja wirklich nur ein Katzensprung. Aber ihr müsst nichts Besonderes machen, nichts Besonderes, ich bitte euch, haltet mir nur die Leute vom Leib. Und ein Stück Kuchen, ein Schnäpschen, und wenn ihr noch was vom Gänsebraten habt, gut, in Ordnung, und Plätzchen und Kaffee und Pralinen. Deine Frau macht doch übrigens so wahnsinnig leckere Pralinen. Aber bitte keine Umstände, um Gottes willen, sagt er, um Gottes Willen, grinsend sagt er: um Gottes Willen, bitte keine Umstände, sprang auf aufs Fahrrad und fuhr davon. Ja, das war so etwa zehn Tage vor Weihnachten, und als ich das meiner Frau erzählte, brach sie fast zusammen und fing sofort an zu schrubben und zu scheuern und alles musste picobello aussehen, ein Zimmer wurde extra neu tapeziert und, und, und. Ja, sagte meine Frau, da kann er mir hundertmal sagen, bitte keine Umstände, darauf falle ich nicht rein. Um Gottes Willen. Gerade die, die dauernd sagen, bitte keine Umstände, das sind die Schlimmsten, das sind die Schlimmsten, das sind die Spießigsten, ja, ich kenne diese Sorte. Du kennst sie nicht, sagte ich. Der kommt ganz locker in Jeans und Pulli und Lederjacke. Ha, ha, sagt meine Frau, an Weihnachten kommt der in einem langen weißen Kittel, mit grauem Vollbart, schon wegen der Kinder. Ich muss übrigens noch die Schränke abstauben. Da geht der bestimmt mit dem Zeigefinger da drüber und dann wirbelt der ganze Staub auf. Und als er dann kam, ja, da kam er etwa wie Joschka Fischer, bevor er Minister wurde, Grauer Anzug, schwarzes T-Shirt, Hände in den Taschen, und ich sagte als erstes, du hast abgenommen. Ja schon, sagt er, der Weihnachtsstress, weißt du, aber das hol ich wieder rein, das hol ich wieder rein. Und was soll ich Ihnen sagen, er fraß uns die Haare vom Kopf. Ich sagte immer wieder, mit Blick auf meine Frau, köstlich, vorzüglich, wunderbar. Nächstes Jahr komme ich wieder, sagte er. Aber er ist in den letzten zwei Jahren noch nicht gekommen. Ich weiß auch nicht, warum. Aber trotzdem ist bei uns wieder alles blitzblank. Meine Frau ist da vorsichtig, dass jeder, der uns an den Feiertagen besuchen will, ist herzlich eingeladen, und kann vom Fußboden essen, wenn's drauf ankommt. So blitzblank ist es bei uns.

Ursula Berg

Großmutter, der Computerfreak

Alle meine Geschichten schrieb ich bisher auf einer – zugegebenermaßen – alten Schreibmaschine. Doch dann bedrängten mich meine Kinder, mir einen Computer anzuschaffen. Sie schilderten mir die vielen Vorzüge, erklärten mir, dass ich nie wieder wegen eines Tippfehlers eine Seite neu schreiben müsste und dass ich so viele einwandfreie Kopien machen könnte, wie ich wollte. Ich schüttelte energisch den Kopf. Nichts für mich! Ich wollte so ein Ding nicht im Hause.

Dann wurde es still um dieses Thema bis – ja, bis zum Heiligen Abend.

Meistens wusste ich im Voraus was meine Kinder mir schenken wollten, weil sie mich fragten. Dieses Jahr hörte ich nichts. Zum ersten Mal aber wollten alle mit ihren Familien am Heiligen Abend zu mir kommen. Für das leibliche Wohl sorgte ich, während meine Kinder sich um den Baum und die Geschenke kümmerten. Es war für alle viel Arbeit. Schließlich habe ich nicht nur drei erwachsene Söhne mit ihren Frauen, sondern auch fünf Enkelkinder. Tagelang summte es im Haus wie in einem Bienenkorb. Es war herrlich.

Dann kam der Heilige Abend – die Bescherung. Unter einem wunderschön geschmückten Weihnachtsbaum lagen viele kleine und große, liebevoll verpackte Geschenke. Ich war versunken in diesen Anblick, als mein Ältester mir die Hand auf die Schulter legte. »Mutter«, sagte er und zeigte auf die gegenüberliegende Wand, »das ist unser Geschenk für dich.« Ich war sprachlos und starrte auf das hässliche Monster auf dem Tisch an der Wand. Dann schwirrten alle um mich herum, zerrten mich auf einen Stuhl vor dem Computer. Irgend jemand schaltete das Ding ein. Es knurrte, ratterte, zeigte eine wirre Buchstabenfolge, die gleich wieder verschwand, um einer neuen Ungereimtheit Platz zu machen. Von allen Seiten kamen Hände und drückten vor mir auf die Tasten. Jemand gab mir Anweisungen. Viele Köpfe beugten sich über mich, bekehrten mich, was richtig oder falsch war. Ich fühlte, wie die Angst in mir hochkroch. Irgendwann gelang es mir, meinen Stuhl ein kleines Stückchen nach hinten zu schieben, um unter ihnen weg in die Küche zu flüchten.

Erschöpft ließ ich mich dort nieder. Was für eine Überraschung! Ich war verwirrt und unglücklich. Was sollte ich mit einem Computer? Ich hatte keine Ahnung, wie er funktionierte. Nie würde ich lernen, damit umzugehen Wie lange ich so saß, weiß ich nicht. Plötzlich schob sich eine Hand in die meine. Ich blickte auf und in das Gesicht meines jüngsten Enkels Michael. Mit seinen zwölf Jahren wirkte er schon recht erwachsen. »Du musst dich nicht fürchten, Großmutter. Das ist alles ganz einfach. Ich werde es dir erklären, wenn alle weg sind.« Tapfer lächelte ich. Ich war zwar nicht überzeugt, wollte mich aber nicht so gehen lassen. »Also komm«, sagte ich, nahm seine Hand, und wir gesellten uns wieder zu den anderen.

So ungewöhnlich wie das Weihnachtsfest verlaufen war, so anders wurde auch der Silvesterabend. Michael wollte bei mir übernachten, weil seine Eltern ausgingen. Gemeinsam hatten wir beide zu Abend gegessen, gelacht und erzählt. Dann plötzlich stand er auf, fasste mich bei der Hand und sagte: »So, jetzt wollen wir aber an die Arbeit gehen.« Ich wusste sofort, was er meinte. »Nein,

nein, nicht heute Abend. Es ist Silvester.« – »Heute und jetzt«, versetzte der Zwölfjährige energisch. Dann sah er wohl meine Angst. »Komm«, sagte er weich und zog mich mit sich. »Kannst du dich erinnern, wie es war, als ich mit dem Einmaleins Schwierigkeiten hatte? Du sagtest damals zu mir: Michael, schreib alles auf, lies es immer wieder laut vor, und plötzlich kannst du es. Genauso machen wir es mit dem Computer. Ich sage dir, was zu tun ist, du schreibst es auf und lernst es später auswendig.«

Ich schrieb und schrieb. Lernte zuerst Rechner, Monitor und Drucker aus- und einzuschalten, begriff, was die einzelnen Tasten bedeuteten und fand bald Spaß daran, dem Computer Befehle zu geben, die er prompt ausführte. Als ich aufgeschrieben hatte, wie Texte gesichert und auf Diskette gespeichert werden, ertönten Böllerschüsse – Mitternacht!

Ich stand auf, nahm meinen Enkel in die Arme, und wir wünschten uns ein gutes neues Jahr.

Etwa eine Woche später zeigte ich freudestrahlend meiner Familie meine erste selbst ausgedruckte Geschichte. Ich erwähnte ausdrücklich, welch große Hilfe Michael gewesen war. Sein Vater klopfte ihm stolz auf die Schulter: »Das hast du gut gemacht.« Michael lächelte milde. »Halb so schlimm«, wehrte er ab. »Großmutter gehört eben zu den Spätentwicklern und mein Lehrer sagt, mit denen muss man Geduld haben.«

Karl Valentin

»Heiliger Abend« – abgesagt

Das Weihnachtsfest ist wieder vorbei. – Das Christkindl hat einem Kind mehr, dem andern weniger und manchen Kindern gar nichts gebracht, weil letztere die Enkelkinder eines Hypochonders sind. Für einen hypochondrischen Vater (Hypochondrie heißt Überängstlichkeit!) oder eine solche Mutter ist es schwer, eine richtige Art Spielzeug zu finden, weil solche Eltern in jedem Spielzeug eine Gefahr für die Kinder befürchten. So ein Hypochondervater bin ich auch. Ich wollte meinen Enkelkindern Schi kaufen, aber die Kinder könnten damit stürzen und sich die Genicke brechen. – Gummibälle dagegen wären gefahrlos – oh, nein! Gummibälle kollern auf dem schmutzigen Boden umher; Bazillen, Bakterien, wie gesagt: Sämtliche Krankheitserreger bleiben daran haften, wandern von den Kinderhänden zum Mund, und infektiöse Kinderkrankheiten, wie Scharlach, Masern – Altersschwäche und dergleichen sind die Folge – also: keine Gummibälle. Eine Kindereisenbahn? Nein – die geheizte Dampflokomotive könnte unter die Bettlade fahren, könnte umfallen, der Spiritus auslaufen, das Bett zu brennen anfangen, das Zimmer auch, die Kinder ebenso auch, und das Unglück wäre geschehen. – Bleisoldaten sind schon ganz ausgeschlossen, denn von Bleivergiftung hat man schon viel gehört. – Ein Steinbaukasten kommt schon gar nicht in Frage; wie leicht kommen die Kinder in Streit, werfen sich gegenseitig einen Stein an die Schläfe, man denke an David und den Riesen-Goliath. – Ein Farbenkasten ist harmlos, aber beim Malen von grünen Bäumen verwendet man grüne Farben. Grün setzt Grünspan an, Grünspan ist Gift – also wieder eine Gefahr für die Kinder. – Geduldspiele sind für Kinder wiederum nicht zu empfehlen, da den Kindern schon in jungen Jahren die Geduld reißen kann, und ein nervöses Leiden ist unausbleiblich. – Papierdrachen zwingen die Kinder zum Spielen im Freien – frische Luft ist den Kindern gesund – aber wenn der Drache in der Luft fliegt, schauen die Kinder nach oben, laufen schließlich in ein daherrasendes Auto hinein und kommen unter die Räder. – Eine Flobertpistole – um Gottes willen, Schusswaffen in Kinderhänden, davor wird immer gewarnt. – Trommeln und Trompeten sind an sich harmlos, aber da machen die Kinder wieder zu viel Lärm – die Hausbewohner beschweren sich – die Eltern bekommen mit diesen Streit – Gerichtsverhandlung, von wegen Beleidigung, bleibt nicht aus; also Trommeln und Trompeten auch nicht das Richtige. – Badehosen für den Sommer zum Baden? Die Kinder gehen zum Baden und könnten da ertrinken. Eine Zimmerschaukel? Strick reißt. Hals- und Beinbruch.

Kleine farbige Schusser aus Stein, zum Kugeln – sehr gefährlich. Die Kinder verschlucken oft aus Übermut solche Kugeln, der Arzt kuriert auf Gallensteine – und wer ist schuld? Die unvernünftigen Eltern. – Also gut, kein Spielzeug zur Bescherung, sondern nur ein Weihnachtsbaum mit brennenden Kerzen. Halt! Soeben fällt mir eine Zeitungsnotiz ein: Am Heiligen Abend entstand in der Bahnhofstraße Nummer 13 ein Zimmerbrand. Eine zu nahe an der Fenstergardine brennende Kerze entzündete dieselbe, griff mit rasender Schnelligkeit um sich, und im Nu standen die Fenstervorhänge nebst Brisbis in hellen Flammen. Die sofort herbeieilende Feuerwehr bekämpfte mit zwei Schlauchlagen die drohende Gefahr. Statt der Bescherung kam also die Feuerwehr ins Haus. Dann lieber auch keinen Weihnachtsbaum wegen Feuergefahr. – Ich muss es selbst sagen: Der Heilige Abend war zwar mies, aber – gefahrlos.

MEHR ALS DREI HEILIGE KÖNIGE

»Ein bisschen was muss man schon tun, damit zu Hause Weihnachtsstimmung aufkommt!«

Ellen Schöler

Der König aus dem Morgenland

Die Glocken des alten Domes erfüllten die Luft mit ihrem brausenden Geläut. Claudia kam es so vor, als ob die Glocken sie zur Eile mahnten. Sie ging an der Hand ihres Vaters und wollte mit ihm Schritt halten. Aber das gelang ihr nicht, denn wo er einen Schritt machte, da machte sie zwei, und so trabte sie neben ihm her wie ein kleiner Hund. Sie fand alles so schön, dass jetzt nach den großen Feiertagen noch ein Fest war, an dem man sich freuen durfte – das Fest der Heiligen Drei Könige.

»Wie lange«, fragte sie ihren Vater, »wie lange dauerte die Reise der Heiligen Drei Könige?«

»Irgendwo«, sagte ihr Vater, »steht von zwei Jahren geschrieben, aber so genau kann man sich auf derlei Zeitrechnungen nicht verlassen. Die Zeit kann ebenso gut kürzer oder länger gewesen sein.«

»Ich wäre gern dabei gewesen, als sie mit ihren Geschenken ankamen.«

»Du kannst sie ja gleich im Dom sehen. Aber halt jetzt den Mund Claudia, sonst schluckst du zu viel kalte Luft.

Heute hat's der Winter in sich.«

Claudia war still. Sie fühlte mit der Hand in ihre Manteltasche und spürte, wie es knisterte. Das war ihr letzter Lebkuchen, den hatte sie sich noch schnell vom Teller genommen, bevor sie von zu Hause weggingen. Sie wollte ihn unterwegs essen, nach der Kirche. Denn auf dem Weg nach Hause hielt man es doch vor Frühstücks-

hunger kaum mehr aus. Der Lebkuchen war mit Schokolade überzogen, und in Zuckerschrift stand darauf »Guten Appetit!«
Dann beschäftigte sich Claudia wieder in ihren Gedanken mit den Heiligen Drei Königen. Wie schwer die gereist sein mussten, auf Kamelen, und das so lange mit vielen Geschenken dabei!
Jetzt stiegen sie bereits die große Treppe zum Eingang hinauf. Aus dem Inneren des Domes drang ihnen die Musik der Orgel entgegen. »Vater«, flüsterte Claudia, »nach der Messe gehen wir zur Krippe.«
Der Vater nickte ihr zu. Es roch nach Weihrauch, und die großen Tannenbäume standen wie Wächter rechts und links vom Altar.
Nach der Messe gingen sie zur Krippe. Davor standen sehr viele Menschen; der Vater sagte zu Claudia, die sich unruhig hin- und herbewegte und versuchte, sich auf die Zehenspitzen zu stellen: »Du musst abwarten. Wir können nur langsam vorrücken.«
Claudia unterdrückte einen Seufzer. Sie ließ die Augen unruhig hin- und hergehen. Plötzlich erblickte sie etwas. Vor Staunen blieb ihr der Mund offenstehen. An einer hohen, hellen Säule stand allein und abgesondert ein junger Mann in einem blauen Mantel. Das war doch wohl nicht möglich! Claudia kniff zuerst einmal fest die Augen zu und riss sie dann wieder weit auf. Aber der Anblick blieb.
Der junge Mann hatte ein schwarzes Gesicht, eine breite Nase und dicke Lippen. Sein Haar sah aus, als wäre es aus lauter feinen schwarzen Drähten. Er sah traurig und müde aus. Er hielt die Hände zusammengelegt und betete. Die Leute um sich herum schien er gar nicht zu bemerken.
Einer der Heiligen Drei Könige stand da, lebendig und kein holzgeschnitztes Abbild, wie es Claudia gewöhnt war! Sicher stand er dort und wartete geduldig, bis er seine Gaben abliefern konnte; denn über der Schulter trug er einen blauen Leinenbeutel mit Schriftzeichen, die Claudia nicht lesen konnte.

Claudia kümmerte sich plötzlich gar nicht mehr darum, dass ihr Vater weiter nach vorn ging, weil nun eine Lücke vor der Krippe frei wurde. Müde, der dunkle König sah so müde aus! Vielleicht hatte er Hunger? Claudia dachte daran, dass man auf der Reise immer Hunger hat.

Da fiel ihr zum Glück der Schokoladenlebkuchen ein. Sie holte ihn aus der Tasche und ging auf den dunklen jungen Mann zu. Der erstaunte zutiefst, als er plötzlich ein kleines Mädchen vor sich stehen sah, das ihm mit einem tiefen Knicks ein in glänzendes Papier gewickeltes Paketchen überreichte.

»Weil Sie doch eine so weite Reise hatten.«

Ehe er noch danken konnte, ging das kleine Mädchen schon wieder eilig von ihm fort, suchte in der Menge und fragte ein wenig zu laut in die Stille: »Papi, wo bist du?« Aber da war schon Vaters Hand, die zog sie zu sich, nahm sie bei den Schultern und schob sie vor die Krippe. Claudia sträubte sich und versuchte, nach rückwärts zu sehen.

»Claudia, was hast du nur?«

Claudia gab dem Vater keine Antwort. Sie sah noch ein letztes Mal die Gestalt im blauen Mantel, die jetzt dem Ausgang des Domes zuschritt.

Der junge Student aus Afrika hielt noch immer das Päckchen in der Hand. Er war in die Kirche gekommen, weil er sehr traurig war, denn er war fremd in der Stadt. Die Leute starrten ihn neugierig an wegen seiner dunklen Hautfarbe. Nun hatte ihm ein Kind etwas geschenkt, weil er von weit her die Reise in dieses fremde Land gemacht hatte.

Es war ihm ganz leicht zumute, als er die Treppe hinunterlief, und lächelnd dachte er daran, dass heute das Fest der Heiligen Drei Könige war.

Otfried Preußler

Das Lied der Zikade

Die Geschichte von den Heiligen Drei Königen,
wie sie auf dem Heimweg durchs Königreich Böhmen
in schwere Bedrängnis geraten sind,
ferner von Kittelseff und den beiden Hüttenjungen
sowie von der kleinen Hausgrille und dem Segen des Herrn.

Nachdem sie, dem Weihnachtsstern folgend, das Gotteskind in der Krippe gefunden, mit Weihrauch, Myrrhen und Gold es beschenkt und den Segen dafür empfangen hatten, so hätten sie nun getrost nach Hause zurückkehren dürfen, die Heiligen Drei Könige aus dem Morgenland, und zwar auf geradem Wege: dies aber haben sie nicht getan, da ein Engel des Herrn sie im Traum vor dem König Herodes gewarnt hatte, der dem Kindlein von Bethlehem nach dem Leben trachte, weshalb sie denn, um den Bösewicht irrezuführen, auf allerlei Um- und Abwegen weitergezogen sind, kreuz und quer durch das jüdische Land, bis sie schließlich der Meinung waren, es sei an Verwirrung alles getan, was sich habe tun lassen; jetzt erst traten sie wirklich den Rückweg an, heimzu ins Morgenland, wobei sie auch diesmal wieder das Königreich Böhmen durchwandern mussten, zur schlesischen Grenze hin.

Der Weihnachtsstern war erloschen, es lag nun an ihnen selber, den Weg nach Hause zu finden, was glücklicherweise nicht halb so schwierig war, wie es sich anhören mag. Zum einen kannten sie ja die Richtung, die sie zu nehmen hatten, wenigstens ungefähr, und zum andern brauchten sie nicht mehr des Nachts zu wandern, sondern sie konnten am helllichten Tage reisen. Da gab es Straßenschilder, da gab es Leute, die sich befragen ließen, sodass sie ganz gut zurechtkamen, ohne alle Verzögerung, ohne unnützen Aufenthalt, denn das wird man verstehen können, dass es sie heftig danach verlangte, wieder nach Hause zu kommen.

Besonders der König Balthasar aus dem Mohrenland drängte zur Eile. Mit jedem Reisetag wuchs die Sehnsucht in seinem Herzen, die Sehnsucht nach seiner Frau, auch nach seinem Palast inmitten der weiten Gärten: Dort wollte er ausruhen von der Reise, Seite an Seite mit seiner schönen, der dunkelhäutigen Königin, unter dem Dach eines seidenen Baldachins; der Duft von Rosen und Mandelblüten würde zu ihnen herüberwehen – und endlich würde er dann von ferne das sirrende, schwirrende Lied der Zikaden hören und wissen, dass er nun wieder daheim sei ...

Der Mohrenkönig ist es denn auch gewesen, der seine Gefährten im böhmischen Städtchen Turnau dazu überredet hat, mit dem Postschlitten weiterzufahren, hinauf zur Grenze. Das muss in der Zeit um Mariä Lichtmess gewesen sein, die Nächte waren noch bitterkalt, die Tage indessen begannen schon merklich länger zu werden.

Der Himmel über dem Königreich Böhmen hatte sich während der frühen Morgenstunden mit schwerem Gewölk überzogen – und richtig, die Könige hatten den Postschlitten kaum bestiegen, da fallen auch schon die ersten Flocken, vereinzelt noch, rasch aber werden es mehr und mehr. Und wie sie ums Dunkelwerden in Tannwald vorfahren, an der Posthalterei, da herrscht unterdessen ein richtiges Schneegestöber, das auch am anderen Morgen anhält, mit unverminderter Heftigkeit.

Die drei Könige hatten die Nacht in der Posthalterei verbracht, auf dem Heuboden überm Pferdestall, und wie sie dann in der Frühe am Tisch sitzen bei der Morgensuppe, eröffnet ihnen der Tannwalder Posthalter höflich, jedoch mit Bestimmtheit, er könne leider den Schlitten heute nicht weiterschicken wie ursprünglich vorgesehen: nämlich bei diesem elenden Stöberwetter, da möcht ihm das zu gefährlich sein, für den Kutscher und das Gespann, von den Herren Fahrgästen ganz zu schweigen. Damit hatten die Könige aus dem Morgenland nicht gerechnet und wiederum war es der Mohrenkönig, der weiterdrängte. Sie würden schon, meinte er, als der Flockenwirbel vorübergehend ein wenig nachließ, mit Gottes Hilfe auch ohne Postschlitten bis zur Grenze durchkommen, und zwar heut noch: Es könne bis dorthin ja allzu weit nicht mehr sein.

No schön, alle Warnungen, alle Bitten des Posthalters in den Wind schlagend, zogen sie also los, auf der Straße nach Polaun dahin, und es hatte zunächst den Anschein, als sollten sie ihren Entschluss nicht bereuen müssen. Die ersten zwei Meilen haben sie gut hinter sich gebracht, auch die Hälfte der dritten noch. Die Straße war nicht zu verfehlen, bei allem frisch gefallenen Schnee nicht, denn jeweils im Abstand von zwanzig bis dreißig Schritten hatte man ihre Ränder mit Stangen abgesteckt. Der Mohrenkönig ist vorneweg gestapft, die andern sind ihm in seinen Fußstapfen nachgefolgt, der König Kaspar zum Schluss, denn er war der Älteste von den dreien, noch rüstig für seine Jahre, aber doch eben nicht mehr der Kräftigste. Deshalb fragte der König Balthasar ihn von Zeit zu Zeit, indem er sich nach ihm umwandte: »Sag, Bruder Kaspar, kommst du noch mit – oder sollen wir eine Pause machen?«

Es mag um die zweite Nachmittagsstunde gewesen sein, da begann es mit einem Mal wieder stärker zu schneien, und nicht nur dies! – es schneite von jetzt an so dicht und fein, dass sie meinten, es seien Schleier von weißem Tüll, die vom Himmel auf sie herabsanken und sie einhüllten, dass sie kaum noch die Hand vor den Augen sahen, geschweige denn bis zur nächsten Stange am Straßenrand.

»Lasst uns achtgeben, dass wir beisammenbleiben«, sagte der König Melchior voller Sorge. »Am besten, wir halten uns aneinander fest – und dich, Bruder Kaspar, nehmen wir in die Mitte, das ist am sichersten.«

Der König Melchior, nun am Ende der Reihe, legte dem König Kaspar die rechte Hand auf die linke Schulter, der König Kaspar die seine dem Mohrenkönig. So stapften sie ihres Weges, Blinden gleich, die ein Blinder führt. Immer tiefer versanken sie mit den Füßen im Schnee, immer länger brauchten sie nun von Stange zu Stange. Darüber wurde es dunkel, die Nacht brach herein, und nicht lange, so merkten sie, dass sie die Richtung verloren hatten. Ein Wald nahm sie auf, das merkten sie an den Bäumen zu beiden Seiten des Weges. Der Pfad, dem sie folgten, war schmal. Ein paar Mal streiften sie an verschneite Äste. Dann war es, als schlitzte jemand zu ihren Häupten ein Federbett auf – nur dass es nicht Daunen waren, mit denen sie überschüttet wurden: nein, es war Schnee, es war Schnee und Schnee.

Allmählich verließen den König Kaspar die Kräfte. »Gib mir dein Reisebündel, ich trag dir's!«, sagte der Mohrenkönig und sprach den Gefährten Trost zu. »Gott wird uns nicht verlassen, Brüder. Kann sein, dass wir bald einen Schimmer von Licht erspähen; kann sein, dass wir auf ein Haus, eine Hütte stoßen: Dort werden wir unterkriechen und abwarten, bis es zu schneien aufhört.«

Er durfte nicht daran denken, dass er es gewesen war, der in Tannwald zum Aufbruch gedrängt hatte: wenn sie nicht durchkamen, wenn sie zu Grunde gingen in den verschneiten Wäldern, so trug er die Schuld daran, er allein. Dann würde es keine Heim-

kehr geben für sie, kein Wiedersehen mit seiner Liebsten – und niemals, niemals würde er je in den weiten Gärten seines Palastes das sirrende, schwirrende Lied der Zikaden hören ...
Das Herz ward ihm schwer und schwerer mit jedem Schritt. Und was tat er in seiner Bedrängnis, der König Balthasar aus dem Mohrenland? In seiner Bedrängnis hob er mit fester Stimme zu singen an, voller Vertrauen und Inbrunst:

»Der du Licht und Leben bist,
Herr und Heiland Jesu Christ,
Führe uns an deiner Hand
Durch Nacht und Schnee im fremden Land!«

Das Lied des Mohrenkönigs bestand nur aus dieser einen Strophe, sie war ihm gerade eingefallen. Und da in der einen Strophe alles enthalten war, alles, worauf sie hofften und was sie sich wünschten in dieser verzweifelten Stunde, so fielen die beiden anderen Könige ein: König Kaspar mit dünner Greisenstimme, der König Melchior umso kräftiger. Sie sangen die eine Strophe ein zweites, ein drittes, ein zwölftes Mal – und so fort und fort.
Der Wald zu Seiten des Pfades, sie merkten es trotz der Dunkelheit und des Schneetreibens, war zurückgetreten. Nun schritten sie über freies Feld dahin, stets gewärtig, in einen Graben zu fallen, in eine der Felsenschluchten zu stürzen, mit denen es im Gebirge immer zu rechnen galt. Nirgends, trotz allen Betens und Singens, der Schein eines Lichtes, nirgends das Dach einer Baude, ein Stall oder Schuppen: Alles nur schwarz in schwarz, alles weiß in weiß.
Doch plötzlich verstummt der Mohrenkönig, noch wagt er es nicht zu glauben ... »Singt!«, ruft er den Gefährten zu. »Singt weiter, ihr lieben Brüder und Könige – singt, o singt!«

Die Könige Kaspar und Melchior singen weiter, der Mohrenkönig zieht prüfend die Luft ein. Kein Zweifel schließlich! Was er mit seiner schwarzen, der überaus feinen Mohrennase erwittert hat: Es ist Rauch, das ist wirklich Rauch! Wo aber Rauch ist, muss Feuer sein – und wo Feuer ist, werden sie Obdach finden!
Dem König Balthasar bleibt nicht die Zeit, darüber auch nur ein Wort zu verlieren. Mit einem Mal können sie nicht mehr weiter, sie sind an ein großes hölzernes Tor geraten, fast wäre der Mohrenkönig dagegengestoßen! Sie klopfen, sie bitten um Einlass, es wird ihnen aufgetan. In der Öffnung des Tores, beleuchtet von einem brennenden Kienspan in der erhobenen Hand: wer beschreibt ihr Erstaunen? Ein Mohr ist es, der ihnen da entgegentritt, schwarz von Händen und schwarz von Angesicht!
Wir wollen es kurz machen. Jener vermeintliche Mohr ist Herr Josef Kittel gewesen, Kittelseff, seines Zeichens Nachtschürer auf der Glashütte an der Iser. Und Kittelseff, über und über rußgeschwärzt, wie der Beruf eines Schürers es mit sich bringt, Kittelseff ist beim Anblick der Fremden nicht minder verwundert, als wie es der Mohrenkönig und dessen Begleiter sind. »Nanu!«, ruft er aus. »Wen hat's mir denn da vor die Hütte geschneit? Wer seid ihr und woher kommt ihr bei diesem Hundewetter?«
»Wir kommen von weit her«, tut ihm der Mohrenkönig Bescheid und fragt, ob sie eintreten dürfen. – »No was denn! Immer hübsch rein mit euch!« Kittelseff scheucht die Hüttenjungen herbei, den Nitsch-Hans und Breuers Gustav. »Seht ihr nicht, dass sie voller Schnee sind? Holt Besen und staubt sie ab!«
Die Hüttenjungen tun ihre Sache gründlich. Sie ruhen nicht eher, als bis sie die Fremden gänzlich vom Schnee befreit haben. »Und jetzt her mit den Mänteln und Mützen, wir hängen sie euch zum Trocknen auf!«
Wohin waren sie da geraten, die morgenländischen Majestäten?

Sie standen in einem hohen und weiten, von rauchiger Wärme erfüllten Raum, der nur spärlich von waberndem Licht erhellt war. Vor ihnen erhob sich ein ungetümes Gebilde, nicht unähnlich einem Kohlenmeiler, massig und breit, nach oben hin abgerundet. An einigen Stellen, aus Ritzen und Spalten, flackerte aus der Tiefe des dunklen Gebildes Flammenschein, Feuersglut.
»No, was gibt's?«, meinte Kittelseff. »Habt ihr noch nie einen Glasofen in Betrieb gesehn?«
»Einen Glasofen?«, wiederholte der Mohrenkönig das ihnen ungeläufige Wort.
»In solchen Öfen wird Glas gemacht«, belehrte sie Kittelseff. »Aus Quarz und Kalkstein und Asche schmelzen wir's in den Flammen heraus, hier bei uns in den Wäldern. Und wir da, die Hüttenjungen und ich, wir sorgen dafür, dass das Feuer nicht ausgeht während der Zeit des Schmelzens.« Er zeigte auf eine Öffnung am unteren Rand des Ofens, aus der es den Königen feurig entgegenschlug. »Dort unten, das ist das Schürloch, da werden die vorgetrockneten Scheiter eingeschoben, hübsch langsam und gleichmäßig ... – No, was gibt's denn, was hat's denn?« Er wandte sich an die Hüttenjungen. »Glotzt mir nicht rum da! Holt Scheiter herzu – und dann eingeschürt, immer eingeschürt!«
Die Hüttenjungen huschten davon, Kittelseff konnte sich wieder den Fremden zuwenden. »Ich denk mir, ihr werdet hungrig sein. Und wie steht's mit dem werten Durst?«
Keine böhmische Glashütte ohne Bier, keine böhmische Glashütte ohne geröstete Erdäpfel, in der Asche des heißen Ofens herausgebraten. »Nirgendwo schmecken sie besser als hier bei uns«, behauptete Kittelseff. »Und das Bier erst, das Bier aus der Hüttenschenke! Es wird euch wohltun, es wird euch wärmen, es wird euch schläfrig machen. – Gesegnete Mahlzeit wünsch ich!«
Die Könige ließen sich vor dem Glasofen nieder, am Rand der

Schürgrube. Die in der Asche gerösteten Erdäpfel und das Bier aus der Hüttenschenke, das Kittelseff ihnen in einem Humpen aus grünem Waldglas reichte: Es gab nichts auf dem weiten Erdenrund, wirklich nichts, das sich mit dieser köstlichen Mahlzeit vergleichen ließ! Aus dem Schürloch strahlte den Königen Wärme entgegen und flackerndes Licht. Kittelseff schlurfte zur gegenüberliegenden Seite des Ofens, um nach den Hüttenjungen zu sehen. Als er zurückkam, meinte er rundheraus: »Übrigens ist mir was eingefallen. Drei Fremde, um diese Zeit unterwegs hier, und einer davon ein Mohr ... Seid ihr am Ende gar die drei Könige aus dem Morgenland?«

Die seien sie in der Tat, gestand ihm der König Melchior. Es verwundre ihn bloß, dass Kittelseff sie erkannt habe.

»No was denn, das hat sich doch mittlerweile schon rumgesprochen. Sie haben euch ja gesehn in Bethlehem, unsre Leute, die dort gewesen sind. Neumanns Tonl zum Beispiel, der Botenjunge aus Dessendorf, und die alte Watznauern aus den Strickerhäusern.«

»In Bethlehem, sagst du?« Der Mohrenkönig und seine Gefährten vermochten es kaum zu fassen.

»Von Engeln gerufen und hingeführt«, sagte Kittelseff. »Der Weihnachtsstern hat auch ihnen den Weg zur Krippe gewiesen, genauso wie euch. Und himmlische Heerscharen haben gesungen über dem Stall und das Kind in der Krippe hat sie gesegnet ... Tut uns ock, bitt schön, ihr hohen Herren, ein bissel erzählen von Bethlehem! Ist denn die Muttergottes wirklich so lieb und schön, wie's die alte Watznauern immer sagt? Und ist denn der heilige Josef wirklich ein schlichter Zimmermann? Und der Ochs und der Esel, haben sie wirklich das Kind in der Krippe mit ihrem Atem gewärmt?« Die Hüttenjungen waren herzugekommen und hatten sich neben Kittelseff an den Rand der Schürgrube hingehockt, den Heiligen Drei Königen gegenüber. Sie wagten sich kaum zu räuspern, sich kaum zu rühren. Wenn es nach ihnen gegangen wäre, so hätten sie wohl die ganze Nacht damit zubringen können, den Fremden zu lauschen. Aber die Könige waren müde vom weiten, beschwerlichen Weg durch den tiefen Schnee, ja, es fielen dem König Kaspar ein paar Mal sogar schon die Augen zu.

»No, da werden wir euch nicht länger aufhalten«, meinte Kittelseff, doch der Nitsch-Hans hat rasch noch was loswerden müssen, etwas, das ihn die ganze Zeit schon beschäftigt hatte. »Wenn ich die hohen Herrschaften, bitt schön, was fragen dürfte ...« Hier stockte er und bekam einen roten Kopf, bevor er mit zaghafter Stimme fortfuhr: »Nämlich, ich hab noch nie eine Krone gesehn, eine richtige Königskrone ...«

Die Könige aus dem Morgenland wechselten einen Blick, dann holten sie aus den Reisebündeln die Kronen hervor und hielten sie in das Licht des Ofens. »Mein Gott, wie die glänzen!« Kittelseff schlug die Hände vors Gesicht, Breuers Gustav flüsterte: »Seht ihr die Edelsteine? Wie Brocken von buntem Glase!« Der Nitsch-Hans aber hat überhaupt keine Silbe hervorgebracht, weil er sich kaum noch zu atmen getraut hat vor Ehrfurcht und Staunen.

»Jetzt hätten aber auch wir eine Bitte an euch.« Der Mohrenkönig, nachdem sie die Kronen wieder verstaut hatten, sprach es mit ernster Miene. »Vorerst braucht niemand zu wissen, dass wir hier durchgekommen sind. Lasst ein paar Wochen ins Land gehen, ehe ihr drüber redet.«

Kittelseff und die Hüttenjungen versprachen, bis Ostern den Mund zu halten, wenn es den Herren Königen recht sei – abgemacht? »Abgemacht«, sagte der König Melchior, darauf gaben sie sich die Hand. Und nun wollten die Könige aus dem Morgenland weiter nichts mehr als schlafen, schlafen, in Ruhe und Frieden durchschlafen bis zum nächsten Morgen.

Kittelseff brachte Decken herbei, er bereitete ihnen ein Lager am Rand der Schürgrube: dies sei der angenehmste, der wärmste Platz in der Hütte, da ruhe sich's wie in Abrahams Schoß. Er rate ihnen, das alte Vatterle in die Mitte zu nehmen, da sei es am besten aufgehoben. »Und ihr da!« Dies galt nun wieder den Hüttenjungen. »Dass ihr mir keinen Lärm macht, verstanden? Schürt ein, dass das Feuer im Ofen hübsch sachte und gleichmäßig weiterbrennt – und vergesst nicht: Wir haben Schlafgäste auf der Hütte!«
Die drei Könige aus dem Morgenland bezogen ihr Nachtlager also am Rand der Schürgrube, in der Mitte der König Kaspar, zur Linken der Mohrenkönig, zur Rechten der König Melchior, jeder sein Reisebündel unter dem Kopf, nicht lange, so waren die beiden älteren Könige eingeschlafen. Der Mohrenkönig indessen, die Arme im Nacken verschränkt, bedachte noch einmal, was alles am heutigen Tag ihnen widerfahren war. Es schüttelte ihn noch jetzt, wenn er an den bangen Weg durch die Nacht dachte, durch das Schneetreiben, durch die einsamen Wälder. Noch einmal war alles gut gegangen für sie: wider alle Vernunft war es gut gegangen mit Gottes Hilfe. Und morgen? Und übermorgen? Der Weg nach Hause, der Weg ins Morgen-, ins Mohrenland –, ach, das wusste König Balthasar nur zu gut: Er war weit, so weit ... Ob sie durchkommen würden? Ob sie trotz aller Fährnisse, aller Widrigkeiten von Wind und Wetter nach Hause durchkommen würden, seine Gefährten und er?
»Gott, der du unser Vater im Himmel bist!«, fing er zu beten an. »Lass mich nicht zweifeln an deiner Gnade, an deinem Beistand! Gib mir ein Zeichen in allen Ängsten, die mich befallen haben in dieser bangen Stunde – ein Zeichen der Hoffnung, der Zuversicht!«
Und siehe, was hörte der Mohrenkönig, kaum dass er den Herrn um das Zeichen gebeten hatte? Er hörte von ferne ein Lied: das

Lied, nach dem er sich über die Maßen gesehnt hatte während der letzten Tage und Nächte, je länger, je mehr ... Ob es wahrhaftig eine Zikade war, deren Gesang er da hörte, liegend unter dem Dach einer böhmischen Glashütte?

Lieblich sang die Zikade, mit hoher, sirrender Stimme, wie er sie noch im Ohr hatte, aus den weiten, duftenden Gärten des Mohrenlandes, in deren Mitte er auszuruhen gedachte von dieser Reise, Seite an Seite mit seiner Frau, der schönen, der dunkelhäutigen, die so lange auf ihn gewartet hatte, auch sie voller Ängste und Sehnsucht.

Der Mohrenkönig, dem Lied der Zikade lauschend, hatte sich aufgerichtet. »Was hat's denn?« Kittelseff beugte sich fragend zu ihm herüber. »Ist was?«

»Das Lied der Zikade!« Der König Balthasar aus dem Mohrenland strahlte vor Rührung und Dankbarkeit über sein schwarzes Angesicht. »Das Lied der Zikade!«

Wenn er das Zirpen meine, das feine und hohe Sirren, erwiderte Kittelseff, also das könne er ihm erklären. »Nämlich das ist ein Heimchen«, sagte er, »eine kleine Hausgrille, wie sie auf manchen Glashütten überwintern. Und manchmal, wenn es hübsch warm und still in der nächtlichen Hütte ist, das Feuer im Glasofen brennt vor sich hin und es schmilzt in den irdenen Häfen das liebe Glas heran – dann lässt sich's mit zarter Stimme vernehmen, das Heimchen: Aber nur dort, wo der Segen des Herrn auf der Hütte ruht, wohlbemerkt.«

»Möge der Segen des Herrn euch erhalten bleiben«, sagte der Mohrenkönig, die Arme ausbreitend. »Und das Heimchen, wie du die kleine Grille nennst, sei bedankt für den Trost und die Zuversicht, die mir sein Lied gespendet hat.«

»Amen«, sagte der Kittelseff. »Amen«, sagten die Hüttenjungen, der Nitsch-Hans und Breuers Gustav. Was hätten sie sonst auch

sagen können? In Augenblicken wie diesen ist Amen immer ein gutes, ein angemessenes Wort.
Am nächsten Morgen sind die drei Könige weitergezogen, hinaus ins Schlesische. Ums Hellwerden hatte sich über der Iser ein jäher Westwind erhoben, der hatte das Schneegewölk aufgerissen und weggefegt, bis der Himmel so blank und klar war wie eine Schale von blauem Glas, und die Sonne stieg hinter den Wäldern auf, strahlend und groß, eine Scheibe von purem Gold. Als gegen Mittag die Glasmacher in die Hütte kamen, mit ihren Gehilfen und Lehrjungen, und das glühende Glas aus dem Ofen holten mit ihren Glasmacherpfeifen, um Krüge daraus zu blasen, Flaschen und Trinkgefäße verschiedenster Art und Größe: als gegen Mittag die Glasmacher kamen, hat keiner von ihnen geahnt, und sie haben's auch nicht erfahren, weder von Kittelseff noch von den Hüttenjungen, wer die vergangene Nacht auf der Iserhütte verbracht hatte. Ostern ist schon vorbei gewesen, als die Geschichte allmählich ruchbar geworden ist unter den Hüttenleuten, danach in den Bauden und auf den Dörfern im Umkreis; und es mag sein, dass manch einer sie bloß für ein frommes Märchen hielt, deren es viele gegeben hat in den alten Zeiten.
Eines aber war unbestritten, noch meine Großeltern haben darum gewusst und daran geglaubt: Wo immer ein Heimchen sich hören ließ auf den isergebirgischen Hütten, des Nachts, wenn es warm und still war unter dem steilen Hüttendach, nur der Nachtschürer und die Hüttenjungen sind an der Arbeit gewesen, am Einschüren und am Nachschüren, während im Ofen drin, in den hohen irdenen Häfen das Glas heranschmolz – wann immer um diese stille Zeit sich ein Heimchen vernehmen ließ, nahmen's die Hüttenleute als Zeichen dafür, dass Gottes Segen auf ihrer Arbeit ruhte, und waren dankbar dafür.

Andreas Knapp

Die drei weisen Frauen aus dem Morgenland

Auf der Bühne der Weltgeschichte treten meistens nur Männer auf. Aber was für ein Theater würde es geben, wenn nicht hinter den Kulissen kluge Frauen stünden! Wie oft wären die Männer in Text und Handlung stecken geblieben, gäbe es nicht die verborgenen Souffleusen!
Deren bedeutender Beitrag wird von den – meist männlichen – Geschichtsschreibern so gut wie immer unterschlagen. Leider gilt dies auch für die Bibel. Umso wichtiger ist es, endlich einmal den femininen Hintergrund aufzudecken, auf dem die Geschichte der drei Weisen aus dem Morgenland beruht. Unsere Quellen sind ausschließlich mündlicher Art, dafür aber unbezweifelbar.

Dort, wo das Morgenland besonders morgendlich ist, lebten einmal drei kleine Könige: Caspar, Melchior und Balthasar. Später nannte man sie auch die »drei Weisen«. Genau besehen hatte jeder von ihnen freilich nur ein einziges Mal im Leben weise gehandelt, nämlich bei der Hochzeit. Jeder von ihnen hatte nämlich eine kluge Frau geheiratet.
Die drei kleinen Königreiche grenzten aneinander und waren so winzig, dass Caspar, Melchior und Balthasar nur wenige Minuten brauchten, um sich gegenseitig zu besuchen. Dies taten sie sehr oft und da die Regierungsgeschäfte völlig unbedeutend waren,

verbrachten sie ihre Zeit damit, Mokka zu trinken und Wasserpfeife zu rauchen. Den lieben langen Tag über diskutierten, debattierten und deklamierten sie politische Themen, vornehmlich die der großen Reiche in der Ferne. Und da die Nächte in jener Gegend sternenklar sind, saßen sie nach Sonnenuntergang noch lange auf einem Turm und schauten gemeinsam in den Mond. Bisweilen machten sie sich auch über die Sterne tiefsinnige Gedanken. Zum Beispiel: Warum fuhr der große Wagen immer nur im Kreis herum anstatt die Milchstraße zu benutzen? Oder sie starrten nächtelang in das Sternbild der Zwillinge und rätselten darüber nach, ob diese eineiig oder zweieiig waren. Eines Nachts aber beobachteten sie etwas ganz Ungewöhnliches: Zwei Wandersterne näherten sich einander und schienen zu einem einzigen zu verschmelzen.

Caspar lief aufgeregt zu seiner Frau Sara hinunter, die in der Küche damit beschäftigt war, mit einem Wellholz Teig auszurollen und Sternchen auszustechen. »Jupiter und Saturn rasen aufeinander zu. Es kommt zum Krieg der Sterne!« »Was für ein Unfug«, lächelte Sara und stach einen großen Stern aus. »Jupiter ist der Stern der Könige und der Saturn der Stern des jüdischen Volkes.« Dann schob sie auf ihrem Backblech die Sterne so zurecht, dass sie das außergewöhnliche Sternbild abbildeten. »Das ist doch sonnenklar! Was du hier siehst, mein lieber Caspar, bedeutet, dass in Palästina ein Königskind geboren wird.« Caspar schob sich einen Stern aus süßem Teig in den Mund und lief wieder zu seinen Kollegen. Kurz darauf hörte Sara, wie sich Caspar auf der Brüstung des Turmes mit lauter Stimme brüstete: »Ich habe die Lösung gefunden! Was wir auf dem Blech sehen, zeigt eindeutig, dass in Palästina ein Königskind geboren wird.« Diese Erklärung leuchtete auch Melchior und Balthasar ein. »Das ist ja sternenklar! Nur: Wieso siehst du ein Blech?« Caspar verbesserte sich schnell: »Ich meine natürlich: Was wir am Himmel sehen! Entschuldigt, dass ich in meiner Aufregung Blech geredet habe.« Sara lächelte still in sich hinein und schob das Blech mit den Sternen in den heißen Backofen. Oben auf dem Turm verkündete Balthasar mit majestätischem Tonfall: »Wenn ein Königskind geboren wurde, dann gibt es sicher eine riesige Geburtstagsparty. Da müssen wir doch mit von der Partie sein!« Die beiden königlichen Kollegen waren sofort einverstanden und so begannen die drei Kleinkönige noch in derselben Nacht, große Pläne zu schmieden. Am nächsten Morgen sattelten Caspar, Melchior und Balthasar schon in aller Frühe ihre drei Kamele und bereiteten sich zum Aufbruch vor. »Habt ihr denn für das Kind auch etwas mitgenommen? «, fragte Sara mütterlich besorgt.

»Für wie einfältig hältst du uns eigentlich?«, tönte Caspar vom hohen Kamel herab.

»Für ziemlich«, flüsterte Sara unhörbar hinter ihrem Gesichtsschleier.

»Ich habe Gold dabei«, brüstete sich Caspar. »Denn am Golde hängt die Macht.«

»Ich habe Weihrauch eingepackt«, erklärte Melchior. »Könige lieben es, sich beweihräuchern zu lassen.«

»Und ich bringe dem Kind Myrrhe«, betonte Balthasar. »Denn Könige werden bei ihrem Tod einbalsamiert, um als Mumien ewig verehrt zu werden. Und nun los!«

Wenig später schon waren die drei in einer Staubwolke verschwunden. »Oh je«, stöhnte Suba. »Was sich da unsere drei Tölpel wieder ausgedacht haben! Jetzt haben sie den Stern gesehen und bleiben dennoch geistig umnachtet.«

Seba pflichtete ihr bei: »Warum verstehen sie die einfachen Dinge nicht? Es ist doch sternenklar: Wenn dieses Kind mit einem himmlischen Zeichen angekündigt wird, dann ist es eben gerade

kein König im irdischen Sinn.« Sara ergänzte nachdenklich: »Einem himmlischen König geht es nicht um Geld und Macht, sondern um die Herzen der Menschen. Ein göttliches Kind will keine Beweihräucherung, sondern Liebe. Und das ewige Leben, das dieses Kind uns bringen will, ist etwas ganz anderes als das Konservieren einer Mumie.«
»Los!«, sagte Suba. »Wir müssen unseren Männern hinterher. Wenn wir nicht aufpassen, werden sie sich im Sand verlaufen.«
Schon packten die drei ihre Reittiere. »Was brauchen wir denn, wenn wir ein neugeborenes Kind besuchen wollen?«, fragte Sara und fügte gleich an: »Ich nehme mein Backzeug und das Wellholz mit. So kann ich Plätzchen für den Geburtstagskaffee backen.«
»Ich nehme meine orientalischen Gewürze mit. Ich werde für die Mutter des Kindes, die sicher sehr geschwächt ist, ein kräftiges Mahl kochen.« »Und ich nehme meinen Schminkkoffer mit. Denn darin habe ich wunderbare Salben und Öle für empfindliche Babyhaut.«
Nur wenig später verließen drei Kamele mit geheimnisvoll verhüllten Reitern die Grenze der kleinen Königreiche. Sie folgten den Abdrücken im Sand, die ihre großspurigen Männer hinterlassen hatten. Als sie etwa eine Tagesreise weit in die Wüste geritten waren, sahen sie plötzlich noch andere Spuren. Sara stieg ab, um diese zu untersuchen. »Das haut einen vom Höcker! Hier waren acht Reiter, die nach Westen geritten sind. Wir sind hier in der Gegend, die von Bali Aba und seinen sieben Räubern unsicher gemacht wird. Das sieht nicht gut aus.«

»Und was ist mit unseren Dreien?«, fragte Seba. Sara seufzte. »Nach den Spuren zu schließen sind die drei Kamele einfach den Räubern hinterhergeritten Vor lauter Schauen nach den Sternen sahen sie nicht, was sich direkt vor ihren Füßen abspielte.«

Suba ahnte schon, was passiert war: »Dann sind unsere Männer den Räubern direkt in die Arme gelaufen.«
So war es. Die Räuber hatten hinter sich am Horizont eine Staubwolke gesehen. Sie mussten sich nur hinter den Dünen verbergen und warten, bis die drei kleinen Könige in die Falle liefen. Das war eine fette Beute: Bares Gold, das Bali Aba sofort in den Untiefen seiner Hosentaschen verschwinden ließ, dazu noch Weihrauch und Myrrhe, die man auf dem Basar flüssig machen konnte. Die Räuber feierten am nächtlichen Feuer, während die drei Könige in einem kleinen Zelt ganz unmajestätisch gefesselt lagen. Nach Mitternacht fielen Bali Aba und seine Männer in einen tiefen Schlaf. Nur der Wächter vor dem Zelt mit den Gefangenen hielt mit Mühe die Augen offen.
Plötzlich sah er, wie eine leicht bekleidete Frau über eine Wanderdüne spazierte. Hatte ihn das Zwielicht des Halbmondes getäuscht? Er rieb sich die Augen. Oder war das vielleicht sogar die Fata Morgana, von der sein Chef manchmal so geheimnisvoll erzählte? »Ach«, sagte der Wächter halblaut vor sich hin, »egal wie die Frau heißt, das ist jetzt genau das Richtige. Ein leichtes Mädchen für schwere Jungs. Aber ... ich will sie allein haben.« Er weckte also die anderen nicht, sondern schlich auf die Düne. Und tatsächlich: Dahinter stand ein winziges Zelt und er sah, wie Fata – oder wie sie auch hieß – ihm zuwinkte und dann dort hinein verschwand. Er huschte zum Zelteingang und streckte den Kopf hinein. In diesem Augenblick sah er tausend und einen Stern. Denn Sara hatte mit ihrem Wellholz zu einem gezielten Schlag ausgeholt. »Das ist Frauenpower, was?«, murmelte sie. Mit flinken Händen baute sie das Zelt wieder ab und ließ den Wächter im künstlichen Koma liegen.
Währenddessen war Seba mit dem scharfe Küchenmesser und einer großen Pfefferdose zu den Kamelen geschlichen. Mit geübtem Schnitt durchtrennte sie die Schnüre, an denen die acht Kamele der

Räuber angepflockt waren. Dann nahm sie die Pfefferdose und schüttete eine ordentliche Dosis scharfen Pfeffer in die Näsenlöcher der Kamele. Das Pfefferspray war erfunden und seine Wirkung war überaus gesalzen: Die Kamele begannen wie wild zu niesen und weil ihr Geruchsinn betäubt war, liefen sie orientierungslos in die Wüste hinaus. Das laute Niesen und Schnauben der Kamele weckte die Räuber am Feuer. Halb schlaftrunken sahen sie, wie ihre Kamele davonliefen. Bali Aba erkannte sofort den Ernst der Lage: »Ohne unsere Kamele sind wir in der Wüste verloren!« So schnell sie konnten stürzten die Räuber in die Nacht hinaus, wo ihre Reittiere aus dem Niesen nicht mehr herauskamen.
Auf diesen günstigen Augenblick hatte Suba nur gewartet. Tief verhüllt huschte sie in das Zelt mit den Gefangenen, schnitt deren Fesseln durch und verschwand wieder. Die drei kleinen Könige krochen vor das Zelt und sahen die verlassene Feuerstelle. Draußen in der Nacht aber hörte man Männer schreien und Kamele niesen. Schnell eilten die drei ans Feuer, wo ihre Packsättel standen. Caspar schleppte sein Gepäck zu seinem Kamel, das neben dem Zelt angebunden lag. Ebenso taten auch Melchior und Balthasar, wobei Melchior noch den gesamten Weihrauch in die Feuersglut schüttete. Als die drei losritten, hatte sich der Lagerplatz in eine einzige Rauchwolke verwandelt. Hier würden die Räuber, falls sie überhaupt ihre Kamele einholen sollten, weder ihre Sättel noch ihre Waffen finden. So ritten die drei gekrönten Häupter jetzt ganz gemächlich davon, Richtung Westen, wo ihr Stern hell am Himmel stand.
Die Frauen amüsierten sich königlich darüber, dass sie Bali Aba eine gepfefferte Lektion erteilt hatten. Ihren Männern aber folgten sie in sicherer Entfernung und wachten darüber, dass die kleinen Könige keine größeren Dummheiten mehr begingen.
Am nächsten Abend übernachteten die drei Frauen in einer Kara-

wanserei. Im südlichen Innenhof, der den Frauen vorbehalten war, erzählte ihnen die Herbergsmutter, dass heute auch drei Männer aus dem Osten gekommen waren und einen schwer verwundeten Mann mitgebracht hatten. Sie hätten diesen Mann in der Wüste gefunden, wohl ein Opfer von Bali Aba. Die Fremden hätten sich um die Wunden des Mannes gekümmert und auch dessen Unterkunft bezahlt. Allerdings hätten sie nur ein paar Kupfermünzen bei sich gehabt und daher dem Herbergsvater Myrrhe angeboten, was dieser etwas mürrisch akzeptiert habe.
Sara, Seba und Suba schauten sich gegenseitig an und lächelten. An diesem Abend waren sie stolz auf ihre Männer.
Die weitere Reise nach Jerusalem verlief ziemlich ruhig, was dem Umstand zu verdanken war, dass die Frauen wachsam hinter ihren Männern her waren. Schließlich gelangten die drei Männer nach Jerusalem. Dort hatten Caspar & Co freilich nichts besseres zu tun, als ihre Wüstenschiffe direkt auf den Palast des Herodes zuzusteuern. Die Frauen waren entsetzt, konnten das Unglück aber nicht mehr aufhalten.
»Dumm gelaufen, unsere Männer«, brummte Seba. Denn alle Welt wusste doch, was für ein grausamer Tyrann Herodes war. Dieser Herrscher war ein Sklave seiner Macht. Aus lauter Angst vor möglichen Rivalen hatte er zwei seiner Söhne umbringen lassen. Wie konnten die drei Sternseher nur so blind sein und zu diesem Schreckensherrscher gehen, um ein neugeborenes Königskind zu suchen?
»Sie bringen uns noch auf die Palme!«, seufzte auch Suba.
»Gehen wir lieber in den Schatten der Palmen dort drüben«, schlug Saba vor.
An der Außenmauer der königlichen Burg befand sich ein großes Wasserbecken. Dort fanden sich tagtäglich viele Dienerinnen und Mägde vom Königshof ein und wuschen die schmutzige Wäsche

des Palastes. Hier war zugleich ein Pool aller Nachrichten aus dem Dunstkreis des Königs. Sara, Seba und Suba mischten sich unter die Frauen und wuschen ihre von der Reise verstaubten Kleider. Doch was mussten sie da alles hören:

»Habt ihr die drei Einfaltspinsel aus dem Osten gesehen? Die drei können nicht ganz sauber sein!«, brummte ein Waschweib. »Als die größten Könige jenseits des Euphrats haben sie sich ausgegeben!«, grinste eine Magd. »Und dann haben sie Herodes von der Geburt eines Königskindes erzählt.« »Und nicht bemerkt, wie Herodes erst grün, dann gelb und schließlich rot anlief!« »Sie haben sogar versprochen, ihm den Geburtsort des neuen Königs zu verraten – wie ahnungslos sie doch sind!« »Herodes wird jeden, der ihm zur Konkurrenz werden könnte, kaltblütig auslöschen.« »Die Gelehrten des Königs haben aus alten Büchern herausgelesen, dass in Betlehem ein König des Friedens geboren wird.« »Der hat aber Pech gehabt! Herodes lebt vom Krieg! Er wird keinen Friedensfürsten dulden.« »Morgen Mittag will Herodes noch einen Sektempfang für die Fremden geben. Dann wollen die drei Mini-Könige aus dem Osten nach Betlehem reiten.«

Sara, Seba und Suba wussten genug. Sie packten ihre Wäsche ein und wenig später schon waren sie auf dem Weg nach Betlehem, das unweit von Jerusalem liegt. Da sie den Soldaten des Herodes, die am Stadttor von Betlehem Wache schoben, nicht begegnen wollten, nutzten sie kleine Feldwege als Umgehungsstraße, um zu einem Nebentor zu gelangen.

Auf den Feldern draußen vor der Stadt hielt Sara inne.

»Hört ihr es auch? Da schreit ein Kind!«

Wenig später schon standen die drei Frauen aus dem Morgenland vor einer kleinen Hütte unweit der Stadtmauer von Betlehem. Ein junger Mann namens Josef, der Holz gesammelt hatte, war gerade dabei, den alten Backofen vor der Hütte anzuheizen. Drinnen fanden sie seine Frau Maria, die in der Nacht zuvor einen kleinen Jungen geboren hatte. Weil es in diesem armen Stall keinerlei Möbel gab, hatte sie ihr Kind in eine Futterkrippe gelegt. Inmitten größter Armut erzählten die glücklichen Augen der Mutter vom wahren Reichtum. Auch Josef stand eine große Freude ins Gesicht geschrieben. Als Sara, Seba und Suba sahen, mit wie viel Liebe Maria und Josef für das neugeborene Kind sorgten, wussten sie, dass sie am Ziel ihrer Reise angekommen waren. Die Sterne hatten von einem Kind erzählt, mit dem eine neue Herrschaft beginnt. Der Besuch in einem armen Stall wurde zur Sternstunde ihres Lebens. Es war so einleuchtend: Wo Liebe herrscht, dort ist der Anfang einer neuen Welt. Mit flinken Händen bereitete Sara einen süßen Teig vor und formte den größten Stern ihres Lebens. Und weil immer noch etwas Teigmasse übrig war, knetete sie noch einen Schweif und schob den Wunderstern in den Backofen. Seba bereitete mit ihren orientalischen Gewürzen ein wohlschmeckendes Mahl vor und Suba salbte die gerötete Haut des kleinen Jungen mit duftenden Ölen ein. So wurde der Neugeborene von einer Frau zum Messias gesalbt. Draußen stand die Sonne schon tief am Horizont. Suba stellte sich an den Eingang der Hütte und nahm ihren kleinen Spiegel in die Hand. Sie fing die letzten Sonnenstrahlen ein und lenkte sie zur Futterkrippe, in der das Kind lag. Das Licht fiel auf die Händchen des Kindes und sie leuchteten. Das Kind gluckste vor Freude. Dann griff es nach dem Licht und spielte mit ihm. »Es ist ein Kind des Lichtes«, sagte Maria. Sie sah das Kind lächeln und war überglücklich.

So verbrachten die drei geheimnisvollen Frauen aus dem Morgenland einen wunderbaren Abend bei Maria und Josef mit ihrem Kind. Zum Schlafen zogen sie sich dann mit ihren Kamelen in eine etwas entfernter gelegene Hütte zurück, wo sie sich auch vor ihren Männern verbergen wollten.

Am nächsten Tag sollten nun auch die kleinen Könige ankommen. Seit dem frühen Nachmittag stand Suba an der Hütte und schaute Richtung Jerusalem. Endlich tauchten drei Kamelreiter am Horizont auf. Doch wieder mussten die Frauen das Schlimmste befürchten. Denn die drei ritten direkt auf die Burg von Betlehem zu, in denen die Soldaten des Herodes ihr Quartier hatten.
Suba dachte angestrengt nach, wie sie die Männer aus der Ferne noch umlenken konnte. Plötzlich kam ihr eine Idee. Sie nahm den Spiegel aus dem Schminkkoffer. Die Sonne stand schon weit im Westen. Mit ihrem Spiegel ließ sie das Sonnenlicht direkt auf die Reitergruppe blitzen. Diese blieb auf einmal stehen. Dann bogen die drei Berittenen von der großen Straße ab und hielten auf die Hütte zu, über der sie eine Art von Stern hatten leuchten sehen.
Als die drei Männer den zugigen Stall betraten, waren sie tief berührt. So etwas hatten sie noch nie gesehen: Ein neugeborenes Kind in einer Futterkrippe! Und die Eltern so glücklich und zufrieden.
Wie anders hier alles war ... Vor Kurzem noch waren die drei kleinen Könige bei Herodes gewesen, der sich angstbesetzt an seinem Thron festklammerte. Jetzt ging ihnen ein Licht auf: Nicht bei Herodes, sondern hier herrschte Frieden. Sollte also dieses Kind der neugeborene Friedensfürst sein?
Caspar, Melchior und Balthasar nahmen das Kind auf die Arme, küssten, wiegten es – und sangen die Lieder ihrer fernen Heimat. Ein wenig traurig öffneten sie ihre Taschen. Caspar schüttelte den leeren Goldbeutel aus. »Wir haben kein Gold mehr, nur den Staub der Reise.«
Melchior öffnete seine leere Weihrauchdose. »Ich habe nichts Wohlriechendes mehr zu bieten; nur Schweißgeruch«, sagte er beschämt. Und Balthasar hatte Tränen in den Augen, als er in sein offenes Kästchen starrte. »Ich wollte Myrrhe bringen. Viel-

leicht aber konnte ein Mann, der schon halb tot war, wieder geheilt werden ...«

Bei diesen Worten hielt er dem Kind das glänzende Kästchen hin. Doch das Kind griff nicht nach diesem, sondern nach einem Zeigefinger des kleines Königs Balthasar. Und es klammerte sich an diesen Finger, zog ihn an sein Gesicht, an seinen Mund, als wollte es sagen: »Das ist das schönste Geschenk: Dass du mit deinen Freunden bei mir bist. Das ist mehr wert als Gold. Und besser als Weihrauch ist es doch, wenn Menschen sich gut riechen können. Statt Myrrhe zu bringen, die an Tod und Leid erinnert, habt ihr Mitleid gezeigt. Wäre das nicht die neue Welt, wenn sich alle Menschen gut leiden könnten?«

Die drei kleinen Könige sahen auf das Kind, das mit Balthasars Finger spielte. Jetzt verstanden sie die stumme Botschaft ihrer leeren Hände und Gefäße. Ihre Herzen aber wurden ganz leise von einem unaussprechlichen Glück erfüllt.

Die Eltern des Kindes luden nun die Fremden zum Abendessen ein. Die drei Fremden fühlten sich in der einfachen Hütte sofort zuhause. Es duftete nach vertrauten Gewürzen und die Zacken des großen Sterns von Betlehem schmeckten ganz wie daheim.

Sara, Seba und Suba hatten währenddessen hinter dem Bretterverschlag gestanden und gelauscht. Jetzt flüstete Sara: »Unsere Männer haben ihre Herzen auf dem rechten Fleck.«

»Ja, das stimmt«, murmelte Seba bewegt. »Aber den Kopf, wo haben sie nur ihren Kopf?«, seufzte Suba. »Wenn sie nur etwas heller wären! Wir müssen unbedingt verhindern, dass sie zu Herodes zurückkehren.«

Sara nickte. »Ich habe eine Idee.« Mitten in der Nacht wurden die drei Könige wach. Wer hatte sie sanft am Arm berührt? Im Sternenschimmer konnten sie drei weiße, ganz verschleierte Gestalten erkennen. Die erste Gestalt deutete auf jeden der drei Könige.

Die zweite zeigte Richtung Jerusalem und machte eine verneinende Gebärde. Die dritte Gestalt wies gegen Osten und nickte dazu. Dann verschwanden die drei schleierhaften Gestalten im Dunkel der Nacht.
Am nächsten Morgen hatten die drei Fremden Maria und Josef etwas Ungewöhnliches zu erzählen. »Heute Nacht sind uns im Traum Engel erschienen!«
»Wir sollen nicht nach Jerusalem zurück, sondern nach Osten reisen!«
»Und die Engel sahen fast so aus wie unsere Frauen daheim ...«
Josef, der sich mit Träumen gut auskannte, musste schmunzeln: »Ihr habt Sehnsucht nach euren Frauen. Sie rufen euch schon!«
Caspar, Melchior und Balthasar sattelten ihre Kamele, verabschiedeten sich von Maria, Josef und dem Kind und ritten Richtung Sonnenaufgang. Nach einer langen wüsten Tour näherten sie sich endlich wieder der Heimat. Auf der letzten Wegstrecke freilich wurden die kleinen Könige von drei unbekannten Reitern, die sich zum Schutz gegen den Staub das Gesicht ganz verhüllt hatten, rechts überholt.
Als die drei Mini-Majestäten wenig später in Caspars Kleinpalast eintraten, fanden sie dort ihre drei Gemahlinnen in der Küche versammelt. Beim Eintreten ihrer Männer legten sich die Frauen sofort den Gesichtsschleier um, ließen sich aber sonst nicht unterbrechen. Sara rollte mit dem großen Wellholz Teig aus, um Sternchen auszustechen. Seba hatte die Pfefferdose in der Hand und würzte die Suppe. Und Suba saß vor einem kleinen Spiegel und schminkte sich die Augenlider, ohne mit den Wimpern zu zucken.
»Typisch Frau!«, blökte Melchior bei diesem Anblick. »Sie werkeln in der Küche herum oder schminken sich, während wir Männer die größten Abenteuer zu bestehen haben.«
»Da sind wir aber gespannt«, hüstelte Sara scheinheilig unter ih-

rem Schleier. Und während die Frauen mit Kochen und Backen beschäftigt waren, begann Balthasar aufzutischen.
»Als erstes haben wir Bali Aba und seine 70 Räuber ausgeweihräuchert.« »Ooooh«, raunten die Frauen wie aus einem Mund. Und Melchior erzählte voller Stolz: »Ja. Wir fanden die ganze Bande an ihrem Lagerfeuer. Die Wache war wohl eingepennt. Und so konnte ich eine große Prise Weihrauch ins Feuer werfen. Die Räuber wachten auf, ihre Augen tränten und es gab ein Gehuste wie bei einem Pontifikalamt. Die Kamele liefen davon, als hätten sie Pfeffer im Hintern und die Räuber hinterher. Und seither ist die Bande in alle Winde zerstreut.«
Dann erzählte Caspar, wie er Herodes hinters Licht geführt habe. Er habe ihn ausgehorcht, ohne ihm den wahren Grund ihrer Reise zu erzählen. »Ich sagte ihm, dass wir eine Urlaubsreise machen.« Und Balthasar ergänzte: »Ja: Kamel-Trecking zu den Pyramiden!« »Iiiih!«, staunten die Frauen wie aus einem Mund.
Balthasar fuhr fort: »Und schlau, wie wir waren, haben wir in Betlehem sofort das Königskind gefunden. Ohne fremde Hilfe. Schließlich sind uns sogar Engel im Traum erschienen!« »Aaaaah!«, riefen die Frauen und Sara tat ganz aufgeregt: »Das ist wirklich die Krönung! Engel sind euch erschienen?«
»Ja«, antwortete Melchior mit feierlicher Stimme. »Sie sahen fast so aus wie ihr. Aber es gab einen Unterschied. Sie haben sich ehrfurchtsvoll vor uns verneigt und voll Bewunderung gesagt: Ihr seid die Weisen aus dem Morgenland! «
Nun hätten die drei Frauen beinahe laut losgeprustet.
Aber sie unterdrückten das Lachen. Dafür grinsten sie unter dem Gesichtsschleier voll diebischer Freude. Was den Männern entging. Vielleicht war das ja der ursprüngliche Sinn des Schleiers: dass die wahrhaft Weisen verborgen bleiben wollen.

Alban Stolz

Die drei Opfergaben

Ich weiß nicht, warum mir der heilige Dreikönigstag so absonderlich jedes Mal gefallen will. Es ist, wie wenn dieses ein Tag wäre, welcher unter den andern Tagen im Jahr, wie der Morgenstern unter dem Haufen der andern Sterne, feuriger und holdseliger leuchtet. Und wenn einer fromm ist und sich besinnt, so fallen ihm am heiligen Dreikönigstag auch besonders liebliche Gedanken ein, gleichsam als wenn sie an diesem Tage ein großes Gastmahl für die heiligen drei Könige im Himmel hielten, und da fielen Bröselein herunter und fielen in den Kopf und in das Herz frommer Christen hinein und sahen da aus wie schöne Gedanken und Anmutungen.

Wir wollen sehen, ob wir nicht auch eines auffangen: Zuerst wollen wir das Kästlein aufmachen, was der erste König mit dem Bart in der Hand hält. Es ist Gold darin. Hast du auch Gold? Vielleicht so ein altes Stück in einem Papierlein eingewickelt? Und wenn du jetzt kein namhaftes Stück Gold hast, so werden schon wieder Zeiten kommen, wo du etwas kriegst. – Was ist jetzt, wenn du zu Lebzeiten der heiligen drei Könige gelebt hättest und hättest gewusst, was das Kind in dem Städtlein Betlehem, das Kind der armen Jungfrau, was es für ein Kind sei – was ist, hättest du dein Herz verschlossen gegen das arme königliche, göttliche Kind? Hättest du ihm nicht auch gern dein Goldstück geopfert und hättest dir noch eine Freud und Ehre daraus gemacht? Ja, wenn du auch sonst zäh bist und lieber nimmst als gibst, so hättest du vielleicht doch in den Sack gelangt und hättest das vornehmste Geldstück hergegeben. Du hättest gedacht: Es ist gescheit, wenn ich dem Kind ein rechtschaffenes Geschenk mache, es wird ganz gewiss einmal mir tausendfach vergelten, was ich ihm jetzt in seiner Armut gebe, wenn es einmal groß ist und ein Herr und ein König! – So hättest du gedacht. – Und mancher denkt: Ja, da gäb ich viel darum, wenn ich das arme Jesuskind selber gesehen hätte und hätte ihm etwas schenken dürfen; ich wollte ja gern nichts dafür, wenn es etwas von mir angenommen hätte; das tät mir mein Lebtag lang die größte Freude machen! – Nun halt einmal, ist es wahr, macht es dir so große Freude? Und wünschtest du so sehr, dem Jesuskind etwas zu schenken? Ist das gewiss wahr? Wenn es so ist, so weiß ich etwas für dich. Denk nur, ich weiß einen Ort, wo man das Jesuskind noch antreffen kann, und wo es noch so arm ist; es ist nicht weit. Sieh, der Herr hat gesagt: »Was ihr dem Geringsten meiner Brüder tut, das tut ihr mir; und wer ein Kind in meinem Namen aufnimmt, der nimmt mich auf!« – Wenn du daher einem armen Kranken einen Groschen schenkst, so ist das, wie wenn du ihn Jesus in seiner Armut geschenkt hättest. Und wenn du ein Schuhmacher bist und einem armen Kind, das bei der Kälte barfuß läuft, ein Paar Schühlein machst umsonst, so ist das gerade soviel, als wenn du dem barfüßigen Kind Jesus ein Paar Schuhe geschenkt hättest. Und es ist auch in allen andern Dingen ebenfalls so, was man Jesus wegen den Armen gibt und tut. Und ist es nicht einmal wahr, dass es gerade so ist, wie wenn man es Jesus getan hätte; es ist noch besser. Denn es hat noch ganz besonders deshalb einen guten Geruch, weil man Jesus so aufs Wort geglaubt hat und auf seine Anweisung hin, die er vor achtzehnhundert Jahr im Gelobten Land gegeben hat, heute noch einem Armen ein Stück Geld schenkt. – Vergiss nicht, dass du am heiligen Dreikönigstag dich etwas kosten lässt und machst, wie sie es gemacht haben. Was hat denn der andere heilige Dreikönig in dem Ding drin, das so raucht? Es soll Weihrauch bedeuten; du tätest es von weitem schon riechen, wenn der Bildermacher auch den guten Geruch abbilden könnte. – Weihrauch aber opfert man nur Gott. Die Heiligen Drei Könige müssen sonach gemerkt und geglaubt haben, dass in dem Kind etwas Göttliches sei; das haben sie auch schon dem Stern ansehen können. Denn wegen eines gemeinen Menschenkindes wird kein besonderer Stern am Himmel aufgezündet. Und doch, wo sie in das Städtlein kommen und das Häuslein sehen und in die Stube hineintreten und die Mutter und das Kind antreffen, so sieht auch da alles gar zu armselig aus; und man muss sich schier verwundern, dass diese Männer nicht zweifelhaft geworden sind in ihrem Kopf und nicht zueinander gesagt haben: »Wir müssen irre gegangen sein, das wird das rechte Kind und das rechte Haus nicht sein!« – Sie haben sich nicht scheu machen lassen von dem Auswenigen und haben treu und fromm das Kind angebetet und ihm Weihrauch geopfert; und das ist gerade besonders schön an diesen edlen Männern gewesen, dass ihr Glaube nicht schwächlich am Außenwerk erst sich heben und halten hat müssen, sondern frei und stark weiter sah, als die Augen des Leibes sahen. Sie sahen im armen Kind den König und ewigen Gott. – Sieh nun, du Christ! Diese edle Glaubenstat kannst du auch täglich üben. Erschien Christus den drei Weisen als ein geringes Kind, so erscheint er dir als eine geringe Hostie in der heiligen Messe oder Monstranz. Glaube und schaue und bete auch du an, wie es die drei Weisen getan haben, so treu und fromm und innig, und du wirst ihn dann auch schauen ewiglich.

Der dritte hat auch so ein Gefäß wie der zweite; es ist aber etwas anderes drin; es sei Myrrhen gewesen, sagt die Schrift; das ist so eine kostbare Spezerei, wie sie in den heißen Ländern wächst; man braucht sie, um vornehme Tote einzubalsamieren. Ich wollt aber darauf wetten, der dritte hat selbst nicht recht gewusst, warum er gerade Myrrhen geopfert hat. Aber Gott hat es gewusst und es ihm eingegeben. Es war eine schöne Zeremonie, die der Weise geübt hat, ohne zu wissen, was es bedeutet. Hintennach wissen wir Christen es. Es soll bedeuten, dass das arme Kind einem bittern Tod geweiht sei. – Mach dir jetzt selber noch vollends deine Gedanken, und gib Acht, ob dir nicht auch noch einige Gedankenbröselein einfallen; wirf sie nicht weg; sie kommen vielleicht von oben, und tu danach; – vergiss mir aber auch das Opfer nicht an Gold oder Silber für das arme Kind Jesus Christus!

Wilhelm Busch

Die drei Weisen aus dem Morgenland

Hätte einer auch mehr Verstand
als wie die drei Weisen aus Morgenland
und ließe sich dünken, er wäre wohl nie
dem Sternlein nachgereist wie sie.
Dennoch, wenn nun das Weihnachtsfest
seine Lichtlein wonnig scheinen lässt,
fällt auch auf sein verständig Gesicht,
er mag es merken oder nicht,
ein freundlicher Strahl
des Wundersternes von dazumal.

QUELLENVERZEICHNIS

Texte

Ewald Arenz, Josefs Geschenk, aus: Ewald Arenz, Knecht Ruprecht packt aus, ars vivendi verlag, Cadolzburg, 2. Aufl. 2010, S. 138-143, Copyright © 2009 ars vivendi verlag GmbH & Co. KG

Ursula Berg, Großmutter, der Computerfreak © Alle Rechte bei der Autorin

Frank Bonkowski, Das Geschenk, aus: Nicolas Koch (Hrsg.), Winterwundernacht. 24 Geschichten bis Heiligabend.© 2013 by Joh. Brendow & Sohn Verlag GmbH, Moers

Axel Hacke, Lasst uns froh und Monster sein: Neues aus dem kirchlichen Leben, aus: Axel Hacke, Der weiße Neger Wumbaba kehrt zurück © Verlag Antje Kunstmann GmbH, München 2007

Franz Hohler, Der kürzeste Tag, aus: Franz Hohler, Spaziergänge. Luchterhand Verlag, München 2012 © Alle Rechte beim Autor

Hanns Dieter Hüsch, Dezember, aus: Hanns Dieter Hüsch, Ein Gruß aus der Heimat. Die schönsten Seiten vom Niederrhein © Mercator-Verlag, Duisburg 2009

Hanns Dieter Hüsch, Die Bescherung/Zweiter Feiertag, aus: Hanns Dieter Hüsch/Marc Chagall, Das kleine Weihnachtsbuch, Seite 20ff, 2012/15 © tvd-Verlag Düsseldorf, 1997

Hanns Dieter Hüsch, Skifahren, aus: Hanns Dieter Hüsch, Frohes Fest. Geschichten zwischen Himmel, Café Pilatus und Niederrhein 2014/3 © tvd-Verlag Düsseldorf, 2008

Andreas Iten, Mein Bruder im Schmutzli-Sack © Andreas Iten, 2014

Erich Kästner, Drei Männer im Schnee, aus: Erich Kästner, Drei Männer im Schnee © Atrium Verlag, Zürich 1987

Andreas Knapp, Die drei weisen Frauen aus dem Morgenland, aus: Andreas Knapp, Mit Engeln und Eseln. Weise Weihnachtsgeschichten, © Echter Verlag Würzburg 2. Auflage 2013, S. 121f.

Oswald Köberl, Das Werk des Frantisek Smrcka, aus: Oswald Köberl, Crescendo. Allerlei Amüsement aus der Welt der Musik, Berenkamp Verlag, Innsbruck 2005 © Alle Rechte beim Autor

Irmgard Tabea Laps, Weihnachten einmal anders © Alle Rechte bei der Autorin

Wilhelm Matthiessen, „Der Winter und die Schneemänner", aus: Ders., Das alte Haus © KeRLE in der Verlag Herder GmbH, Freiburg i. Br. 2014

Otfried Preußler, Das Lied der Zikade, aus: Otfried Preußler, Der Engel mit der Pudelmütze. Sieben Weihnachtsgeschichten © Thienemann Verlag, 2006

Eugen Roth, Das Weihnachtsbild, aus: Das Beste von Eugen Roth. Zusammengestellt von Christine Reinhardt. Sanssouci im Carl Hanser Verlag, München 2009 © Dr. Thomas Roth, München

Ellen Schöler, Der König aus dem Morgenland, aus: Ellen Schöler, Der Weihnachtsapfel, Arena Verlag, Würzburg 1970 © Esther Schöler

Andrea Schwarz, Wie der heilige Andreas die Weihnachtsplätzchen erfunden hat. Aus: Andrea Schwarz, Vom Engel, der immer zu spät kam. Meine schönsten Weihnachtsgeschichten. Illustriert von Thomas Plaßmann © Verlag Herder GmbH, Freiburg im Breisgau, 2013, S. 125-141

Karl Valentin, Das Weihnachtsgeschenk/»Heiliger Abend« – abgesagt/Winterstreiche, aus: Karl Valentin, Gesammelte Werke © 1961 Piper Verlag GmbH, München

David Henry Wilson, Warten auf Weihnachten (Waiting for Christmas) aus: ders., Jeremy James oder wenn Schweine Flügel hätten, übers. v. Helmut Winter. © Friedrich Oetinger Verlag, Hamburg 1979 © 1979 David Henry Wilson

Bilder

Alle Karikaturen sind entnommen aus:
Das dicke Jankofsky-Buch, hrsg. v. Sonja Schnitzler © Eulenspiegel Verlag, Berlin, 1994

Wir danken den genannten Inhabern von Text- und Bildrechten für die freundliche Erteilung der Abdruckgenehmigung. Der Verlag hat sich bemüht, alle Rechteinhaber in Erfahrung zu bringen. Für zusätzliche Hinweise sind wir dankbar.